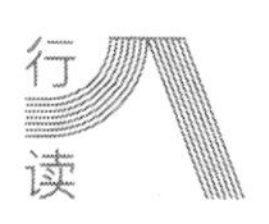

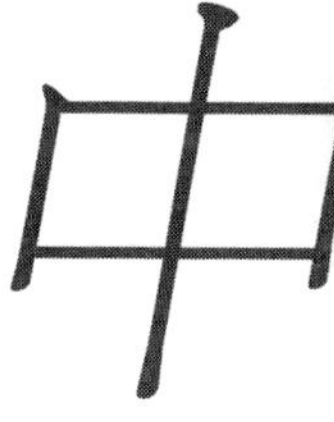
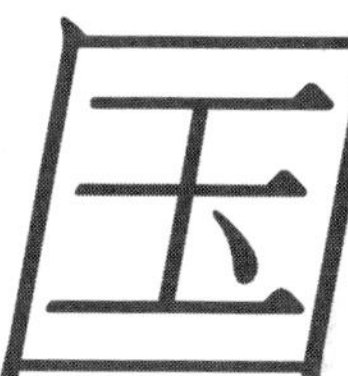
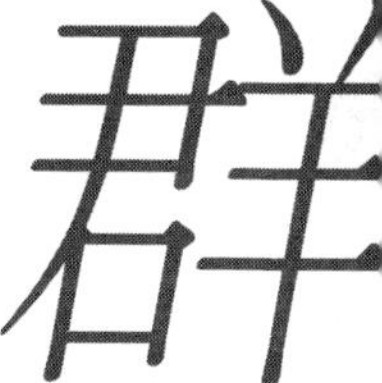
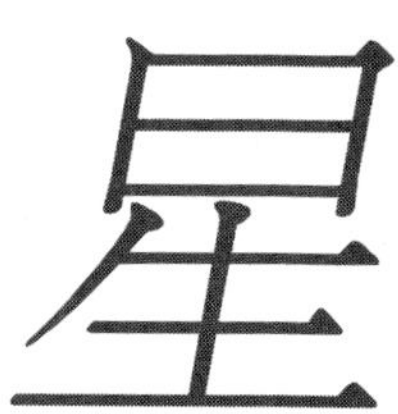

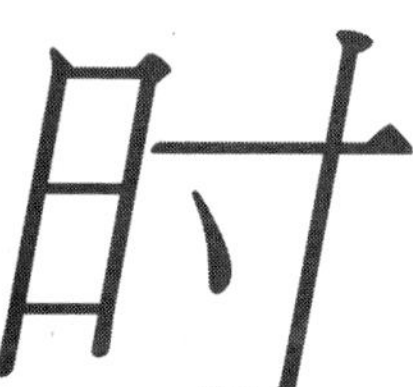

中国群星闪耀时

——时代沉浮中的孤勇人生

《三联生活周刊》·编著

李鸿谷·主编

中国出版集团 现代出版社

图书在版编目（CIP）数据

中国群星闪耀时．Ⅱ /《三联生活周刊》编著；李鸿谷主编．-- 北京：现代出版社，2023.1

ISBN 978-7-5143-9979-0

Ⅰ．①中… Ⅱ．①三… ②李… Ⅲ．①文人－生平事迹－中国－近现代 Ⅳ．①K825.4

中国版本图书馆 CIP 数据核字（2022）第 191792 号

因时间仓促、发表时间久远等原因，本书仍有部分图片的作者未能取得联系。请作者及时与出版方联系，支取为您预留的稿酬。

电话：010-64257481

中国群星闪耀时Ⅱ

编 著 者：《三联生活周刊》
主　　编：李鸿谷
责任编辑：张　霆　邓　翃
出版发行：现代出版社
通信地址：北京市安定门外安华里 504 号
邮政编码：100011
电　　话：010-64267325　64245264（传真）
网　　址：www.1980xd.com
印　　刷：三河市宏盛印务有限公司

开　　本：710mm×1000mm　1/16
印　　张：23.5　　字　　数：260 千
版　　次：2023 年 1 月第 1 版　　印　　次：2023 年 1 月第 1 次印刷
书　　号：ISBN 978-7-5143-9979-0
定　　价：59.80 元

序：时代沉浮中的12种人生

在《中国群星闪耀时》中，我们是从一个世纪以前的新文化运动开始讲起，选取了新文化运动的革新者蔡元培、胡适、梁漱溟，中国现代考古学之父李济，翻译家傅雷，收藏家张伯驹，学者钱锺书，作家沈从文、萧红、张爱玲等10位人物，他们从不同领域发出的光芒，照亮了中国近现代思想史的天空，一起构成了属于那个时代的独特气象。

他们的故事在讲述中被娓娓道来，他们的学识和思想，延续至今，潜移默化中影响着我们。现在回过头来看，我们依然会被这些人物的人生际遇和精神气质所触动。

时代沉浮中的12种人生

不少读者看到这些人物的故事之后，仍觉得意犹未尽。也有人问，为什么只选取这几位大师呢？还有更多的人物故事可以介绍吗？确实，在19世纪末到20世纪初那个新思潮不断涌现的时代里，大师成群而来，可谓满天星斗，我们没有办法一一穷尽，但是我们可以继续为大家讲述，由此，我们推出《中国群星闪耀时Ⅱ》。

在这本书中，我们总共选取了12位人物。在思想和文学领域，有五四新文化运动的重要参与者、中国现代文学奠基人鲁迅，有一生都在追问人性的巴金，有将老北京气息和市井悲喜写入灵魂的老舍，也有从未振臂一呼却始终在时代风浪中抱持读书人尊严的独特的杨绛。杨绛出身名门，学贯中西，在学术和文学的世界之外，她与钱锺书这个中国知识分子家庭的相濡以沫的情感，随着她晚年散文集《我们仨》的持续畅销，不但打动了无数中国读者，也让人思考一个时代里，知识分子的生存状态，成为一种精神性的象征。

在历史考古领域，我们也选取了非常重要的几位人物，有阐述“独立之思想、自由之精神”的国学大师陈寅恪，有“不冤不乐”的收藏家、文物专家王世襄。

在艺术领域，我们讲述了“真有天然之趣”的中国画坛巨匠齐白石，讲述了关照人间情味的丰子恺和一代京剧大师梅兰芳。他们都是帮助我们理解20世纪中国艺术的重要人物。

除此之外，我们也将目光拉近，去追述几位前几年相继离开我们的文化大家，比如无数读者热爱和痴迷的金庸，他如何以新派武侠小说的辽阔江湖，构建了全世界华人在文化意义上的想象共同体？还有在80年代以家国乡愁点燃两岸情感的诗人余光中，他身后有一代文化人怎样的人生际遇和历史母题？还有嬉笑怒骂皆成文章的作家李敖，在他不老狂徒的形象背后，又是什么样的价值和理想？这几个人物和我们生活其中的时代更为接近，他们的故事，某种程度也将我们带入更多个人的情感记忆。

文化现象和符号

12位人物在大时代中的思考和作品，构成了一种文化现象和符号，在一代代传递的过程中历久弥新。而我们知道，个体的命运总是与他们生活的时代相勾连，所以在这一季中，我们还是从1917年这个重要的年份开始说起。

那一年，蔡元培接过北大校长身份，确立“思想自由，兼容并包”的办学原则，将北大打造成了新文化运动的阵地。蔡元培赏识鲁迅的才华，邀请他进入北大兼职讲授中国小说史。积极投身于新文化运动的鲁迅，写出了中国现代文学史上第一部白话小说《狂人日记》，也奠定了新文学革命的基石。

几乎同一时期，清华的国学研究院引入四大导师，由此建立了中国学术独立的传统。其中的陈寅恪并肩王国维、梁启超、赵元任，他的学问贯通中西，被人称为“教授中的教授”。其独立自由的学术精神和价值取向，至今影响着中国的知识阶层。

新文学革命深深影响了后来的作家们。巴金便是其中之一，他在新旧文化交替之际，关注中国传统大家族的命运变迁，关怀人的思想如何一步步从陈旧走向创新以及在这个过程中经历的巨大创痛。他从自己的生活、遭遇中不断觉醒，看到了人性的复杂，但在时代的裹挟中又有诸多的无可奈何。

对人性复杂的刻画也体现在老舍的笔下。出身社会底层的老舍，对平民社会有着深切的关照。他的文字总是与老北京、市井气联系在一起，他的语言雅俗共赏，幽默丰富，一部《茶馆》写尽身边世间百态。他始终自称“写家”，认为写作与打拳、卖艺、唱曲儿的一样，没什么崇高之处。但正是他笔下的这些鲜活的个体为我们保留了一个时代的真实面貌。

对于老北京，如果说老舍是“写家”，那么还有一个“玩家”，就是收藏家王世襄。他一生爱收藏、爱古物，同时也爱养鸽子、逗蛐蛐，沉浸于各种人生趣事中，被人称为“京城第一大玩家”。不管是哪种爱好，都在他手里玩出了一门学问，也成为民族文化的注脚。王世襄的著作《明式家具研究》《明式家具珍赏》是举世公认的中国古典家具领域的里程碑式著述。他以数十年工夫注释的明代漆工著作《髹饰录解说》，则为国人留存了中国古老的漆作工艺。就像著名英国汉学家柯律格所评价的，王世襄和张伯驹、朱启钤、陈梦家等前辈、朋友一样，一生都在“冀求将构建中国的过去作为构建中国的未来的途径”。

齐白石和丰子恺，在20世纪中国美术史上，也属于用毕生建构中国文化一部分的一群人。他们以自己的精彩作品，把中国文化中最具特质的、区别于其他文化的部分，保留下来，同时也吸引着一代代热爱它的人。京剧大师梅兰芳便是其中一位。

热爱舞台表演的梅兰芳，也爱书画艺术。他因为敬仰齐白石，便拜齐白石为师学习作画。齐白石也爱看梅兰芳的戏，梅兰芳经常派黄包车接他看演出。他们两人一个蜚声画坛，一个名满梨园，相互敬重的师生情谊成为民国艺术家朋友圈里的一段佳话。而梅兰芳自己的人生，也比舞台上的戏曲故事更为传奇。从清末到民国，正是京剧进入全盛的一个时期，而梅兰芳领衔的四大名旦对京剧的改良有着重大的意义。梅兰芳可以说是遇到了他的时代，也创造了属于他的时代。

我们总是说到“时代”这个词，那么到底什么是时代？我想，时代不只是一个时间的空洞的概念，它也是无数人的命运和人生求索的汇合。这 12 位人物，是中国知识分子寻找自己道路的一个缩影，从一个侧面，构成了时代的丰富性。回望他们起起落落的人生，在历史沉浮中的选择，未尝不是对我们当下生活的一种指引。

（撰文：尤帆）

目录

鲁迅:

从弱国子民到精神战士

一、在故乡：怀疑传统

1919 年底，一个下雨而寒冷的夜晚，鲁迅回到阔别多年的故乡绍兴。这是他最后一次回乡，此后要带着母亲、妻子和弟弟周建人一家离开，启程前往北京。

大概在两个月前，邻居买下了鲁迅一族的宅子，周家三兄弟都在上面画了押。先是各家卖掉了名下的田产，又联合起来卖掉了祭田和房屋。周氏大家族的解体已经走到了最后一步。

买家已经催过多次，要求赶快把房子腾出来，最后搬家的期限定在了 1919 年的年底。鲁迅回来，就是为了完成善后。树倒猢狲散，末世子孙把祭田卖了，祖坟不管了，祭祀也免了，各自拿了有限的金钱，营造安身立命的小窝。大家明白，今后已经没有什么祖业可以靠了。

老房子已经住了 100 多年，搬家无疑是一个庞大的系统工程。消

1928年3月16日，鲁迅在上海景云里寓所

息传出去，大家都知道，又一个大户人家败落了，收旧货的商人蜂拥而至。笨重的家具没人要，大多送人，即使卖给亲戚朋友，也只收很少的钱。桂花明堂里的各种花草也都送人了，只留下一盆鲁迅当年从日本带回来的水野栀子。墙边的长条泥地里，还有一丛天竹，在寒风中倒显得风姿绰约，那是鲁迅的父亲当年亲手种的。

院子里人来人往，有来买东西的，有来搬东西的，也有来偷东西的。小堂前本还挂着一幅赵孟頫的画，画着一朵荷花、一片荷叶和一只鹭鸶。可是在某天早上起床后就不见了，鲁迅看到，笑了笑，什么也没说。

来帮忙搬家的是运水，也就是《故乡》中的闰土，鲁迅儿时的伙伴。他姓章，本名运水，因为八字上五行缺水，所以小名也叫阿水。鲁迅在写作时把这个名字稍微改了一下。

很多年过去了，儿时那个“闰土”已经备受生活摧残，苍老的脸上满是皱纹。这对鲁迅触动很大。家里不用的东西就让运水自己拿，运水只拿了两条长桌、四把椅子、一杆台秤，还有草灰做肥料，最后又要了一管板枪，“用来戳一戳西瓜田里的獾猪”。

鲁迅要做的主要是清理书籍和字画。绝大部分的书要运到北京去，木工师傅想到了运绍兴老酒的办法。做了 12 个木箱装书，然后用竹络把书籍络起来，这样书就不会松散。不准备带走的就卖掉，其中有很多名贵的字帖画谱。旧书店来了个伙计，把字帖画谱打包了两大担子，只给了 10 块钱。

最后处理的是家族档案，包括陈年的流水账、婚丧嫁娶的礼品簿、往来的书信，以及两大沓祖父的日记。这些都通通烧掉了。这些东西足足烧了两天。最后扔到火盆里的，是挂在大厅正梁上的两幅诰命，上面落满灰尘，有 40 多年没人动过了。这两幅诰命，是皇帝给鲁迅的曾祖母和祖母的封赠。

在祭扫过家族的墓地后，鲁迅带着母亲鲁瑞、妻子朱安和弟弟周建人夫妇最终告别了故乡。直到离开绍兴，他们才突然想起，祖父的三块乌漆金字的“翰林匾”，还挂在三个台门的仪门上。只能由它去了。

这一次搬家的经历，被鲁迅写到了小说《故乡》中。

这篇脍炙人口的作品流露了鲁迅少有的一丝乡愁。而这乡愁与留恋又随即被“闰土”的命运所摧毁，“多子、饥荒、苛捐、兵、匪、官、绅，都苦得他像一个木偶人了”。最后，鲁迅终于明白，这故乡终究不属于他了。

封建大家族的败落，如同春雪融化一般，既缓慢，又势不可当。周家原籍汝南，自称是北宋理学家周敦颐之后。家谱上可以追溯的是，明朝正德年间，一个姓周的人迁徙到绍兴城内定居，后来繁衍出这一支。

到了清乾隆年间，周家已是本地大族，有良田万亩，当铺十几所。鲁迅祖父周福清就是个进士，做过正七品的朝廷命官。周家的衰败是在太平天国时期，最重要的原因还是子孙不肖，坐吃山空。后代们大都没有正经营生，靠收祖先留下的田租过日子。读些书的还下场考功名，碰运气；不读书的，就是混日子，抽鸦片。卖完了祖田卖房子，最后就靠典当度日，气数已尽。于是大宅门里上演了一出出闹剧，成为鲁迅少年生活的底色。

周家流传着一个说法，可是没人能懂其中的意思。祖上怕子孙败落潦倒，所以在台门里埋藏了一笔金银财宝。埋宝的地方有一句口诀：离井一纤，离檐一线。族内闲人们整天琢磨这句话。有的说在明堂，因为有井也有房檐，也有的说在河边，还有的说是和太阳某个时辰照射的影子有关。后来子京公公开始在屋里掘宝了。就是因为得意太娘喝醉了酒，坐在床前的一把太师椅上说，看到眼前一道白光。子京公公就失心疯了一般，找工人在看到“白光”的地方挖。全台门的人平时不做事，都跑来看热闹。子京公公挖了一天一夜，什么也没挖到，最后还扭了腰。

鲁迅有房亲戚体弱多病，叔祖把所有的补药、草药都吃遍了，仍没有效果，便相信是有鬼。于是就经常请来道士、神汉捉鬼，披头散发，手拿宝剑，从房间到后园乱窜，胡乱挥舞，样子吓人。道士每次都说捉到鬼了，可还是照样生病，便说又有野鬼跑进来。于是再捉，捉来捉去，病还是不好。

当鲁迅开蒙学《鉴略》的时候，整个家族已无一丝生气，再无翻身的可能。台门还在，孔孟老庄犹存，族人却在抽大烟，落魄子弟在乡里游荡，喊着："饿杀哉！饿杀哉！"传统家族以及所附着的文化，在少年鲁迅看来，仿佛是虚伪的笑话。

7岁那年，鲁迅要上学了。给他开蒙的是远房的叔祖父周兆蓝。他是个秀才，家里书多，鲁迅从他那里产生了对书籍的爱好。大约也是这时候，鲁迅得到一本长辈送的《二十四孝图》，一本介绍历史上和传说中24个著名孝子的事迹的伦理道德教科书。这些孝子的所谓孝行，许多都是矫情甚至怪诞的行为。鲁迅素来爱看书上的图画，可是对于这本有插图的书却很是厌恶。

少年鲁迅是一个有超常感受力的孩子，敏感而有逆向思维。《二十四孝图》是鲁迅儿时最早"一人所独有"的画图本子。看来看去，他发现做孝子简直有生命之忧。以至于看见给他讲故事的白发老祖母，都觉得像是个仇人。长妈妈给鲁迅讲美女蛇的故事。节末的教训是，有陌生的声音叫你的名字，你万不可答应。而少年鲁迅得出的结论，却是让他觉得人心险恶。

少年时代的这些思想火苗，与他后来的思想和创作紧密相关。这与台门里的虚伪颓败、荒诞不经，形成了他对传统的怀疑态度。

12岁那年，家里送他进"三味书屋"上学。这是全城号称最严厉的书塾，塾师寿怀鉴，字镜吾，"是一个高而瘦的老人，须发都花白了，还戴着大眼镜"。鲁迅对他很恭敬，因为他是本城中极方正、质朴、博学的人。寿镜吾的学费也比较高，一年分清明、端午、中秋、年节4个学期，每节银洋2元，要预先缴纳。

鲁迅的国学功底是在"三味书屋"打下的。幼时求学，已经能读到《孟子》，然后继续读《易经》、《诗经》、《书经》、《礼记》以及《左

三味书屋是鲁迅读书的私塾，最里面靠墙的桌子是鲁迅的位置

传》。这样所谓“五经”已经读完，加上“四书”，世俗即称“九经”。有志应考的读完“九经”也差不多了。鲁迅并不满足，难得在寿家读书，有博学的先生指导，便决心多读几部“经书”，包括《尔雅》、《周礼》与《仪礼》。

但是鲁迅的兴趣却绝不在这些儒家经典上，而是杂书、笔记和小说。这也与祖父周福清的教育方式有关。周福清对子弟的教育方法比较特别，思想也很开通。他不赞成读书要按照传统次序读，不需要从《大学》开始，先“四书”后“五经”地读下去，而主张先读《西游记》等杂书。周福清也并不坚持儿孙走科举正途，“认为读书不成，倒还不如去学做豆腐，还可以自立”。

祖父“科场案”发生后，鲁迅与周作人曾有一段乡下避难的经历，几个月中又接触了不少闲书，包括《红楼梦》和各种侠义小说。鲁迅先是把这时间用来影写小说书上的“绣像”。“绣像”就是工笔白描的小说人物画像。他用一种半透明的薄纸蒙在书上，一个一个描下来，所描下的《荡寇志》和《西游记》中的绣像，后来各装订成了一大本。

虽出身于科举读书家庭，但周氏兄弟读书都走的一条“从旁门入”的野路子，在自由广泛的阅读中得以横通杂学。这大大区别于传统的读书门径，最广泛地吸收多方面的文化滋养。按野路子读下来，鲁迅的视野也不一样了。按弟弟周作人的说法，他钻到古书堆里，摸到了“老虎爪子”，看到了许多仁义道德之外的残酷礼教。

他看《玉芝堂谈荟》知道了历代武人吃人肉；看《鸡肋编》知道了南宋山东义民以人肉干为粮；看《南烬纪闻》知道了金人的淫虐；看《蜀碧》知道了张献忠的凶杀；看《明季稗史汇编》里的《扬州十日记》知道了清兵的屠杀。他总结起来，说中国书上鲜红地写着二字曰“吃人”。

少年鲁迅的思维与知识结构，就是“绝不跟着正统派去跑”，“凡是‘正宗’或‘正统’的东西，都不看重”。鲁迅虽没有攻击过韩愈和朱熹，但也不受理学家们的影响，认为唐宋八大家都不值得一读，“桐城派”更不必提了。他的《诗经》是硬读的，喜欢的是《楚辞》，其次是嵇康和陶渊明、六朝人的文章、唐朝的传奇。鲁迅后来读了很多佛经，并非信佛，而是权当六朝文章去读的。

“颓运方至，变故良多。”很多年后，鲁迅这样总结家族的命运。所谓“颓运”，压倒周氏家族的最后一根稻草，就是祖父周福清的“科场案”。周福清本是周家最有出息的人物，会试中进士，钦点翰林院庶吉士，后来在北京做官至正七品的内阁中书。鲁迅的曾祖母于 1893 年 2 月病逝，祖父遵制丁忧，从北京奔丧回家。结果陷入了清末著名的“科场案”，被判“斩监候”。

祖父的入狱，是加速周家迅速破败的重要转折。家里不得不变卖家产，打通关节保住祖父的性命；家族的社会地位一落千丈，从官宦之家堕入罪犯之家。周氏兄弟也被送到母亲家族中避风头。周家台门的大少爷鲁迅，第一次睁开眼睛，便发现笑脸下的人情冷漠、世态炎凉。这一年鲁迅 13 岁，是一个敏感而自尊心极强的少年。

祖父下狱后，鲁迅的父亲很快就病了。父亲叫周伯宜，与祖父比起来，不过是个窝囊而苦闷的读书人，曾多次参加科考，结果只捐了秀才。周福清“科场案”后，这个秀才也被革掉。但他是个开明的人，对孩子较为通达。虽脾气有时暴躁，为人还是很好的。祖父下狱，而父亲很快又病了，最初的病状是吐血。转过年清明节前后，父亲仿佛要好了，但接下来又开始水肿。

周伯宜本是个旧式读书人，唯一的希望与人生寄托只在科举上，靠祖业维持生活，没有生存能力，最舒服的事情就是靠在床上吸鸦片烟。他生病后，脾气变得更加不好。秀才被革掉，无法去参加乡试。到了应考的日子，母亲鲁瑞就要把笔墨都藏起来，怕他伤心。病到后期，则更加乖戾。吃饭时，周伯宜往往把桌上的杯盘都扔到窗外撒气。当年请来给鲁迅父亲治病的是绍兴城内顶有名的医生。诊费是每次一元四角，不是个小数目，但是病却没有见好。

鲁迅对这一段历史的回顾，总是充满悲哀和怨恨的。病痛是他一生中的主题。父亲死于庸医，他本人身体也不好，少年时就经常牙痛，及至晚年死于日本医生须藤的误诊。他一生中得过两次危险的肺病，一次肋膜炎。

田地已经不能再卖了，不然家里都要饿肚子。于是，鲁迅开始跑当铺。周作人后来回忆：利息似是常年12%，期限18个月，到期付息，可以改票展期。对于一个自尊心极强而又敏感的少年来说，这恐怕是鲁迅最沉痛的一段记忆。当铺柜台高悬，气势压人，鲁迅在《呐喊·自序》中说："是从污蔑中接了钱。"

1896年10月，父亲周伯宜去世了，才36岁。死前喊着："呆子孙！呆子孙！"不知是说自己还是说族人。这时节，祖父还关在杭州府狱中。"有谁从小康人家而坠入困顿的么？我以为在这途路中，大概可以看见世人的真面目。"周作人曾讲述一件受欺的事情。那是1897年，新台门里六房开会，鲁迅代表智兴房，这次会议有些与智兴房的利益不符合的地方，鲁迅说需要请示祖父，不肯签字，叔祖辈的人便声色俱厉地强迫他，这字当然仍旧不签。

这位逼他签字的长辈就是为他开蒙的老师周兆蓝。鲁迅对他一直怀着敬意和好感的。可是一旦涉及利益问题，他也不免声色俱厉了。这事对鲁迅的刺激很深。少年的鲁迅经历了家族的败落，看到了精神的破产。而科场案与父亲的病，又使他痛切地感受到传统文化之下的伪善、愚昧和凶残，也就是鲁迅成年后多次说到的"世故"。他的故乡与家族无非又是病态中国的缩影，外表依旧庞大，但内部已经腐朽。

故乡之于鲁迅是个复杂的符号。他对古老的乡村社会留有美好的回忆，但又痛恨家族、礼教、中医所形成的传统怪圈。他怜惜故乡的民众，但又时刻为他们麻木的精神世界感到痛心。1898年，鲁迅揣着母亲变卖家产的 8 块银圆，离开绍兴前往南京水师学堂。此时，他对故乡的感觉恐怕更多的是绝望。他的出走仍被族人看不起和嘲笑，认为是去当一个卑贱的“摇旗呐喊的水兵”，“把灵魂卖给了鬼子”。

几年之后，鲁迅就乘坐邮轮前往日本求学，开始思考国民性的问题。

二、蜕变：从弱国子民到精神战士

1902 年 4 月，鲁迅乘日本邮轮前往日本横滨，学生连同领队和翻译一共 34 人。然后从横滨上岸前往东京，这应该是他第一次坐火车。他在日本的第一所学校是弘文学院。这是专为中国留学生创建的预备学校。以今天来说，略近于日语学校，加之其私立性质，所以档次并不高。弘文学院是当时适应中国的留日热潮的同类学校中，最早而又比较有名的一所。它前后共有 7000 多人入学，近 4000 人毕业，但随着中国留日热的退潮，最终于鲁迅回国的 1909 年关闭。

这时的日本，已经成为东亚的知识与媒体的中心，也是海外救亡运动的大本营。孙中山、章太炎、梁启超等许多政治亡命客都在日本流亡，时有活动。鲁迅就参加过欢迎孙中山的一次集会，听过孙中山的演讲。孙中山从海外归来，于东京逗留，留学生们狂热地开欢迎会。鲁迅也去了，但因为浙江人听不懂广东话，只记得最后“哎呀”一声就结束了，他根本不知孙文在演讲什么。

拿着清国官费的鲁迅，脑后还留着辫子，在浓厚的革命气氛中开始了新的生活。在鲁迅脍炙人口的文章《藤野先生》中，嘲笑了那些脑后拖着辫子的清国留学生——他们把头发盘得像“富士山”，而又为了赶时髦，在留学生会馆里笨拙地学跳舞，以至于把地板踩得震天响。至于辫子，他的内心充满了痛恨与屈辱感。当时日本人，对于中国人的辫子，也极尽嘲笑，称其为“猪尾巴”。在鲁迅看来，这条“猪尾巴”不仅是旧中国野蛮的象征，也是民族屈辱的象征。那条辫子始终提示着他作为“弱国子民”的身份。

在弘文学院时期，鲁迅就开始思考国民性的问题。同学许寿裳说，他在弘文学院时代经常与鲁迅讨论三个问题：一、怎样才是理想的人性；二、中国国民性中最缺乏的是什么；三、它的病根何在。这三个问题，后来伴随了鲁迅 辈子。

1904 年，鲁迅选择了日本东北的城市仙台去学医。他自己曾说去仙台学医有三个原因：第一，学成后可以救治病人；第二，战争时可当军医；第三，宣传科学，改造国人的信仰。但实际并非完全如此。

弘文学院的日本教员江口曾建议鲁迅去医学专门学校，当时全日本公立与私立的医学专门学校共有 10 所。公立学校中，离东京比较近的是千叶县的金泽医专，而鲁迅却选择了更远的仙台医专。仙台在东京东北约 400 公里外，属宫城县。当年鲁迅坐车花了 12 个小时。鲁迅舍近求远，另有原因。

鲁迅的同学沈瓞民的一篇回忆文章中给予解答：鲁迅决定去仙台学医，是因为想进一个没有中国留学生的医专，仙台医学专门学校地处偏僻，无一个中国留学生。周作人也呼应了这种说法：“因为他在东京看厌了那些‘富士山’们，不愿意和他们为伍，只有仙台医专因为比千叶、金泽路远天冷，还没有留学生入学，这是他看中了那里的唯一理由。”

去仙台，对于青年鲁迅的意义并非仅仅是学习医学，同时也是为了逃离中国留日群体，而后者似乎更重要。在鲁迅眼中，清国留学生的形象总是负面的。他这样写道：“现在的留学生是多多，多多了，但我总疑心他们大部分是在外国租了房子，关起门来炖牛肉吃的，而且在东京实在也看见过。那时我想：炖牛肉吃，在中国就可以，何必路远迢迢，跑到外国来呢？”

鲁迅看不惯他们的辫子，看不惯他们跳舞，对炖牛肉也有意见。这其中主要的原因，还在于内心深处对于弱国子民的屈辱感。鲁迅在《藤野先生》中说，他来到仙台是物以稀为贵：“不但学校不收学费，几个职员还为我的食宿操心。”最开始寄宿在监狱边的一家客栈里。这个监狱旁的旅店就在东北大学正门外，是一座二层的木板房。临街也有一块用玄昌石立的纪念碑，写着“鲁迅故居迹”5个字，是郭沫若的手笔。鲁迅刚来时住在二楼，楼下短期租给从外地来探监的犯人的家属。院子却很大，灌木丛生，枫叶如丹，还有3株高耸云霄的榉树，老干上攀满了藤萝。房子后面是悬崖，下面是蜿蜒曲折的广濑川。对岸是青叶山，如同一座彩色大屏风，深秋的风在河谷中掠过，顾盼之间，风景确实很美。

鲁迅怀着叛逆的心情来到了仙台，他想躲开同胞。但实际上，他也不是这里唯一的中国留学生。另一个中国学生叫施霖，是浙江省仁和人。这个人的命运后面再说。他在《藤野先生》的文章中谈到了日本学生的歧视。鲁迅的成绩并不突出，1905年春季升级考试，在142人中列第68名。

可是，就是这样的考试成绩，已经引起了一些心胸狭窄的、有民族优越感的日本学生的忌妒，他们无中生有地说是因为藤野先生透露了题目。于是借故检查鲁迅的笔记，对他冷言冷语，还写匿名信骂他。在这样的环境中，教解剖课的藤野先生给了鲁迅关怀，帮他改笔记，并消灭了流言。关于为何善待鲁迅，藤野先生这样说："我在少年的时候，坂野先生教过我汉文，坂野先生是福井藩校出来的。他养成了我这样一种心情，就是既尊敬中国的先贤，也尊敬这些先贤的国家的人。这大概就是周先生对我感到特别亲切和感激的缘故吧。"

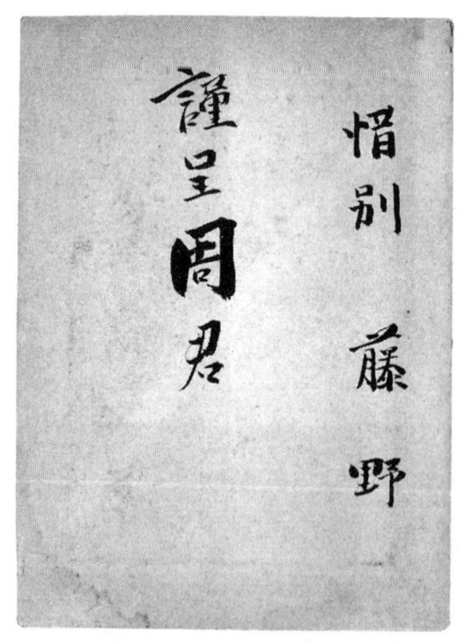

鲁迅离开仙台时，藤野先生以照片相赠，并在背后题写"惜别"

在仙台医专，这位藤野先生也不是位走运的人，受到了排斥和歧视。藤野先生的学历不显赫，毕业于爱知医学校，虽然身为教授，年薪却不过 600 元，而东京帝国大学或外国大学毕业的教授，年薪一般都在 1400 元以上。虽同样毕业于爱知医学校，但在哈莱尔大学获得了博士学位的教眼科学的某位讲师，其年薪也拿到了 1000 元，远远高于藤野。1915 年，东北帝国大学医学专门部升级为东北帝国大学医科大学后不久，因学历资格的原因，藤野先生就被学校解除了教职。鲁迅在文章中写他衣着寒酸而且因口音重而被学生嘲笑，这样的描述也更像同病相怜。

在仙台，鲁迅虽然离开了中国人的环境，但他仍旧承受着弱国子民的屈辱。那时，正是日俄战争期间，这场在中国土地上展开的战争，对日本具有特殊的意义。在当时日本国内看来，这不仅是黄种人与白种人之间的战争，也是明治维新后日本在世界崛起的标志。这场战争让日本民众情绪亢奋。从 1904 年到 1905 年，仙台市曾举行过 5 次市民祝捷大会，庆祝日军的胜利，其中有 3 次都是在鲁迅进入仙台医专后举行的，包括“祝贺攻克旅顺”“祝贺攻克奉天”“祝贺日本海海战大捷”。尤其是在得到了攻克旅顺的捷报后，仙台有 15000 余名市民参加祝捷大会。会场装点着国旗和彩旗，由乐队演奏了乐曲，并鸣放了烟花爆竹。当爱宕山山顶的焰火升起时，走上街头的市民们锣鼓喧天，高喊万岁。

最终，在细菌学的课堂上鲁迅再度与中国人相遇。这便是大众所熟知的情节。他在一部新闻片中看到中国人因为做了俄军的侦探而被斩首，更让他痛心的是周围的看客，一样的强壮体格，一样的麻木不仁。

他在《藤野先生》中再度描绘了这个场景，只不过“砍头”变为“枪毙”。鲁迅以“幻灯片”事件解释自己弃医从文的原因。他“觉得医学并非一件紧要事，凡是愚弱的国民，即使体格如何健全，如何茁壮，也只能做毫无意义的示众的材料和看客，病死多少是不必以为不幸的”。所以第一重要的，是在改变他们的精神，而能改变精神的则是文艺或者说是文化。

后来，仙台鲁迅调查委员会曾经找到了当时细菌课放映的那批幻灯片，虽然有很多关于日俄战争的内容，但没有鲁迅所说的“砍头”或“枪毙”。不过当时，本地的《河北新报》是刊登过类似的图片的，也许，鲁迅记录的是一个意象中的真实。

此时再去看一下被鲁迅刻意回避的另一个中国留学生——施霖的命运。施霖第一学期的考试成绩除了体操得满分，英语、代数、几何、图画全部不及格，第二学年的考试成绩依然如此。在鲁迅离开仙台的1906年，施霖的名字也从仙台学生名册上消失了。施霖的存在，又从另一个层面提示着鲁迅的屈辱——愚弱而体格健全的“示众的材料”。

鲁迅（前）和仙台另一名中国学生施霖的合影（摄于日本仙台）

在当时同一校园仅有的两位清国留学生中，鲁迅努力证明中国人的能力和尊严，而施霖却有意无意地体现了中国人的低能——同时证明了日本学生“疑惑”的合理性。对于自尊心很强的青年鲁迅来说非常痛苦。

鲁迅最终发现，他是无法逃脱身份的痛苦的，也无法逃离自己的同胞。他决定回到中国人中去，解决医学解决不了问题，他要“改变他们的精神”。

于是在第二年第一个学期结束后，即 1906 年 3 月初，鲁迅通过清国公使提出了退学的申请。经和他要好的杉村宅郎的提议，有 4 名同学为他开了一个送别茶话会，5 人还合影留念。在这张现存的照片里，戴着制帽的鲁迅拄着手杖，昂首挺胸地站在左侧稍稍偏开的地方。

今天，在东北大学校园内还保存着鲁迅上课的阶梯教室，木板墙上涂着白色的油漆，上面铺以灰色的瓦顶。鲁迅就曾经坐在第三排的位子上。

从仙台退学后的鲁迅重新回到东京，生活在东京帝国大学附近。那时候鲁迅每个月还拿着 33 块银圆的官费，把名字挂在德语学校。只是感兴趣的课才去听，大部分时间用来自学。

1906 年的夏天，鲁迅受母亲之命回乡办了婚事。正好二弟周作人从江南水师学堂毕业，上年冬天到北京通过了练兵处留学日本的考试。只是因为近视不能学习海军，在学堂里闲住了半年，这时改为学习土木工程。于是，1906 年夏历 9 月，两兄弟就一同前往日本了。

在仙台医专退学前，他主要穿学生制服，后来则常穿和服，脚下是一双木屐，很像当地的穷学生，不是为了冒充日本人，而是图方便。冬天则穿棉的和服，一般人都要在里面穿绒布长衬裤的，鲁迅则只是一件衬衣加条短裤，顶多外面再加件大衣，再冷的天也如此对付过去。

至于铺盖只有两条棉被，真的是一铺一盖，不管厚薄，冬夏一样使用。这期间，鲁迅和周作人搬了几次家。有一次还搬到了日本著名作家夏目漱石的旧居。那是朋友许寿裳租下的房子，因为太大，就拉齐了5个人一起住。许寿裳在这5个留学生的住处门口的路灯上题上“伍舍”两个字。

1908年住在伍舍的几个月里，鲁迅有机会跟从章太炎学《说文解字》。1903年，章太炎因在《苏报》上发表《康有为与觉罗君之关系》以及为邹容著《革命军》作序言而被捕，被判监禁3年。1906年出狱，即到日本，不久就担任了同盟会机关报《民报》的主编。章太炎的革命与独立精神对鲁迅的影响很大，而鲁迅临终前的绝笔就是怀念这位具有斗争精神的国学大师。在东京的日子，鲁迅还跟随一位亡命的俄国妇女学过一段时间俄语。但只学了不到半年就结束了，一方面每个月6元的学费比较贵，另外就是路远，步行过去不方便。

鲁迅去的最多的地方，还是神保町一带的书店街。那里紧邻着明治大学，现在依然是世界上最大的旧书市场，挤进了几百家书店。店面大小不一，但门口一律堆积着如小山一般的各种旧书。店内大堂挑高五六米，立满了高高的书架，人站在下面觉得十分渺小。

买不到的书，鲁迅就开了单子，通过日本最大的丸山书店到欧洲去买，往往要等两三个月才能拿到。

20世纪初的日本，已经成为东亚的媒体中心，以及西方思想的传播中心。鲁迅在东京的这段自学岁月，对于他后来的思想形成与写作产生了决定性影响。

买书、读书、写文章成了鲁迅东京时期生活的主要内容。虽然密切往来者中，依然包括像陶成章这样的激进革命者，但他的注意力并不是在如何推翻清政府上。他在另一个方向上寻找救亡的道路，而且他的思考深度很快就超过了革命派。这就是他在去仙台前就已经思考的“国民性”的问题。也许“排满”是容易的，那么“排满”之后呢？他故乡绍兴台门里的亲戚们是否还会相信洋人“挖人眼熬油”的无稽之谈？

鲁迅回到东京是 1906 年 3 月。同月，儒勒·凡尔纳的科幻小说《月界旅行》在东京出版，并在上海和南京发行，鲁迅后来将其从日文译为中文。接着，他编写的《中国矿产志》又由上海的普及书局出版。他开始了他所谓的“文艺运动”。他早期在《人之历史》《科学史教篇》后，又相继写出了《文化偏至论》《摩罗诗力说》《破恶声论》等长篇文学、文艺评论。

鲁迅并不赞成那种为摆脱危机必须富国强兵，以成为强者和适者的救国主张。他认为，俄国与德国的武力崛起并非人类的发展道路，其实不过是退化到以前野蛮时代虎狼之性的表现，他称此为“兽性之爱国”。鲁迅将历史视为“人格”与精神的进化过程，所谓改造国民性也就是完成这种人格与精神的进化。革命在鲁迅那里，并不仅是从满人那里夺回政治权力，还是把中华民族的思想从奴隶状态下解放出来，从而完成精神上的进化。人成为真正独立的人，而不是精神上的奴隶。

这些论文，如鲁迅所说，似乎没有引起什么反响，因为当时的留学生们大多数对政治、经济等感兴趣，对文学感兴趣的很少。但是，他 1909 年回国的时候，内心真正向往的是去做这个“精神界之战士”，背负起改造国民性的使命。

所以，回国之后，鲁迅开始不断践行他的思想和使命，并且接受蔡元培的邀请，跟随南京临时政府去往北京。

三、在北京成为鲁迅

1912 年 5 月 5 日，鲁迅到了北京。他在骡马市附近的一家小旅馆安顿下来，然后才去南半截胡同的绍兴会馆。当年他的祖父周福清也在这里住过。《鲁迅全集》中收录的鲁迅日记，就是从他到北京这天开始的，以前的日记都散失了。

鲁迅最初被安排在绍兴会馆西北侧的藤花馆。住下后，他雇了一辆骡车前往西单南大街的教育部报到。后来由于藤花馆人多吵闹，他又搬到了补树书屋。辛亥革命后，南京国民政府成立。在好友许寿裳推荐下，教育部长蔡元培邀请鲁迅到南京任职。1912 年 4 月，南京临时政府迁往北京，鲁迅就来到了北京，一直居住到 1926 年。

蔡元培在普通教育司和专门教育司之外，新增设了社会教育司。鲁迅被任命为第二科的科长，负责博物馆、图书馆、动植物园、美术馆、美术展览会、文艺、古物调查和搜集等事务。但不久，第一科移交内务部管理，第二科就变成第一科。8月，他被任命为教育部佥事，同时还要参加通俗教育研究会，担任小说股主任。

蔡元培从清代五项教育理念中，删除了“忠君”和“尊孔”两项，代之以“世界观”和“美育”，即哲学和情操教育两项。他主张以“美育”取代“宗教”，“社会教育司”就是为此而增设的。可以说，蔡元培教育改革思想中的最重要的部分都是交给鲁迅来办的。他在教育部职务范围内所做的工作，在日记中有一点记载。例如，他曾到天津去考察新剧，曾去为开辟公园选址，曾去视察国子监及学宫的古文物，曾主持筹备全国儿童艺术展览会，曾参与筹建图书馆。

辛亥革命后，国家命运很快从高潮跌到低谷。鲁迅在教育部的工作也不顺利。蔡元培留下改革路线后，3个月就辞职了，“美育”的改革也在1912年夏天被废止。但鲁迅却执着地做着一名公务员所能做的事，尽管这些工作全无反响。从他的日记里可以看到：一连好几个星期，他到讲演会去演说《美术略论》。有一次正逢大雨，他冒雨前往，而听众却为雨所阻，一个也没有来。鲁迅深感“寂寞”。

教育部是个很空闲的衙门，经常的事务不多。职员们上班，常常只是喝茶、吸烟、谈天、看报。鲁迅在他上班第一天的日记中，就写下了“枯坐终日，极无聊赖”的话。鲁迅的日常生活很简单，早饭经常不吃，午餐一般与三二同事在附近的小饭馆对付。晚上如果有朋友，就去会馆不远的广和居。如果周日，他就会出去转转，去西直门外的万牲园，或去南城的陶然亭，最喜欢去的还是琉璃厂书店，差不多每周都在那里待上半天。有时候他会去前门外观音寺街的青云阁理发，或在同一条街上的升平园浴池洗澡。不过经常2个多月理一次发，3个多月洗一次澡。

鲁迅在教育部，最初月薪200银圆，后来增加到300银圆，他每个月给母亲寄100银圆。按照当时北京的物价水平，市民家庭一个月的生活费12银圆就够了，在北京大学包伙一个月6银圆，1银圆可以请吃涮羊肉了。鲁迅的经济生活有了保障，但是他的内心却无比“寂寞”，痛苦不堪。辛亥革命成功了，但一切似乎没有变化，只是更坏了。他在《呐喊·自序》中写道：“这寂寞一天一天的长大起来，如大毒蛇，缠住了我的灵魂。”

1916年，袁世凯称帝不成身死，社会有了新的动向。秋天，蔡元培回来了，被任命为北京大学校长。蔡元培又请来了陈独秀担任文科学长。他以“兼容并包”的原则聘请了许多新教师。先后在文科任教的，有胡适、钱玄同、李大钊、黄侃（也就是季刚）、沈兼士、沈尹默等人，甚至还有拖着辫子的辜鸿铭，有筹安会六君子之一的刘师培。

1915年，陈独秀创办了《新青年》。在创刊号中，陈独秀就说明了办刊方针，不是“批评时政”，而是“改造青年之思想”，以白话文运动为武器，推动社会启蒙。与鲁迅一样，陈独秀与胡适同样看到，辛亥革命虽然推翻了清王朝，但问题是人们的思想没有发生任何改变。于是，新文化运动的靶子，就锁定在保守的传统文化上。不推倒这堵绝望之墙，就无法建立新的希望。

在日本与鲁迅、周作人兄弟一同听章太炎讲学的钱玄同，这时是《新青年》杂志的同人。他很热心敦促鲁迅兄弟给《新青年》写稿。于是便发生了那段关于“铁屋子”的著名对话。

鲁迅说：“假如一间铁屋子，是绝无窗户而万难破毁的，里面有许多熟睡的人们，不久都要闷死了，然而是从昏睡入死灭，并不感到就死的悲哀。现在你大嚷起来，惊起了较为清醒的几个人，使这不幸的少数者来受无可挽救的临终的苦楚，你倒以为对得起他们么？”

钱玄同回答：“然而几个人既然起来，你不能说决没有毁坏这铁屋的希望。”

鲁迅的态度最初却比较消极，觉得没什么好，也没什么不好。但他最终还是决定参与，便是看到了希望的重要。他说，“绝望之为虚妄，正与希望相同”。希望终究是不能被抹杀的，他要为那些在寒夜中奔跑的猛士们呐喊几声。

1918 年 5 月，《新青年》杂志 4 卷 5 号上刊登了一篇名为《狂人日记》的小说，作者署名“鲁迅”。就是在这一天，鲁迅诞生了。这篇原文只有 10 页的小说，不仅是鲁迅的第一篇白话小说，而且也是中国文学史上最早的近代小说，是中国近代文学的纪念碑。这时鲁迅已经 37 岁，写出首篇小说的年龄已经相当晚了。

早两年，他的表弟忽然精神病发作。也许鲁迅就近观察了他病中的表现，才促使他写这一篇。这是一篇政论性很强的小说。作者没有为人物形象塑造和故事情节安排花费许多心思，几乎是把自己的一些思想通过小说中主人公的口直接呼喊出来。辛亥革命虽在形式上建立了共和国，但现实社会却仍被根深蒂固的封建道德所支配。鲁迅希望从根底上批判这个人吃人的时代，揭发“仁义道德”的非人性，暴露社会的病根。

读者会发现，“狂人”其实是正常的，倒是那些“正常”的人们在什么地方出了问题，互相“想吃”，又不想被吃，人人“疑心极重”，

“面面相觑”。即使觉醒的狂人，他的嘴里也吃了“几片妹子的肉”。每个人都是悲剧的制造者，都是杀人的凶手。鲁迅说：“暴君治下的臣民，大抵比暴君更暴。”没有个人的自立，就不会产生民众间民主的协商与沟通，而没有沟通，也就没有社会的发展。

1921年10月，北京《晨报》创刊了副刊，由孙伏园编辑。他也是鲁迅在杭州时的学生。副刊有一个叫作“开心话”的专栏，每周一次，登一些比较轻松的文字。孙伏园请鲁迅为这专栏写一篇分期连载的稿子。这样，12月4日的报纸就刊出了小说《阿Q正传》的第一章，署名巴人。孙伏园的约稿，也许只是触发的契机罢了。其实这是鲁迅早就想要写的故事。

阿Q形象的创造，和鲁迅长期对中国“国民性”的探索有明显的关系。他创作这部小说，是要“写出一个现代的我们国人的魂灵来”，暴露国民的弱点。进而，他认为中国“国民性”中一些最严重的问题，就是“精神胜利法”。周作人后来评价阿Q是一张中国人品性坏的“混合照”，中国人缺乏求生意志，不尊重生命，是中国最大的病根。

1933年2月，美国记者斯诺问鲁迅：“你认为在中国阿Q依然跟以前一样多吗？”鲁迅大笑道：“更坏。他们现在管理着国家哩。”

鲁迅逝世后不久，在筹备编印《鲁迅全集》的时候，国民党中央宣传部曾提出要抽掉《阿Q正传》，理由是歪曲了辛亥革命。1922年末，鲁迅把他写的15篇小说编了个集子，取名《呐喊》。其中收录了1918年—1922年创作的14篇小说。这些作品继续展示的是人吃人社会的各种现象：革命者的断头，中医的荒唐，食恶人心肝的恶习，围绕辫子的悲喜剧，对他人痛苦和不幸麻木的旁观者，尤其还有那些围观杀头，以此做赏玩的看客。

辛亥革命遭受挫折的经验，在漫长的寂寞压抑后，终于喷发而出。鲁迅把自己当作黑暗的斗士。他在《我们现在怎样做父亲》中写道：“自己背着因袭的重担，掮住了黑暗的闸门，放他们到宽阔光明的地方去；此后幸福的度日，合理的做人。”

1924 年 2 月 4 日，鲁迅、母亲和朱安在租住的砖塔胡同迎来了除夕。大年三十这天，他还在四下讨要欠薪。忙了一天，要回了 240 元。于是赶忙买了酒和点心回家，与母亲和朱安吃年夜饭。他在日记中写道：“旧历除夕也，饮酒特别多。”就在这天晚上，趁着酒意，听着远远近近的鞭炮声，鲁迅开始写《祝福》这篇小说。

在鲁迅的小说中，《祝福》是最悲惨的一篇。在人们按顺序去吃比自己更弱的人的社会里，即使是处在最底层，也还有比阿 Q 更弱的可以转嫁压迫的对象。祥林嫂就是这样一个在黑暗的循环结构中受厄无告的人。鲁迅没有采用此前在《呐喊》中对人物命运留有余地的做法。祥林嫂的不幸，回绝了“我”的同情和叹息，自己走向了绝望和毁灭。

1922 年写完《不周山》后，鲁迅在创作上有一年的空白。1923 年没有小说问世。1924 年 2 月写成了《祝福》，后来收在了第二部小说集《彷徨》中。彷徨，是鲁迅这个时期的心境。在小说集《彷徨》完成前，《新青年》杂志的同人们已经发生分裂，杂志也渐渐办不下去了。1920 年 5 月至 8 月暂时停刊。陈独秀在 1920 年 2 月回到上海后，《新青年》杂志的编辑事务也由北京转移到上海，编辑部就设在陈独秀的寓所。

陈独秀由一个激进的自由主义者转向马克思主义者，开始筹建中国共产党；胡适则踱进了研究室，倡导多研究问题，包括人力车夫的问题、大总统的权限问题、卖淫的问题、卖官和卖国的问题。新文化运动的团体就这样分裂了——谈主义的左边来，研究问题的右边去。而鲁迅在孤独中，再次经历了内心的“彷徨”。

鲁迅在同时期的《野草·希望》中写道：“这以前，我的心也曾充满过血腥的歌声：血和铁，火焰和毒，恢复和报仇。而忽然这些都空虚了，但有时故意地填以没奈何的自欺的希望。希望，希望，用这希望的盾，抗拒那空虚中的暗夜的袭来，虽然盾后面也依然是空虚中的暗夜。然而就是如此，陆续地耗尽了我的青春。”

与弟弟周作人的失和，与《新青年》同人的分裂也使鲁迅感到无助，如同独自行走于荒原之上，“寂寞”再度来临。经过痛苦的思索和彷徨后，他决定继续独自战斗，沿着“精神界之战士”的路径走下去。转变的契机就是1925年的女师大事件，以女师大事件为契机，鲁迅再次从虚无中摆脱出来，回到激烈的争论中去。

新文化运动后，鲁迅陆续担任北京一些学校的兼职授课教师，最多时有八所之多。北京女子师范大学就是其中之一，他受聘负责讲《中国小说史》。女师大学潮的起因很简单，因军阀战争阻断了交通，几名学生返校迟到，而校长杨荫榆则毫不留情地开除了这些学生，于是引起了学生的不满。后来冲突由最初的求情，演化为恶语相加。本来一些学生就对杨荫榆的严格管理不满，于是借着这次事件，学生们要求教育部撤换校长。

在这一事件中，鲁迅积极支持学生，组织起“校务维持会”，自愿为被军警赶出学校的学生上课。同时，他还在《语丝》杂志对垒现代评论派，特别是与陈西滢展开了激烈的争论。《现代评论》支持杨荫榆，

《语丝》支持反杨的学生，两个刊物处在尖锐对立的地位，发表了不少争论辩驳的文章。

1926 年“三·一八惨案”后，《语丝》对此提出了强烈的抗议，鲁迅激愤尤为强烈，特别对现代评论派称游行队伍为暴徒，表示了强烈的憎恶。后来《西滢闲话》编辑出版的时候，在广告中称陈西滢为“现代派主将”，作为陪衬，称鲁迅为“语丝派首领”。为了扩大论战的阵地，鲁迅还积极推动《莽原》等文艺杂志的创办。他认为中国需要“文明批评”与“社会批评”，需要集结更多的战友继续为之战斗。

他在 1925 年 3 月给许广平的信中说：“这种漆黑的染缸不打破，中国即无希望，但正在准备毁坏者，目下也仿佛有人，只可惜数目太少。”他斗争的方式就是笔墨，对“旧文明，施行袭击，令其动摇”。1925 年 4 月，在鲁迅的推动下，作为《京报》副刊的《莽原》问世。他希望中国的青年站出来，对于中国的社会、文明，都毫无忌惮地加以批评，因此才印《莽原》周刊，作为言论的阵地。

《莽原》很快发表了鲁迅的《灯下漫笔》：“中国人向来就没有争到过‘人’的价格，至多不过是奴隶……”随后更直截了当地说：“一、想做奴隶而不得的时代；二、暂时做稳了奴隶的时代。而创造这中国历史上未曾有过的第三样时代，则是现在的青年的使命！”

郁达夫评价鲁迅的杂文：“寸铁杀人，一刀见血”。在鲁迅毕生的 200 多万字的作品中，小说集只有《呐喊》、《彷徨》和《故事新编》，相当于全集一半的是外国小说的评论和翻译。剩下的是古书校勘、古典小说的研究和搜集，更多的是被叫作杂文、杂感的独特的时事评论短文。

这些杂文，被贴上鲁迅的杂文的标签，并被赋予“投枪匕首”的内涵。鲁迅坐在书斋里，随时捕捉大小事件，饱含对时代的愤懑，蕴含着鲜明的人道主义。他一生使用过 140 多个笔名，在这个意义上，他的笔战也是激烈的战斗。

1924 年 5 月，鲁迅又买了一处小四合院，在阜成门内西三条。买房的钱是跟两个朋友借的，直到他后来去厦门教书才陆续还上。现在的鲁迅博物馆就设在这里。西三条的房屋不大，是一个只有一进院落的小四合院，院内原有几间房屋但都破败不堪。中堂北面接出去一间小平顶的屋子，作为鲁迅的书房兼卧室。小屋子只有 9 平方米，这就是著名的“老虎尾巴”。

北京市西城区西三条胡同 21 号鲁迅故居。兄弟失和后，鲁迅搬出八道湾买了这处房子

他在这里写了《野草》《彷徨》，以及大量的杂文。对手咒骂他是“学匪”“土匪”，他后来索性就叫这里为“绿林书屋”了。1926 年“三·一八”血案后，北洋政府借讨赤之名，加紧了镇压。4 月，报纸上刊登了对包括鲁迅在内的 50 人逮捕令。鲁迅决定离开生活了 14 年的北京，前往厦门大学任教。这一年的 8 月，他和许广平同路南下，开始了另外一段历程。

（撰文：李伟）

陈寅恪：

“教授中的教授”

一、书斋悠悠的黄金时代

1890 年 7 月 3 日，清光绪十六年，位于湖南长沙的蜕园里诞生了一名男婴，正赶上中国农历的庚寅年，族谱上这一代子孙排到了“恪”字辈，于是，男婴取名为陈寅恪。那时，这个几代耕读，以考取功名为家族使命的大家庭还不知道，眼前这个男婴未来的命运虽然与科举无关，但他的名字将载入学术史，成为比官至湖南巡抚的祖父陈宝箴更著名的人物。

关于陈寅恪姓名中第三个字的读音，如果查询今天的字典，会发现这个字读“kè”，但陈寅恪本人遵照客家人乡音，自己念为“què”，陈寅恪的女儿称呼父亲的名字时也读“què”，民国的字典中也有这个读音。到如今，学者们大多都会称他为“陈寅恪（què）”。

1895 年，已经 64 岁的陈宝箴升任湖南巡抚，在未来的几年中，他将在湖南推行新政，兴办时务学堂，使湖南维新风气大开。随他一同

陈宝箴领诸孙与曾孙合影于江西南昌。左起：陈方恪、陈寅恪、陈覃恪、陈宝箴、陈封可（陈衡恪子）、陈衡恪、陈隆恪（摄于1899年）

赴任的就有他的孙子，当时年仅6岁的陈寅恪。

陈寅恪从小喜欢安静，喜欢思考，每逢家里有喜庆事，孩子们都跑去凑热闹，往人多的地方钻，只有陈寅恪不见踪影。早年，陈家稍大的孩子和亲友子弟在家塾读书，陈寅恪很是羡慕，就常常在门外偷听，不仅如此，他见书就读，即使是在夜里，也常常点盏小油灯，偷偷在被子里读书。

陈寅恪后来也曾向友人讲述这段童年往事："因龆龄嗜书，无书不观，夜以继日。旧日既无电灯，又无洋蜡，只用小油灯，藏之于被褥之中……缩印本之书，字既细小，且模糊不清，对目力最有损伤。"透过这段童年记忆也刚好能够看出，青年时期陈寅恪因胃病中断留学，中年失明，这些身体上的疾苦早在童年就埋下了恶因。

甲午战败后，西学开始备受关注。从那时起，陈寅恪和他的兄弟姐妹也开始接受新式教育。可以说，陈寅恪及其兄弟姐妹所接受的家庭教育、学校教育，堪称同年人中最优秀、最时尚的。他们都接受了哪些时尚的教育？

当时，陈氏家塾的课程设计中，传统的经史依然是最主要的教学内容，但同时还加入了历史、地理、算学、格致、体操、音乐、图画等课程，可以说是中学、西学兼容并包。

陈氏家塾聘用的老师都是一流名师，当年在家塾读书的很多人后来都和陈寅恪兄弟一样或出国留学或投身学术，成为国内学术界或实务方面的中流砥柱。

在家塾学习一段时间后，1902年，年仅12岁的陈寅恪前往日本读书。在后来的十几年里，他辗转于日本、德国、瑞士、法国、美国等国家留学。几十年的漂泊学术之路就此展开。

在这个过程中，他学习了诸多语言，然而对于陈寅恪到底懂得多少种语言，这始终是一个谜。

陈寅恪的受业弟子王永兴说他具备藏、蒙、满、日、梵、巴利、波斯、阿拉伯、英、法、德、拉丁、希腊等13种文字的阅读能力，台湾学者陈哲三说他还会突厥文、西夏文、波斯文。侄儿陈封雄则说他能懂14种文字，能说四五国的语言，能听懂七八种语言。但回国后的陈寅恪从未炫耀过自己的外语。他曾经的学生、中山大学的胡守为回忆说，在陈寅恪回国后填写的履历表上，"懂何种外语"一栏，只写着"德语"二字，可见他的谦虚和慎重。

十几年的留学生涯中，在美国哈佛大学和德国柏林大学的留学经历为陈寅恪的学术研究提供了良好的思路，打下了坚实的基础。

1919 年初，陈寅恪刚到哈佛时，选择的是历史专业。后来，他想要学习梵文，以便将一些汉文佛经翻译成英文，于是他转入印度语文学专业，跟着哈佛大学教授兰曼学了两年梵文和巴利文。

在哈佛留学期间，陈寅恪认识了吴宓，由此开启了一段近 50 年的友谊。这也为陈寅恪回国后在清华任教埋下了伏笔。在吴宓眼中，年长他几岁的陈寅恪"学问渊博，识力精到，远非侪辈所能及，而又性气和爽，志行高洁"，因而让自己"深为倾倒"。后来，吴宓在日记里分析了陈寅恪有过人之见识的来由，除了勤奋与聪慧外，与他出身世家名族也大有关系，耳濡目染之际，往往得潜移默化之果。

为何在顶级学府哈佛，陈寅恪只学习了两年就离开了？

原来在哈佛学习印度语文学、古典学和闪米特研究时，陈寅恪感受到哈佛的古代语言研究深受德国影响。德国是梵文研究水平最高的学术重镇。陈寅恪在哈佛的印度语文学系主任兰曼曾经去德国深造过，而哈佛的闪米特语言以及历史专业的课程更多使用的也是德文教材。

因此，陈寅恪跟随兰曼在哈佛上了两年学之后，1921 年决定前往德国，进入柏林大学师从著名学者吕德斯教授学习印度学及东方古文字学，并在那里待了 4 年多。

学习了 4 年，为什么陈寅恪后来没有成为一名印度学家？清华大学中文系教授沈卫荣分析说："如果要对陈寅恪这段留学时期给予一个学术定位的话，他并非是思想家或者哲学家，而是一位非常杰出的东方语文学家，或者比较语文学家。"

20 世纪 20 年代至 30 年代是西方语文学的黄金时代，当时语文学不是现在的语言学，而是整个人文科学的总称，是一个研究语言文明中文学、哲学、历史、宗教的学科。陈寅恪在柏林大学学的“东方古文字学”，便是以东方地区发现的古代语言与文献为基础，来研究并重新构建已经“故去”的东方历史、宗教和文化传统。

陈寅恪回国后，在清华大学给学生们开设的课程是“西人之东方学之目录学”，讲授的是梵、藏、汉文文献的比较研究，用的就是比较语文学的方法。

当时一无声望二无学位三无著作的陈寅恪是如何排除众议回国即到清华任教的？其实这与好友吴宓的力挺息息相关。

1925 年，清华成立了“清华国学研究院”。新成立的国学研究院有四大导师，其中三位分别是开创用甲骨文研究殷商史的王国维，曾经的戊戌变法的核心人物、之后著述等身的梁启超，以及从哈佛大学回来的著名语言学家赵元任。这三位导师性格各异，但都是大名鼎鼎。而四大导师中最晚到校的陈寅恪，在当时并不出名。

时任国学研究院主任，还是陈寅恪好友的吴宓后来回忆，他向校长举荐陈寅恪后，教务长表示反对。吴宓辩称：“陈先生前后留学十八年，其他人不过四五年。陈先生学问渊博，能与外国教授上下其议论，堪称学侣。”他还说，虽然陈寅恪没有正式著作发表，但仅凭他写给妹妹的一封信，“寥寥数百字，已足见其学问之广而深，识解之高而远”。

这封仅有几百字，后来却被广为引述的《与妹书》到底写了什么？

陈寅恪在信中说，自己研究梵文多年，最近对藏文颇有爱好，因为藏文与中文是同一语系，而藏文几千年来一直用梵文书写，很多藏语保留了梵语的读音，与汉语一对照，就知道以前的文献中哪里错了。从唐以后，汉人基本上没人懂梵语，他如今随便取一本《金刚经》，发现后面那么多汉文注释，大部分都是错的。因此他希望能用西方的学术方法，进行汉文和藏文的比较研究，以此补充唐、西夏时期的历史以及佛教思想史。

除了吴宓，梁启超当时也曾力荐陈寅恪，直言自己虽著作等身，“都不如陈先生这数百字有价值”。

清华国学研究院在当时开设的课程分“讲课”与“专题研究”两种，也就是说在普通讲课外，学生可以自选研究题目，由特定老师指导。

1926 年 9 月，刚到国学院的陈寅恪开设的普通讲课题目为“西人之东方学之目录学”。专题指导则包括年历学、古代碑志与外族有关系者之比较研究；摩尼教经典与回纥文译本之研究；佛教经典各种文字译本之比较研究以及蒙古；满洲之书籍及碑志与历史有关系者之研究。

这份课程清单体现了陈寅恪受到的海外汉学的影响。北京大学历史系教授陆扬将它概括为“德国传统”，就是强调语言、语文学，认为研究历史脱离不了对古代文献的研究，对古代文明历史语言的研究。

有意思的是，从他开设的这些奇怪的课程中，也能看出陈寅恪好胜争强的心态。陆扬说：“陈先生是一个很自负的学者，好胜心也很强，而且他那个时候才三十岁出头还没结婚，他在中国这个完全是老辈学者的圈子里边，要体现他不一样的学养。”

自身学问精深，但对于程度不太够的学生来说，接受起来并不容易。他当时的学生姜亮夫回忆道：“陈寅恪先生广博深邃的学问使我一辈子也摸探不着他的底。他的最大特点是每一种研究都有思想作指导。听他的课，要结合若干篇文章后才悟到他对这一类问题的思想……听寅恪先生上课，我不由自愧外语学得太差。他引的印度文、巴利文及许许多多奇怪的字，我都不懂，就是英文、法文，我的根底也差。所以听寅恪先生的课，我感到非常苦恼。"

1927 年 6 月，对于陈寅恪来说发生了一件大事，那就是王国维自沉颐和园。当天，陈寅恪写了一首七律哀悼，并为他撰写挽联。当天晚上殡葬后，研究院师生向王国维做最后的告别，二十几位学生行鞠躬礼，但陈寅恪到场后，行了三跪九叩大礼。几个月后，陈寅恪又为王国维写下一首七古长篇《王观堂先生挽词》，详细记述了王国维生平的学术际遇。在这首挽词的序言中，陈寅恪将王国维的死亡升华到殉传统文化。

王国维自沉两周年时，国立清华大学研究院的师生在校内工字厅的东南角为王国维竖立纪念碑。陈寅恪又撰写了碑文，陈寅恪写道："先生之著述，或有时而不彰。先生之学说，或有时而可商。惟此独立之精神，自由之思想，历千万祀，与天壤而同久，共三光而永光。"这段之后同样可用作夫子自道的文字，自此广为流传。

陈寅恪为何对王国维的死如此念念不忘？

这是因为两人在国学院的相处时间虽然短暂，事实上交往影响却非常深刻。陈寅恪自称与王国维之间的关系是"风义生平师友间"，两人在东方学的研究中更是同道中人。与陈寅恪是"两代姻亲、三代世交、七年同学"的俞大维，在回忆文章中曾说过："王氏对寅恪先生的影响，是相得益彰的；对于殷墟文字，他受王氏的影响；对梵文及西域文字，则王氏也受他的影响。”

陈寅恪对王国维的哀悼，仅仅源于学问上的投契莫逆吗？结论似乎并不那么简单。在辛亥革命后，陈寅恪笔下屡屡出现“故国”的字眼，可以知道他多少有些遗民心态，这种心态尤其表现在挽王国维诗及联语中。当年胡适等人也谈到，陈寅恪有“遗少”的味道。

一为遗老，一为遗少，自此似乎不难理解陈寅恪与王国维之间的深沉情愫，也不难理解，为何在王国维的殡葬仪式上，陈寅恪会行三跪九叩大礼。但这并不妨碍两代学者独立之精神、自由之思想。

北京大学历史系教授陆扬说：“陈先生要显示的是，他是一个非常新的人，比很多人思想都要激进。但他个人一再表示：新不是表面的，可以是最传统的东西，但表现出来我的心灵是自由的。他认为文化形式很重要，一个人思想可以很新，但不能没有自己附着的价值体系。”

王国维自沉颐和园后不到两年，梁启超病逝，清华国学院四大导师失去两位，备受打击。因为种种原因，陈寅恪想要增聘的导师不能到任，后继无人的国学院，不得不在1929年下半年停办。陈寅恪自此改任清华大学中国文学系、历史学系合聘教授，并在哲学系开课，横跨文史哲三系。

回顾陈寅恪在国学院数年间的教学，尽管有人认为他的课程艰涩，其实影响不大，在陆扬看来，陈寅恪的重要性，不仅在于开设了哪些课程，更在于“从学术的角度，开创了一个中国学术跟域外学术必须融合的模式。让大家知道研究蒙元史还要了解域外，研究突厥还要了解西方人对突厥碑铭的研究，包括像研究吐蕃和古代藏文之间的联系。在他之前没有人关注这些原始语文、古语文献，只有陈寅恪真正地开始研究，之后影响越来越大"。

有位著名学者曾概括陈寅恪早期史学研究的重点，说："我们大致可以说，从 1923 年到 1932 年这 10 年间，陈寅恪的史学重点在于充分利用他所掌握的语文工具进行两方面的考证：第一是佛典译本及其对中国文化的影响；第二是唐以来中亚及西北外族与汉民族之交涉。"这些"塞外之史、殊族之文"，虽属于当时欧洲东方学中的显学，却也能清晰地看到陈寅恪早年所受晚清西北史地之学风的感染。

20 世纪 30 年代初，陈寅恪逐渐将史学研究的重点转入"中古以降民族文化之史"，也就是他说的"平生为不古不今之学"。

这次转变背后的原因是什么？

有位著名学者分析认为，陈寅恪学术重心的转变与他平生治学"不甘逐队随人，而为牛后"的追求不可分割。陈寅恪清楚，对于"塞外之史、殊族之文"的东方学而言，欧洲已经形成有规模的传统，后起者除了在某些"点"上寻求新的突破，很难取得典范式的成就。况且，王国维去世后，国内能与他讨论这类问题的知音很少。此外，在他看来，陈寅恪的史学转向与 20 年代末期流行于中国的两股史学思潮也不是没有关系的。

1929 年 5 月，在给史学系毕业生的赠诗中，陈寅恪写道："群趋东邻受国史，神州士夫羞欲死。田巴鲁仲两无成，要待诸君洗斯耻。"在诗中，陈寅恪感慨中国史学的衰落，致使史学系的毕业生纷纷要去日本进修中国史。学者考证，诗中田巴、鲁仲分别代表国内两派史学潮流，它们分别是胡适的"整理国故"一派和唯物史观学派。陈寅恪显然对这两派都有所不满，"1929 年以后，他转入中国中世史的领域，一方面固然是‘不甘逐队随人’，故不惜向东方学告别，但另一方面则未始不是由于他要发愤自出机杼，以多方面的创获来示人以史学的‘真谛’”。

作为清末的世家子弟，陈寅恪对晚清历史异常熟悉，但他对此显然有所回避。一次，他对自己的研究生刘适说：“我对晚清历史还是熟悉的，不过我自己不能做这方面的研究。认真做，就要动感情，那样，看问题就不客观了。”

然而以诗证史，以沉痛家国兴寄为史为文，一直是陈寅恪的文章风格。他如何来平衡历史研究中的情感与客观？

北京大学历史系教授陆扬说：“陈寅恪是一个历史中的人。研究历史的时候，他始终觉得自己既是历史的一部分，又是对历史的回应者，这两个角色在他身上始终是交融的。他对古人有‘同情之了解’，而非‘了解之同情’，前者是回到古人的世界，以他的喜怒哀乐构建他眼中的世界；后者是研究以后，发现我喜欢古代的人物。他在这方面极其冷静，在这个意义上，陈先生更符合我们今天的西方历史研究，而不一定是 19 世纪初、20 世纪那套科学的办法。”

在清华园的 10 年间，陈寅恪大约发表了 50 余篇学术论文与序跋。他后来在战时发表的著作与文章，很多研究工作都已经在这一阶段完成。

如果不出变故，陈寅恪的一生可能都将在潜心治学中度过。但时代的风云变幻，远远超出当时人们的想象，随着“七七事变”的爆发，陈寅恪动荡起伏的后半生正式拉开了序幕。

二、在乱世流离中站上中古史的巅峰

度过了游学以及书斋悠悠的黄金时代，陈寅恪在动荡时代，撰写完成《隋唐制度渊源略论稿》和《唐代政治史述论稿》，以此最终站上中古史研究的学术巅峰。

"我和寅恪抓紧一个大小孩。忠良照顾小件行李。王妈抱着才 4 个多月的小美延。当时必须用力挤着前进，一家人紧紧靠拢，深恐失散。直到住进租界，不见日本鬼和太阳旗，心中为之一畅。"陈寅恪的夫人唐筼曾记录下 1937 年 11 月 3 日一早，他们一家从北平逃亡天津的场景。

就在 4 个月前，清华国学院四大导师之一的陈寅恪还过着优游的生活。他的小女儿刚刚在协和医院出生。陈寅恪的密友、清华大学外文系教授吴宓在日记里记载，7 月 6 日晚，他还曾和陈寅恪坐在体育馆后的球场看晚霞。

然而世事难料，第二天，“七七事变”爆发。北平、天津相继沦陷，南开大学在炮火中被夷为平地。傅斯年、胡适与北大、清华、南开三校校长等学界名流密电商讨撤离，在南京国民政府的支持下，他们决定在当时相对安全的长沙组建临时大学。9月初，三校师生便踏上逃亡长沙的旅程。

但是陈寅恪因主办父亲丧事难以脱身，同时，在忧愤交加的情况下，他的视力骤减，同仁医院诊断他的右眼视网膜脱落，需要立刻手术。春天时，日本人就曾邀请他到日本使馆赴宴，但是现在，日军已经占领清华大学。陈寅恪恐怕日本人逼迫，为保名节必须离开。因此，来不及治疗眼睛的疾病，陈寅恪在兄弟赶回北平后，在父亲过世未满“七七”，还没有出殡时，隐瞒教授的身份逃离了北平。

在逃离过程中，他们原本想从天津乘船借道到上海或香港再转长沙，但那时长沙已准备复课，陈寅恪一家在青岛登陆，决定坐火车尽快到达长沙。一到济南，风声骤紧。“公子中的公子”在战乱中也命若蝼蚁，唐筼在日记里写道，火车停开，已无所谓班次，见车就上，他们一家买到徐州的头等卧车票，每人从窗口爬进，却只得到三等车厢中的三个座位，“除吃奶小孩外，两个大小孩挤睡在地上。三个大人只得笔直地坐着，转动亦不易。经历将近二十四小时才到徐州”。在漫天大雨的掩护之下，他们躲过敌机的扫射，由徐州至郑州再经汉口，11月20日到达长沙。

南京陷落之际，国民政府指示长沙的临时大学继续撤往昆明，另行组建国立西南联合大学，其中，文学院和法商学院暂时安置在云南蒙自。陈寅恪一家选择走水路先到桂林，再到香港，然而抵达香港的时候正值春节，陈寅恪的小女儿高烧不退，妻子更因心脏病复发住院，他们获得当时在香港大学任教的许地山夫妇的接济，租住下来。新年后妻子还不能起床，陈寅恪只能独自一人前往云南。

1938年4月，他与闻一多、吴宓等十几位教授相聚在蒙自，终于暂时获得安歇。他们住在歌胪士洋行楼里，半西式的房屋老旧、逼仄，又有鼠患。教授们正餐吃不饱，买咖啡馆里的面包填肚子，晚上还要把面包用线吊在空中，防止老鼠偷吃。但学生们陆续赶来后，小县城熙熙攘攘，景色绝美，好像是太平盛世。然而，中方战事节节败退，5月19日，徐州失陷，"外传中国大兵四十万被围，甚危云云"。听到噩耗，湖光山色在陈寅恪眼中变成了"雨里苦愁花事尽，窗前犹噪雀声啾"，他在《残春》里写"曹社谋亡梦已真"，这是用《左传》中"曹人或梦众君子立于社宫，而谋曹亡"的典故，表达对国之将亡的忧虑。

"南渡自应思往事，北归端恐待来生。"陈寅恪的悲观从历史中来，他将时局比作古代中国政权的南迁，一旦南迁便再没有回头之日。在蒙自停留了4个月后，因为柳州中央航空学校迁往蒙自，占用了西南联大的大部分校舍，陈寅恪与众师生一起迁往昆明西南联大本部，继续他的治学生涯。

陈寅恪到达昆明便开始教课。那时学生在文林街的昆华中学上课，与他的住处来回约4里路，需上下坡才能到。陈寅恪的学生王永兴曾回忆，那时20多个学生在教室里静候，陈寅恪每次抱着用黑布包着的一大包书，满头大汗地走进来，"在两块黑板上抄写讲课要用的史料，然后坐下闭目讲课"。

在西南联大，陈寅恪担任的是中文系和历史系合聘教授，讲授"两晋南北朝史”的课程。由于缺乏书籍，他曾在1938年至1940年，反复寄信给史语所的后辈，请他帮忙寄书、誊抄史料，甚至向他要自己曾发表过的文章，只为备课和研究的用途。

从北平南下时，陈寅恪曾将书籍包好托人寄往长沙，但书籍最终被焚毁于1938年11月长沙的“文夕大火”中。从香港到蒙自时，两大木箱的中外图书由他人代交滇越铁路转运，途中又被人用装了石头的木箱调包。其中最为珍贵的，是他曾用蝇头小楷，在书眉详细记录了有关资料及心得的批注本，包括有关蒙古史、佛教史和古代东方的书籍。这些眉注本的丢失，相当于抹杀了他许多快要完成的著作。妻子唐筼记得，陈寅恪为此“有一个时期几乎得精神病”。

因为手边缺乏史料，陈寅恪以幸存的眉注本《通典》为基础，完成了《隋唐制度渊源略论稿》。这本书分别以礼仪、职官、刑律、音变、兵制、财政推究隋唐两朝制度的源流。与普遍使用的历史著述方法不同，这本书稿大量直接引用原文，并用“寅恪案”的格式在原文中插入自己的想法。

北京大学历史系教授陆扬表示，这样的写法与读书札记没有差别。陈寅恪对现代学术的规范心知肚明，却在叙论里说“此书微仿天竺佛教释经论之例”，似乎是用解经的说法为自己开脱。不过，在战火连绵、缺乏史料，已经患有眼疾与心脏病的情况下，读书札记是最为便捷的方式。何况，这本书也不是零散记录心得的札记，其中有着一以贯之的观念。

此前史学家往往认为隋唐制度继承沿袭的是西魏、北周的遗产，而在《隋唐制度渊源略论稿》这本书中，陈寅恪颠覆了这个观念。他认为隋唐制度共有三个源流：一是北魏、北齐；二是梁、陈；三是西魏、北周。由此，他搭建起了隋唐制度沿革的完整链条，他认为隋朝制度延续的是汉、魏、西晋以来的中原礼制遗产。当陈寅恪检视隋代制定礼制官员的籍贯时，发现他们都是关陇之人，于是在一系列论证后，家族与地域的关系被发掘出来，他总结道："盖自汉代学校制度废弛，博士传授之风气止息以后，学术中心移于家族，而家族复限于地域，故魏、晋、南北朝之学术、宗教皆与家族、地域两点不可分离。"

北京师范大学历史系教授陈其泰将这样的治学特点总结为"以小见大，从别人不注意处发现历史的关节点，通过联系分析，揭示出有关历史演变的重大问题。又善于推求变化之故，从联系中概括出通例性的认识"。

写《隋唐制度渊源略论稿》时，陈寅恪已规划之后再从政治角度深入撰写《唐代政治史论述稿》。后来，这两部著作奠定了唐代政治史研究的基础，也开拓了中国史学的视野，被认为是"不单从汉族看国史，亦从外族来看国史"。

在壮年时，陈寅恪转变方向，选择研究中古史的原因，至今众说纷纭。

陈寅恪的研究没有离开过时局，虽然是中古的材料，却都对现实有所指。陈寅恪在抗战时延续自己南下前对历史的观照，他将晚清比作晚唐，将同治到光绪的时代看作开元盛世，因为与开元盛世一样，虽然表面上风平浪静，光绪时代也是社会突然崩解的起点；晚唐面临夷狄的问题，政权又是从中国的内部瓦解，恰与晚清相似。

陈寅恪在写作《隋唐制度渊源略论稿》的时候，脾气不好。当时，陈寅恪身体不佳，心绪更是难以平复，因为国难带来的家愁令他揪心，他生病的妻子带着三名幼女仍滞留在香港，生活困顿。而战争的危险也时刻笼罩着他，自1938年9月后，日军为了切断云南与外界的联系，破坏滇越铁路与滇缅公路，开始轰炸昆明，日军军机时常整列飞过昆明上空，投下飞弹，联大的师生和市民只能逃向郊区避险，“跑警报”成为家常便饭。吴宓的日记里曾记录了他和陈寅恪一同躲避轰炸，二人在山前吃涂了酱的米饼的场景。

1939年春，牛津大学邀请陈寅恪去做汉学教授，他原本有机会与妻儿团聚，带他们去往英国。但那时妻子病情加剧，陈寅恪因授课无法脱身，直到暑假时才赶赴香港。到达香港后，因为战时汇率暴涨，他只能改为只身一人乘船前往英国。等到确定登船日期的时候，却赶上欧洲战争的爆发，不仅乘船危险，牛津也已经没有学生，加上收入所得税很贵，陈寅恪在不得已的情况下告知牛津暂缓一年再去。

第二年，再到香港履行赴欧诺言的陈寅恪，由于地中海仍不能通航再加上滇越铁路阻断，他不得不留在香港大学任客座教授。民国时的知识分子普遍看不上香港的大学，认为那里是文化沙漠。香港教书的任务也异常繁重。陈寅恪曾说，完成《唐代政治史论述稿》后，近些年在他脑中思索的问题已整理出一部分，但繁重的教学任务却令他难以抽身写作更多的内容。在写给傅斯年的信里，他说自己“忧愁所致”，头发都白了一大片。

在1940年已经交予商务印书馆的《隋唐制度渊源略论稿》的初稿，已经过了一年都没有音信，书稿恐怕已经在战火中遗失了。当时正值上海工人罢工，香港只能印钞票、邮票，也不能印书稿。“心绪极坏”

是陈寅恪在香港时的书信中反复出现的词语。他对治学的环境非常失望，香港连连攀升的物价也几乎将其一家吞没。陈寅恪曾向傅斯年坦言，他在香港全家一个月共用 300 元，其中包括小孩的学费和药费，每顿饭几乎没有肉食，只能吃鸡蛋，全家老小都挤在一间屋子里。

转机发生在 1942 年 4 月底，陈寅恪意外获得数千港元的资助，一家人在 5 月逃离香港，辗转一个多月后，在 6 月 18 日抵达桂林。因为美国的参战，战局开始逆转，陈寅恪也希望能暂时获得休息，于是他在广西大学获得教职，潜心书写《元白诗笺证稿》。

1943 年夏天，战火逼近湖南，陈寅恪带着一家人再次上路。从桂林出来后，他的妻子唐筼染上痢疾，陈寅恪又患病，后来，一家人为了更好的医疗条件移居到了成都。1945 年春天的一个早晨，陈寅恪眼前一黑，视网膜严重脱落的左眼也失明了，他进入医院治疗却仍未能痊愈。那年除夕，陈寅恪感叹说："天其废我是耶非，叹息苌弘强欲违。著述自惭甘毁弃，妻儿何托任寒饥。西浮瀛海言空许，北望幽燕骨待归。弹指八年多少恨，蔡威唯有血沾衣。"

1945年8月10日日本投降，陈寅恪第二天醒来听到喜讯，除了狂喜，更有世事沧桑的悲凉和隐隐的忧虑。战争已经结束了，牛津大学再次发来邀约，陈寅恪着急前往英国治疗眼疾，还没能考虑在牛津就职的事情。在伦敦住院做完手术后，虽使用电针贴合视网膜，使他的双眼视力都有所改善，但只能大概看到人影，并没有完全复明。他又乘船到美国东海岸，本想死马当活马医，却得知美国医生也束手无策。

1946 年新年刚过，国民政府还都南京，远在异国的陈寅恪却一双冷眼，感到风雨欲来。他将当时的时局比作南北朝，认为国共将分江而治。果然，等他从纽约回到南京时，战争已全面爆发。

当年秋天，陈寅恪的两个女儿留在南京读书，他则与夫人带着小女儿重返清华园，在清华和燕京两个学校任教。曾为他当过助手的石泉记得，老师记忆力极好，指示他查资料时，“往往版本、页数，以至行数都对”。

凭借惊人的记忆力和学生的帮助，陈寅恪在清华期间将《元白诗笺证稿》修订完毕。这部战乱中完成的著作，将陈寅恪“以诗证史”的功夫展现得淋漓尽致。“以诗歌补正史实”，就是“把所有分散的诗集合在一起，于时代人物之关系、地域之所在，按照一个观点去研究，连贯起来可以有以下作用：说明一个时代之关系；纠正一件事之发生及经过；可以补充和纠正历史记载之不足”。

北大历史系教授陆扬评价说，即使陈寅恪在个别具体考证上，会让人觉得有些牵强，但整体的思维方式却令后世折服。“以诗证史”并非仅仅是一个学术思路，它也包括“以史证诗”，还要寻求诗歌中的“今典”，了解作者当时的事情，这是从创作者的角度去理解诗歌。

在陈寅恪的视角中，南北朝的历史仿佛在重演，那段时间，与外族的关系问题也成为他学术论文的主题。历史的关照总与现实的选择难舍难分，陈寅恪再次面临去留的抉择。南渡期间，在一次会议上见过蒋介石一面后，陈寅恪认为他难堪大任。同时，陈寅恪不愿离开大陆，因此拒绝前往台湾。

向广州的岭南大学校长陈序经询问后，1948 年夏天，陈寅恪被聘为岭南大学教授。1948 年末，战事逼近北平，陈寅恪带着家人前往南京，第二天就去往上海等待轮船，终于在 1949 年 1 月 16 日，登上了驶往广州的“秋瑾号”。

这是陈寅恪十几年颠沛流离里的最后一次迁徙。他用诗歌如此记述了这场迁徙：“北归一梦原知短，如此匆匆更可悲。”广州也成为他 79 年人生中居住时间最长的地方。

三、“独立之精神，自由之思想”

1956年9月，中山大学开学，陈寅恪在家中接待了刚考入中大的本科新生们的拜访，这在今天的大学教授中也并不常见。陈寅恪兴致勃勃地问大家，有多少人是第一志愿报了北京大学历史系，多少人第一志愿报了中山大学历史系，打趣地说没去北大也没关系，因为那里的教师“是我的学生”。陈寅恪给了学生们两点建议：一是学好古文和外文，打下阅读基础；二是要锻炼好身体，否则会半途而废。

1956年，可以说是陈寅恪人生最后二十年最愉悦的一段时光。学校对这位定居广东的史学大师提供了尽可能好的待遇，《中山大学学报》为陈寅恪等人设立了“特级稿费”制度，陈寅恪也处在相对旺盛的创作期，接连刊发了五篇论文，校内仅有的两辆小汽车之一可供他随时调用，对于极少出门的陈寅恪来说，这更多是一种礼遇象征。

陈寅恪在中山大学校园内居住的二层红色小楼四周，附带独立的数千平方米的草坪，古木掩映，曲径通幽，自成一体不受外界打扰。即使对校园历史一无所知的访客也能够凭空间的独特性判断出，只有最重要的人物才有资格住在这里。这就是东南区一号，陈寅恪生前居住过近 20 年的地方。

陈寅恪与夫人唐筼在学校专为他铺设的白色水泥路上散步（摄于 1957 年）

如今故居仍专门用于纪念陈寅恪，没有做其他用途。小楼旁边是一条著名的小路，学校为方便视力微弱的陈寅恪散步，在这条路上铺设了特别的白色水泥，天气好的时候能看到陈寅恪在夫人唐筼的陪伴下在这里散步。

陈寅恪的学生、如今已经 90 岁的胡守为教授回忆，以前上课就在小楼二层半开放的回廊。因为行动不便，陈寅恪的研究、上课都在家中进行。站在二楼通透的回廊上，一块小黑板和十几个座位就放置在这里，旁边高大的棕树触手可及，阳光照在眼前开阔的草坪上，景致十分安宁。

陈寅恪的课虽名气大，但从来不拥挤，学生一般从几人到十几个人，偶尔有其他教师来旁听。他从不点名，不记考勤。有一次上课的时候只有胡守为一人。他来了之后，陈寅恪却让他等一下，特意上楼换好长衫，然后对这位本科生说，胡先生，咱们上课吧。胡守为说，他对近70年前的这一幕记忆犹新，后来他自己成为中山大学的历史系主任、副校长，始终优先保证给学生上课的时间。

作为历史系与中文系的双聘教授，陈寅恪轮流讲授白居易的诗与唐代史的课程。有一种说法是陈寅恪上课“三不讲”：书上有的不讲、别人讲过的不讲、自己讲过的也不讲，每一节课从不重复自己。真的是如此吗？说到这一传闻，胡守为笑着解释，这是后人的臆想，“在大学里教过书就知道那是不可能的。陈老师也做讲义，说明他每学期讲的是基本一样的”。

不过，在陈寅恪人生中的最后二十年，并非都是这样的好时光。就在1956年这些和睦场景前不久，发生了著名的“陈寅恪拒绝北上”事件。1953年，中共中央决定设立历史研究委员会，其中一项重要的决定是在中国科学院成立上古、中古、近代三个历史研究所，由三位最负盛名的学者出任所长，其中上古史是郭沫若、中古史是陈寅恪、近代史是范文澜。对陈寅恪的任命因为他要求“不谈马列”而取消。

随着档案的披露，此事的内情渐渐被人知道。陈寅恪对前来谈判的学生汪篯亲述的《对科学院的答复》中表达得十分明白：

> 我的思想，我的主张完全见于我所写的王国维纪念碑中。……我认为研究学术，最重要的是要具有自由的意志和独立的精神。……我决不反对现政权，在宣统三年时就在瑞士读过资本论原文。但我认为不能先存在马列主义的见解，再研究学术。……因此，我提出第一条：“允

许中古史研究所不宗奉马列主义，并不学习政治。"……我又提出第二条："请毛公或刘公（注：指毛泽东、刘少奇）给一允许证明书，以作挡箭牌。"

这两条要求因为在当时的语境下过于"骇人听闻"，长久以来很多人都怀疑此事的真实性。学者陆键东说，他在中山大学保管的陈寅恪人事档案中见到了这份文件原件，深受震撼。档案中的文件是汪篯亲笔写下的，显然当时抄录了两份，一份带回北京，另一份留在中山大学存档。汪篯将答复带回后引发的反应以及后续沟通过程，因档案未完全开放不得而知。不过陈寅恪与北京方面保持了体面的来往。此后，北京方面再未邀请过陈寅恪北上。

陈寅恪作为著名学者，自然被各方争取，一直到 1949 年 9 月，国民党"战时内阁"的教育部长杭立武、财政部长徐堪还曾专程到岭南大学，希望陈寅恪能离开大陆，只要到达香港，10 万港元和新洋房即刻兑现，但这仍被陈寅恪拒绝。陈寅恪曾这样解释说，何必离开大陆。1949 年陈寅恪一家乘坐由上海出发的"秋瑾号"客轮，抵达广州渔珠码头。直到 1969 年逝世，陈寅恪再未离开过广州，这也成为他 79 年人生中居住时间最长的地方。

1952 年全国高等院校进行了大规模的院系调整，岭南大学并入中山大学。中大延续了对陈寅恪的特殊照顾，除在各个方面给予最好待遇外，继续允许他除上课外不参加包括政治学习在内的其他学校活动。

更难得的是，1952 年陈寅恪物色到一位非常合适的助手，她就是黄萱。当年已经42岁的黄萱出身于华侨富商家庭，从小打下了深厚的国学基础。经过一段时期的磨合后，黄萱正式成为他的助手，每天来到陈寅恪家中，替他查资料、根据口述进行笔录写作。后来学校要求提交的对黄萱的工作鉴定意见中，陈寅恪这样写道："若非她帮助我便为完全废人，一事无成矣。"

1953年，陈寅恪开始了对《再生缘》的研究，更多的精力用来关注明清的历史。从早年利用多种文字对中亚历史进行研究，到魏晋至隋唐的中古史研究，再到晚年主要通过文学作品研究明清史，他进入了人生治学的第三阶段。陈寅恪这样自述研究《再生缘》的机缘："衰年病目，废书不观，唯听读小说消日。偶至《再生缘》一书，深有感于其作者之身世。"而据历史学家汪荣祖的看法，这不过是陈寅恪惯用的自我谦虚的词语，实际上他对弹词这种文学形式很早就有兴趣，将它比作是中国的史诗，《再生缘》正是他认为的其中最杰出的作品。

陈寅恪更为感兴趣的是《再生缘》的作者，清代女子陈端生。他不仅认为陈端生的艺术成就直追杜甫，而且一再同情她反抗"当日奉为金科玉律之君父夫三纲"，赞美"端生此等自由及自尊即独立之思想"。类似的主题，将成为贯穿他晚年研究的线索。

《论再生缘》引发了相当大的关注。许多海内外的亲朋故友感到欣慰，因为陈寅恪仍在创作着。孤身一人在广东、与熟悉的学术环境的分离让陈寅恪的孤独感开始积蓄。学生刘桂生还记得最后一次见到陈寅恪，那是他又从岭南转入清华大学以后，与同学回广州游览，顺便看望老师。陈寅恪问了一个让他意想不到的问题："工字厅前面的那棵紫荆树开得怎么样了？"工字厅是清华的主建筑，刘桂生完全没注意过那里有一棵树，答不上来，陈寅恪的神情多少有些失望。刘桂生感慨："老清华的一草一木，他一直记在心里。"

1957 年反右开始了。因为言辞谨慎，陈寅恪未被定为右派，中山大学对他的认定在中中和中右之间摇摆。但随之而来的一系列风暴及历史学界的"厚今薄古"运动，仍然波及陈寅恪，毕竟他的"目标"实在太大。郭沫若在《人民日报》发表的文章中点名陈寅恪，校内外除了在理论刊物上发表长文批判陈寅恪学术的"唯心主义和形而上学的史学方法"，还有人编排打油诗进行讽刺，说他："厚古又薄今，理论看得轻。马恩列斯毛，从来不问津……"

学生胡守为回忆，1957 年、1958 年这一轮批判确实促成了陈寅恪心态和生活上的转折，不过最直接刺激到他的是部分学生的过激行为，他们贴出"大字报"说他"误人子弟"。胡守为说："这四个字彻底伤透了陈老师的心，从此他再不开课了。"自 1925 年回国在清华教书，陈寅恪作为老师的生涯就此结束。

待风暴平息，校领导和部分批判参与者曾几次登门道歉，劝陈寅恪继续开课，都遭到他的拒绝。从这以后，陈寅恪更加深居简出，除了一些多年的老友外几乎不再接待客人，不仅康生途经中山大学想要拜访被以"身体不适"拒绝，他甚至不再接待师生的春节拜年，与自己楼下的邻居、此前曾多次诗词唱和的中文系主任王季思一家也"极少往来"。

他在主动"边缘化"的同时又成为人们的好奇谈资，当时中山大学历史系曾在一份文件中向学校党委汇报情况："环绕陈寅恪有各种荒诞传说：如说斯大林与英国女王拍电报问候他的健康，再如说他能背诵全本《资治通鉴》之类。”乃至高中的孩子们都对陈寅恪议论纷纷，争论他懂得的究竟是哪几门外语。东南区一号里的陈寅恪，成为校内一位神秘而不可接近的人物。

陈寅恪晚年把自己沉浸在最后一部著作《柳如是别传》的撰写中，这也是围绕历史上一位奇女子展开的书写。钱牧斋与柳如是分别是明末重臣和青楼女子，二人结下姻缘，改朝换代后，柳如是劝钱牧斋一同自尽殉国，钱牧斋退怯了，钱牧斋降清后循例北上后又称病而归，二人最终一起从事反清复明的活动。钱、柳二人在历史上始终受到负面的评价，陈寅恪则穿越层层史料的迷雾，通过对他们诗歌的考查，复原了二人活动的原委，尤其是柳如是在其中扮演的关键角色。

在第一章《缘起》中，陈寅恪明确提出写作的目的是：“以表彰我民族独立之精神，自由之思想。何况出于婉娈倚门之少女，绸缪鼓瑟之小妇，而又为当时迂腐者所深诋，后世轻薄者所厚诬之人哉！”他曾以“独立之精神，自由之思想”痛哭的知己王国维是效忠于清朝的大学者，柳如是则是反清复明的弱女子，陈寅恪所要强调的是始终潜藏于民族历史中的精神力量，而无关具体的某朝某代或某种身份。

创作的过程相当困难，此时陈寅恪已经完全无法阅读和写字，全靠助手黄萱的帮助，他自己称这样的过程为“瞑写”。陈寅恪每天早上见到黄萱会说“你终于来了”，因为前一晚思考的内容要全部硬记下来，所谓“憋得十分难受”，文章的反复修改也很麻烦。雪上加霜的是陈寅恪在家中摔断了腿，股骨骨折，从此几乎不能下床，历史学家汪荣祖称为“天欲废寅恪，而寅恪不甘自废”。

陈寅恪的治疗方案是由周恩来亲自审定的，派出了 3 位护士轮班倒

陈寅恪在黄萱的协助下进行研究，其时正在写作《柳如是别传》

24小时照顾他，再加上进口药物、食物等的补助。三年困难时期刚过，这位"养尊处优"又不能贡献于"社会主义建设"的"老古董"的特殊待遇再度激起群情不满，当时流行的说法是："我们都没有饭吃，为什么要这样优待他？"甚至有高级干部也表示不理解，一直告状到主政广东的一把手陶铸那里，陶铸驳斥："你若像陈寅老这个样子，眼睛看不见，腿又断了，又在著书立说，又有这样的水平，亦一定给你三个护士。"

陈寅恪执着地把最后10年的学术时光投入《柳如是别传》的撰写中，这是否值得？后世学界一度有不小的争议。有位历史学家的看法是，《柳如是别传》代表"他的史学境界在最后阶段发生了一次跳跃"。这个被陈寅恪本人称作"心史"的研究阶段，所要做的已不再是简单复原史实或回答一些学术问题，而是真正尝试进入两个三百年前的人的精神世界，因为偏见的缘故后世史料多有错谬，唯一的“大门”就是他们本人的诗作，这也必然是一次史学方法的创新。

这位历史学家有一个生动的比喻，他认为陈寅恪在进入晚年的明清研究之前更多倚重的是考据，但考据只能搭起一座楼宇的架子，却不一定能装修布置得样样俱全。“而《别传》则不但是一座已完成的楼宇，而且其中住满了人。”这是陈寅恪“历史的想象力”充分展开的结果，“这种想象力当然不是胡思乱想，它是基于史家对于人性和人世的内在面所具有的深刻了解，因此它必须深入异代人物的内心活动之中而与之发生共鸣”。

现实中孤独的陈寅恪在其他的时空中找到了自己的知己。他在书中留下了这样的字句：“痛哭古人，留赠来者。”1964 年《柳如是别传》完稿，但他未能在生前看到著作的出版。

学者陆键东说，陈寅恪享受了中国现代史上对一个知识分子空前绝后的照顾，然而就在特殊照顾达到高峰的 1963 年，陈寅恪夫妇常常抱头痛哭。陆键东说：“陈寅恪享受着所谓最好的待遇，可是两夫妇却在为人生的悲哀而哭。陈先生是否哭‘国事’我不敢肯定，但是陈氏是哭自身、哭一生的不幸、哭‘业将不传’‘文化将毁’，则是可以肯定的。这个细节说明陈寅恪的精神世界，与平常众生迥然不同。”

胡守为现在回忆起最后几次与老师的见面，至少 1964 年陈寅恪仍在积极地思考。1964 年 10 月中国第一颗原子弹爆炸后，陈寅恪见到胡守为，他对此事十分高兴，并且说“我们再不需要‘保护伞’了”，“保护伞”指的是苏联。

这与 1961 年 9 月 1 日吴宓拜访陈寅恪后记下的日记中对国际形势的看法态度一致："必须保有中华民族之独立与自由，而后可言政治与文化。"然而随着时局的风暴继续酝酿，人们无暇自顾，陈寅恪这位"文盲叟"也彻底退出历史舞台，音信缥缈。

1966 年"文化大革命"爆发后，虽然当时已经调任北京的陶铸向广东省发回数条信息要求保护陈寅恪，但他仍被"请"出了东南区一号的住宅，黄萱和 3 个护士也被遣返，仅保留 1 位必要的护工，这毫无疑问加速了陈寅恪病体的衰弱。

据目前的回忆材料，陈寅恪生前未被直接批斗，但学生刘节曾说愿代老师挨批并表示这让他感到"无比光荣"，有人据此推测至少有打算批斗陈寅恪的计划。1969 年 10 月 7 日，陈寅恪因心力衰竭去世。当时校内多数人已去了干校，他临终的情形已变得十分模糊。只有官方报纸的讣告显示出，相比于同时代的其他人，陈寅恪去世时还保留了一些基本的尊严。妻子唐筼，于一个月后因心脏病去世。

陈寅恪 1969 年逝世后，许多同事、学生都没能第一时间知道消息，过了很久以后才辗转得知。陈寅恪的下落在相当一段时间之内都不清晰。1970 年，陈寅恪的表弟、身在台湾官至"国防部长"的俞大维曾撰文回忆陈寅恪，但他既不知陈夫人和其三个女儿身在何处，也无从得知陈寅恪究竟是否还在世，只得感叹"欲祭疑君在，天涯哭此时"。甚至在 1971 年中山大学革委会的一份文件中，校内有人认为他还活着。

中山大学历史系资深教授、陈寅恪 50 年代的学生蔡鸿生说，当 90 年代的一轮"陈寅恪热"到来时他感到疑惑，当时的漫画家形象地画出了"盛况"：小孩子都去翻书架上的《柳如是别传》，可那是一部超过 1200 页的以文言文写成的艰深著作。蔡鸿生说："陈寅恪的重大关切，是如何去避免思想的停滞和理性的衰退，并非什么现世功利。作为一代宗师，其脱俗求真的表现形式，难免'菩萨低眉'与'金刚怒目'共存，这是没有什么可怪的。"对于陈寅恪的解读，蔡鸿生希望人们更多关注他的精神史、学术史而不只是生活史，因为他本质上是一位纯粹的学人。

在《对科学院的答复》一文的末尾，陈寅恪又反复提及他为王国维撰写的挽词，他说不知道清华校园里的纪念碑是否还在，如果有人嫌那个碑文做得不好，打掉再做新的也没关系，因为："我的碑文已流传出去，不会湮没。"

（撰文：刘周岩　田钟灵）

老舍：

大时代的“写家”

一、穷人、旗人、“写家”

穷人是老舍的身份。老舍的前半生深深烙着一个“穷”字。

1899 年 2 月 3 日，老舍出生在一个穷旗兵的家里。刚出生时，母亲就昏死过去，多亏已经出嫁的大姐及时赶到，把他揣在怀里才免于被冻死。那一年是光绪二十四年，戊戌年，也是狗年。姑母给他起了个外号“小狗尾巴”。他的父亲姓舒叫舒永寿，因临近春节，便给小儿子起了个名字叫舒庆春。

老舍后来说：“我的父亲是堂堂正正的旗兵，负有保卫皇城的重任，每月才不过三两银子，里面还每每掺着两小块假的。”大清入关 200 多年，到了他出生的时候，已是国运颓废，下层旗兵多已沦为赤贫之家。老舍就出生于这样的家庭中，他上面还有三个姐姐、一个哥哥，母亲生他时已经 41 岁，父亲的钱粮只够勉强生存，日子过得捉襟见肘。

八国联军攻入北京城，他父亲死在南长街的一家粮店里，是舅舅

1926 年，老舍在伦敦寓所。1926—1928 年老舍在伦敦大学东方学院担任中文教师

家的二哥回来报的信。舅舅家的二哥也是旗兵，他败下阵来，路过那家粮店，进去找水喝，正巧遇见了老舍的父亲。攻打正阳门的八国联军的烧夷弹把老舍父亲身上的火药打燃，全身被烧肿，他自己爬到这个粮店等死。二哥见他的时候，他已不能说话，遍身焦黑，只把一双因脚肿而脱下的布袜子交给了二哥。后来父亲的衣冠冢中埋葬的就是这双袜子，这时老舍不足两岁。

老舍在《我的母亲》中写道："皇上跑了，丈夫死了，鬼子来了，满城的血光火焰，可是母亲不怕，她要在刺刀下，饥荒中，保护着儿女。"父亲死后，养家的重担都压在母亲身上，她靠为别人洗衣服换取微薄的收入。生活的艰苦，老舍耳濡目染。他后来在小说里写到洗袜子的情节："那些臭袜子，硬牛皮似的，都是买卖地的伙计们送来的。妈妈洗完这些牛皮就吃不下去饭。……妈妈的手起了层鳞，叫她给搓搓背顶解痒痒了。……她瘦，被臭袜子熏得常不吃饭。"

老房子已经残破不堪，到了三伏天，夜里下雨，全家只能在屋里坐到天亮，害怕被坍塌的房子埋起来。冬天则八面透风，白天连水都会冻在缸里。至于吃，一天通常只有两顿饭。老舍后来在《勤俭持家》一文中提道：“像我家，夏天佐饭的‘菜’往往是盐拌小葱，冬天是腌白菜帮子，放点辣椒油。”辛苦一年，才勉强吃上一顿饺子。老舍没有玩具，只有撕棉花玩。小说《牛天赐传》中，少年牛天赐的玩具也是棉花。

老舍的一家，祖辈都是文盲，到他这一辈，哥哥姐姐也从没念过书。一个很偶然的机会，他受善人刘寿绵的资助上了私塾和小学，随后又考上了中学和北京师范学校。嫂子卖了两个结婚时的箱子才凑齐了10元钱的入学保证金。6年后，不满19岁的老舍从师范学校毕业，被派到方家胡同小学当校长。

在中国近代作家群体中，老舍是少有的穷人出身，且生活在他周围并与之来往的，也多是在贫困中挣扎的毫无希望的下层百姓。对贫穷的刺痛感，是他体验世界的起点，影响了他一生的创作。老舍说：“在精神上，我是个抑郁寡欢的孩子，因为我刚一懂事便知道了愁吃愁喝。”

旗人，是老舍的第二个身份。

辛亥革命推翻了清王朝，作为满族的旗人也成了和统治者一起被驱逐的对象。底层的满族人，受到了冲击。老舍在新中国曾经说过：“辛亥革命呢，又有点笼统地仇视一切满人。”话剧《茶馆》中也有“旗人也是中国人”的话，说出了普通旗人心里的委屈。他们爱国，他们不满朝廷的腐朽，但他们却在清王朝覆灭后承受着委屈。

辛亥革命断了旗人的生计，京城里大部分满人跌入贫民阶层，一部分当车夫、裁缝、木匠、巡警。更可怜的，便是始终没有找到职业的一群人，他们四处流浪，敲着小鼓收废品、沿街捡破烂、行乞、摆茶摊儿，还有一部分沦为妓女。就像话剧《茶馆》中松二爷的叹息："想起来啊，大清国未必好。可是，到了民国，我挨了饿。"在小说《小型的复活》中老舍这样描述自己："三岁失怙，可谓无父，帝王不存，可谓无君。"无父无君，他在精神上和物质上都失去了依靠，失去了安全感。

1949 年前，老舍没有公开过自己的满族身份。30 年代中期，在自传体小说《小人物自述》中给父亲的身份是"在外做生意"，"死在了外乡"；40 年代在回忆文章《我的母亲》中依然只是如此简略，"父亲死在庚子闹'拳'的那一年"。中学时代的老舍，内心忧郁而孤独，是个悲观主义者。

舒乙在一篇文章中写道："老舍先生在解放前不大讲自己是满族人或者旗人，这主要是受辛亥革命的影响。他觉得他的祖先，主要是清朝末年的满族统治者，给中国丢了人，现了眼，很不光彩。"《茶馆》中有一句台词说："旗人当汉奸，罪加一等。"

老舍的第三个身份是"写家"。

老舍 19 岁成为方家胡同小学的校长，3 年后被提升为北郊劝学员。他做事认真，往往吃亏，但也不后悔。

1922 年，老舍辞去了劝学员职位，不久后，他在西单附近缸瓦市基督教会受洗礼，成为基督徒。由此他结识了缸瓦市伦敦会成员、燕京大学英籍教授易文思，为了学好英文，常常去燕京大学旁听课程。后来经易文思介绍，他前往英国伦敦大学东方学院任中文教师。

在伦敦，急于掌握英语的老舍，开始大量阅读英国小说，把它当作外语学习的捷径。看得多了，便想自己也提笔试试身手。故乡风物，陈年旧事，就像一幅幅图画涌上心头。他想，小说中是些图画，记忆中也是些图画，为什么不可以把自己的图画用文字画下来呢？

于是他便提起笔，在异国开始写作。

老舍写作的师傅，就是英国作家狄更斯。第一部《老张的哲学》，便是仿照狄更斯的小说《匹克威克外传》。这部小说与其说是创作，不如说“玩票儿”的成分更大。然后是《赵子曰》。这两部小说都是他在国内当教师和教育官员时的所见所闻。随后，他又怀着对“国民性”的思考与忧虑，写下了《二马》。老舍最初的文学尝试都产生了较大影响，张爱玲就曾说，她是看着《二马》长大的。

1930 年，当老舍回国的时候，已经是著名作家了。

从英国回来后，老舍先后在济南的齐鲁大学、青岛的山东大学教书，利用暑假的时间写小说。他为上课而编写《文学概论讲义》，大胆地反对中国“文以载道”的传统。他说：“为文的要件是由内心表达自己，不是为什么道为什么理做宣传。”针对二三十年代以政治为目的的革命文艺思潮，老舍更加大胆回应，不管宣传什么主义，文学都不应该伺候它。

这时候的老舍是一个锋芒毕露的自由写作者。

他对当时泛滥于文坛的许多粗糙生硬的“革命文学”与“普罗文学”都很抵触。他对革命文学不以为然。比如，几个捡煤核的孩子，捡着捡着煤核儿，便忽然喊起：“我们必须革命”，他不愿也这么写。他反对把革命青年写得十全十美，一举一动全为革命，为革命来，为革命去，像一座雕像那样。好是好了，怎奈天下没有这么完美的人。不管是革命文学，还是文学革命，核心是文艺，而不是革命。

20世纪30年代，老舍最大的苦恼是没有时间去写。就像“祥子”想要一辆属于自己的车，老舍也固执地想当一名自由作家，但却不得不考虑养家的薪水。

为了决定是否辞职，他还专门跑到中国出版业的重镇——上海去考察了一番。当时老舍为十几个刊物写小说，他的《小人物自述》就发表在天津的《方舟》月刊上。那是一本由生产“抵羊牌”毛线的公司办的妇女生活杂志，主要内容是教授如何织毛衣、如何育儿。

20世纪20—30年代的文学“市场”，把几乎所有的中国作家都变成了小说连载的“专栏作家”。他在抗战前的小说，除了《离婚》外，都是先在文学刊物上连载，然后再出单行本，这样一部书至少可以卖两次钱。为了应付众多约稿，他不得不把长篇小说的创意拆散，写成短篇小说，由批发改为零售。

在热闹的30年代文坛，思潮与文学争论此起彼伏。老舍却置身事外，只做个旁观者。左右两大文坛领袖对他的作品尤其是“幽默”风格都评价不高，老舍也不在意，只是写了一篇《幽默的危险》聊作回应。

当时上海的左翼文艺运动已经声势浩大，北平的自由主义“京派”文人圈子又成一派。老舍却不属于任何一边。他是独立抑或孤立的，无党无门无派，既没有他巴结的对象，也没有谁表示要与他同气相求。相对而言，他更喜欢和出版家做朋友。良友公司著名出版人赵家璧，就是老舍往来30多年的好友。抗战结束后，他俩还合股成立了一家出版社——晨光出版公司。拥有自己的出版社，是老舍的理想之一，他甚至还安排自己的几个侄子去印刷厂当学徒。

似乎是故意表明姿态，老舍始终坚称自己是“写家”，而刻意与“作家”称谓划清界限。他从不把自己的写作看多高，而认为自己与粮店的账房先生是同等的“写家”，是个靠手艺谋生的人。

抗战爆发前他的自由主义立场根植于他的穷人出身——“穷，使我好骂世；刚强，使我容易以个人的感情与主张去判断别人；义气，使我对别人有点同情心。”

穷有穷的好处，反倒使他更加独立。老舍疏离于主流文坛，不愿与谁为伍。这种精神状态，他后来称之为“独立不倚”。新中国成立后，老舍悼念好友罗常培先生时说“独立不倚”的精神——“使我们不至于利欲熏心、去蹚浑水。”

1936 年暑假前，山东大学受“一二·九运动”的影响，也开始了学生运动。老舍借此机会，正式辞去了教职。这次，他“既不想到上海去看看风向，也没同任何人商议，便决定在青岛住下去，专门凭写作的收入过日子”。

从 1936 年 7 月算起，老舍的自由作家只维持了短短 13 个月。就在这段时间，他写出了《骆驼祥子》和《我这一辈子》两大代表作。到了 1937 年 7 月，抗战爆发，日军炮舰集结胶州湾，老舍不得不放弃自己刚刚营造起来的专心写作的事业，折回济南，又在齐鲁大学做了 3 个月的文学教授。到了 11 月，济南也待不下去了。因害怕被捉去做汉奸，他便拎了一只皮箱，告别了妻子儿女，开始了流亡生活。

当民族生存的问题成为压倒一切的问题时，个人的悲喜就变得无足轻重，所谓闲适、幽默、自我，甚至忧郁、痛苦、焦虑，转瞬间一并解体。就像鲁迅在 1936 年所写的：“现在中国最大的问题，人人所共的问题，是民族生存的问题，所有一切生活（包括吃饭、睡觉）都与这问题相关。”

一切服从于战争需要，这在民众的眼里即属天经地义，在具备救国济世传统的中国知识分子看来更是理所当然。老舍当然也不例外。在抗战初期的武汉，他对臧克家说：“国难当头，抗战第一，我们不能老把个人和家庭挂在心上啊！”

他觉得，个人主义的想法太可耻了。1937 年 7 月前，老舍是一个孤独的启蒙者，此后，他成为千千万万救亡者中的一员。他从一个自由撰稿人，成为中华全国文艺界抗敌协会的实际负责人，向来只在文坛“边缘”弄笔的老舍，从此汇入喧闹人流，变成文坛上呼朋唤友的大忙人。

被改变的，还有写作。战争爆发后，他就停止了《病夫》和《小人物自述》两部长篇的写作和连载，全身心投入抗战文艺创作。老舍在抗日战争以前，无论怎样，绝对想不到我会去写鼓词与小调什么的。他从来是单纯的小说家，连诗都极少写。而今，抗战需要什么，他就写什么。只求尽力，而不考虑自己应当写什么，假若写大鼓书词有用，就写大鼓书词。

1938 年，夏衍执笔发出了题为《抗战以来的文艺展望》的“檄文”，艺术要为救亡服务，宣称仍坚持艺术至上者，在大众眼中要被判为汉奸。老舍、郭沫若等 19 名作家在这篇文章上签了名。

老舍的爱国精神经过抗战洗礼，升华为国家至上的思想，他的话剧《桃李春风》中，辛永年对儿子说：“在作战期间，一个军人应当什么也不爱，而只爱他的国家。”《四世同堂》在写到祁瑞全时说：“他是为国家做事的，他现在不应当再有父母兄弟与朋友，而只有国家。”

这些话也是老舍对自己说的。在抗战时期，他几乎完全放弃了自己的创作与艺术追求。他表示，即使耽误了一个中国的莎士比亚，他一点也不后悔。

和那个时代很多作家一样，老舍暂时放弃了他艺术至上的追求。以笔为刀，一直写到了抗战胜利。

二、老舍在美国

1945 年 8 月，抗日战争胜利。流亡于重庆的文化人也开始陆续回家。但老舍一家仍客居重庆北碚，他无家可回。

来重庆前，他的家在山东济南，早已被日军飞机炸毁。母亲也在战争期间病逝于北京。老舍是自由职业者，不愿回到南京去，回北京也没事做。于是，他留在重庆，继续写《四世同堂》的第三部——《饥荒》。

作为作家的老舍很穷，居无定所，一家生活全靠他卖文为生。无论酷暑寒冬，他总是在那个缺少阳光的小房间里，埋头写作。有时候，朋友来了，就要当掉身上的袍子换钱请吃饭。因为营养不良，他患上了贫血，经常头晕而无法工作。香烟都只能单支地买。

窘困之中，1946 年 1 月，他收到了美国国务院的邀请，赴美讲学一年。同行的还有剧作家曹禺。

这个项目全称是“国际教育和文化交流计划”，也是美国文化“统战”的一部分。目的在于建立“中美之间的共同立场”，推行民主的生活方式。在老舍之前，从1943到1947年，共有26位中国知识分子，分四批受邀赴美，包括金岳霖、费孝通、陈序经、杨振声、林同济、梅贻宝、严济慈、陶孟和等人。就在美国向老舍发出邀请前，苏联已经邀请了郭沫若、丁西林等左翼知识分子访问苏联。因此美国也有了紧迫感。

1946年，老舍（左）与曹禺同赴美国讲学。图为老舍在耶鲁大学演讲后两人合影

主持邀请中国文化人的工作，由汉学家费正清负责。费正清抗战时期走访中国，收集了不少老舍的作品，带回哈佛燕京图书馆收藏。老舍的自由作家立场，不依附任何党派，受到了费氏的赞赏。

老舍离开中国前还写了一部未完成的小说《民主世界》。故事发生在一个虚拟的小镇——金光镇。官僚们虽然“曾到英美各民主国家考察过政治”，但他们的民主只是一个幌子。他们在镇上推行他们的“法律”和“法治”，明确姨太太在家中的地位，制定“法律”规定不支付房租。让人看了啼笑皆非。

在老舍赴美前一年，他的代表作《骆驼祥子》已被翻译成英文，在美国甚至一度成为“每月畅销书”。但这部英文版《骆驼祥子》被改成了一个美国故事：祥子和小福子都活了下来，人民起来反抗专制，在小说结尾，临刑的清华女生，一路高呼着“出版自由”、“打倒秘密警察”、“驱除政府腐败”和“言论自由”等口号。

当时，老舍还不知道自己的作品被篡改。他内心深处对于美国的民主制度十分期待，希望中国能真正走上民主之路，也希望好莱坞能把他的小说改编成电影。

1946年3月4日，老舍和曹禺乘坐美国“史各脱将军号”运输船离开了上海前往美国。

去美国前，老舍心怀单纯的向往，但在美国的三年他却生活在矛盾中。美国并不是一个完美的国家，甚至有许多让他反感的地方。最终他觉得自己并不属于这里。

海上漂泊了16天后，3月20日，老舍与曹禺抵达了美国西雅图。稍作休整，他们经芝加哥抵达华盛顿，向美国国务院确定了讲学和访问日程。在此后半年中，他们辗转了大半个美国，先后访问了华盛顿、纽约、科罗拉多、新墨西哥、加利福尼亚等地。

在华盛顿，他们受到了高规格接待，被安排在专门接待国家贵宾的来世礼宾馆下榻。恰好当时英国首相丘吉尔访美，住在来世礼的甲宾馆，而老舍和曹禺住在乙宾馆，两人各住一室，周围环境幽雅，美国国务院还特派专人来招待他们。

接下来的一段日子，老舍和曹禺格外忙碌。他们见到了旅美的中国电影演员王莹，在王莹安排下与美国著名女作家赛珍珠座谈了两次。又经王莹引见，拜访了德国戏剧家布莱希特。当时布莱希特正在写作《伽利略传》。

老舍还受邀在纽约附近的“雅斗文艺创作中心”居住了三周。雅斗是一座大花园，占地 1 万多亩。花园的主人热心艺术，去世后，继承人便招待艺术家、作家来此创作休养。当时，日本作家石垣绫子也在此创作。她记得，老舍刚来时穿着一套整齐的西装，系着一条朴素的领带，就像一个教师。左翼作家史沫特莱也正住在园内，她在撰写《朱德传》，因此也与老舍有了更多的共同语言。

经历动荡的岁月，老舍难得有这样一段富足而安宁的写作时光。他每天起床后便在花丛中打太极，早饭后在属于自己的小书房内写作。傍晚，作家们则聚在一起，打球、散步、划船，共进晚餐。

然而，老舍与美国的蜜月期很快就过去了。隔阂来源于文化与社会氛围的冲突。

老舍在美国的主要任务是讲学，即讲《中国的现代小说》。美国人热衷于唐诗宋词和明清瓷器，对当下中国有许多误解。《骆驼祥子》在美国做的广告，画面上是一个脑袋后面拖着长辫子的中国人，辫子翘得高高的，这就是当时中国人在美国的形象。

老舍希望通过他的演讲改变美国人的偏见，但收效甚微。他想讲述真正的中国，讲述中国人的苦难，但美国人却没什么兴趣。赴美之前，老舍内心深处有许多对“美国梦”的美好憧憬，但很快也被现实击碎了。他发现了另一个现实的美国。

老舍和曹禺只去过南方一次。新墨西哥州有专为印第安人圈设的“保留地”，他们眼前呈现的是一片荒凉凄惨的景象。他们每次下车，都会围过来一大群土著人的孩子，衣衫破烂，面黄肌瘦，手里举着自制的陶器兜售叫卖。老舍见了心里很难过，对比北方白人富足文明的生活相差太远。老舍认为美国是强大的，同时也有掠夺和残酷的压榨。

在华盛顿，老舍为美国社会中的种族歧视感到愤怒。当时，他们邀请黑人作家去吃饭，但那家饭店门口却立着“禁止黑人进餐”的牌子。

更让老舍感到愤怒的是，他发现《骆驼祥子》被译者伊凡·金肆意篡改，牟取暴利。伊凡·金还成立了自己的出版公司，偷译了老舍最满意的作品《离婚》，他让书中的“老李”和“马太太”幸福地生活在了一起，并加入了大量性描写。更可恶的是，版权页上写着“版权归伊凡·金所有”，并用“北京话本”来混淆“中文本”的版权。最后，老舍不得不通过法律手段夺回了自己的著作权，伊凡·金的“翻译本”只能在他自己的书店里销售。

版权纠纷，让老舍对美国社会的过度商业化感到厌恶。他在后来给朋友的信中倾诉说——吃不好饭、睡不好觉，最坏的是“心情”——“假如我是个翩翩少年，而且袋中有冤孽钱，我大可天天去吃点喝点好的，而后汽车兜风，舞场扭腚，乐不思蜀。但是，我是我，我讨厌广播的嘈杂，大腿戏的恶劣与霓虹灯爵士乐的刺目灼耳。”

老舍年轻时，在英国生活过5年。他熟悉而欣赏西方文明。但此时的美国却让他感到深深的反感。他回国前发牢骚说：“美国人搞文化，就跟做生意差不多，一本书出版，先得在各方面大做广告，明星也能代你吹一通，戏院、药店……都得有些小广告，加上广播那才成。否则什么书都别想卖。”

这样的转变，也和国内时局密切相关。老舍赴美后，中国即陷入国共内战。而美国迅速介入，支持蒋介石政府，这更让老舍产生了对美国的不满和愤怒。某次，他们与美国朋友聚会，面对着众多来客，主人忽然问起：“现在美国如何可以帮助中国？”老舍直截了当答道：“你们政府帮助我们最好的办法，就是立刻撤军回国。”然后，他本人神色严肃，再不说话了。民族自尊心让他实在爱不了美国。时局如此，虽飘零海外，他也无法置身事外。

但老舍在一年访问期结束后，并没有立刻返回中国。他选择蛰伏在美国，淡出公开视野，潜心写作。

出国前，他计划完成《四世同堂》第三部的写作，前两部《惶惑》和《偷生》都已经出版。国内炮火连天，文化界纷争不断，不是写作的好环境。令他不快的美国，反倒可以安心创作。

在赛珍珠的介绍下，美国出版人大卫·劳埃得成为老舍的版权代理人。在美国，他是与老舍联系密切的人，直到老舍回国，他们仍有频繁的书信往来和版税汇寄，一直持续到 1952 年。

在美国第一年，他们的生活费用由美国政府提供。但美国国务院的津贴不过一年，从第二年起至 1949 年秋离开美国止，老舍的生活即主要凭《骆驼祥子》英译本版税及其他一些小说译本的零星版税来维持。美国膳宿费用昂贵，而版税是有限的，在其后长达两年半的时间内，老舍孤悬异国，除埋头著译外再无其他收入来源。

老舍在美国挣版税、“拿美金”的事情，在“文革”期间成为他的一大“罪证”。但美国的商业化并没有给老舍带来多少收益，虽然《骆驼祥子》成为畅销书，但大部分利润由伊凡·金拿走了。后来老舍还有其他作品在美出版，但随着朝鲜战争爆发，中美邦交中断，他的版税也无法兑现。

曹禺走后，老舍在纽约租了两间公寓房，一边埋头苦写，一边关注着国内局势。

到 1948 年底，老舍完成了《四世同堂》第三部的写作。这是他生命中最长的一部小说，长约百万字，共分 100 段。老舍对这部小说还是比较满意的，是他写作以来最长的，可能也是最好的一本。

1948 年 3 月，老舍计划回国，但因《骆驼祥子》摄制电影，经美国务院核准又续居了半年。当时，中国籍的好莱坞摄影师黄宗霑等人组织了制片公司，计划把它拍成一部富有民族风格的影片。老舍表示愿意以优惠条件给他改编拍摄权。黄宗霑特地从好莱坞回到香港、广州，还准备了一个到北平拍摄外景的计划，但由于内部分歧加上中国战事的影响，影片最终未能拍成。

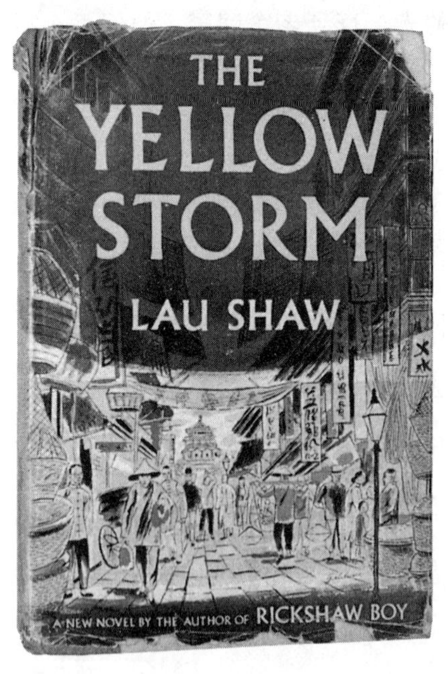

英文版《四世同堂》被翻译为《黄色风暴》

其后，老舍又应美国出版家之邀，协助将《四世同堂》译成英文。出于商业考虑，美国出版商要求不出全本而是出缩译本，取名为《黄色风暴》。老舍特地请国内合作伙伴赵家璧先生，用航空快件将《四世同堂》的前两部邮寄到了纽约。

《饥荒》的写作完成后，1948 年下半年，老舍又开始了另一部长篇小说的写作——《鼓书艺人》。在老舍众多作品中，这部小说名气不大，但地位十分重要。

小说通过旧时代艺人的觉醒与反抗，展现了时代的转折。通过革命，旧人要成为新人，而不是沉默地死去。老舍以一段京韵大鼓词作为小说的结尾——“长江后浪推前浪，一代新人换旧人。”待停笔时已是 1949 年初，老舍的故乡北京刚刚和平解放。

写作完成后，这部小说被翻译成了英文，1952 年在纽约出版，并获得了很高的评价。《旧金山新闻》上一篇书评将老舍与托尔斯泰相提并论。

《四世同堂》的第三部《饥荒》与《鼓书艺人》，是老舍在美国完成的作品。它们的命运都十分曲折。《饥荒》后来在国内发表时故意删除了后 13 段，而原稿又由于政治运动散失。直到 1982 年，那 13 段才由英文转译回中文。而《鼓书艺人》，则似乎被老舍故意“遗忘”了，就像他不愿再提及美国的经历，对美国只有抨击和控诉。这部小说的底稿也不翼而飞，似乎老舍并没有将其带回国。直到 1980 年，再次从英文转译回来。

老舍在美国的三年多时间，国内正逢内战时期。随着时局的变化，他的思想开始向左转，从一名自由派作家转为革命的左翼作家。虽然在政治倾向上已经明确靠近了新政权，但在回国问题上却拖延了几次。一方面，他希望在美国完成自己的写作和翻译计划，履行一个作家的义务；另一方面，则在于他对内战局面的担心。

1949 年，老舍回国的心情越发强烈了。他加快了自己作品的翻译工作，每天都排得很满。这一年的 6 月，老舍邀请日本作家石垣绫子夫妇来寓所吃饭。解放军攻克上海的消息传到美国，他显得异常兴奋。石垣夫妇进门时，便听见厨房里传来阵阵剁菜的声音，老舍正系着围裙下厨，他从唐人街买来了烧鸭、叉烧、蔬菜和豆腐。老舍说：“中国共产党完全可以掌握好、治理好全中国。……我仍是中国的作家，光在美国是写不出什么东西的。我要尽快回到中国去。”

1949 年 7 月，中华全国第一次文艺工作者代表大会在北京召开，周恩来提出邀请老舍回国。根据他的意见，由郭沫若、茅盾、周扬、丁玲、阳翰笙、曹禺、田汉、冯雪峰等 30 多人写了一封邀请信，经过特殊渠道传递到了老舍手中。老舍后来将这封信带回国，特意夹在《鲁迅全集》里，可惜在“文革”抄家时不知所终。周恩来也曾委托曹禺给老舍写信，邀请他回国。

与此同时，台湾方面邀请他去台湾的信息也通过老朋友吴延环带到了美国。开出的条件，包括工作、房子、接家属同来，都非常优厚。但老舍没有考虑，此后甚至没有再提起过。抗战时期，吴延环是国民党系统的地下工作者，曾将老舍妻子胡絜青和三个孩子从北平接出，帮助他们到达重庆。

老舍最终确定是在 1949 年 10 月，由旧金山乘船回国。在回国前，他还专门去拜访了费正清。费氏劝老舍再等一等，看一看。但老舍说：“不能等了，我必须立即回去！”

在旧金山等船时，老舍与朋友乔治高又盘桓了几日。临到启程，他的内心又有过忐忑，他就像《鼓书艺人》中顺江东下的方宝庆，准备融入一个新的时代中，但又对未来感到一些茫然和不安。他担心他 30 年代的小说《猫城记》，曾对“革命”和共产主义进行了讽刺。

乔治高回忆，老舍就像其他回大陆的朋友一样，“他们在离美前夕常常情绪不宁，内心似乎有很大的矛盾，而表现出来的却是对美国——

美国的生活方式，凡是百物——愈来愈讨厌、鄙夷甚至憎恶。我想不如此恐怕不容易坚强他们回大陆的决心吧”。临行前，老舍告诉乔治高，回国后要实行“三不主义”，即不谈政治，不开会，不演讲。

10月13日，老舍终于登上了“威尔逊总统号”轮船，转道香港回国。这一年他50岁。

三、从《茶馆》到《正红旗下》：最后挽歌

新中国成立后，老舍配合新时期建设写了很多作品，尽管获得了“人民艺术家”的荣耀，但却陷入了创作的困境。直到话剧《茶馆》的完成。《茶馆》的写作是在 1956 年秋天。百花齐放、百家争鸣的政策，给文艺界暂时松了绑，也将老舍从写作困局中拯救了出来。

1957 年 1 月，老舍在《人民中国》杂志用英文发表《自由与作家》一文，他大胆地提出：“一个作家应该在他想写的内容上有充分的自由。……应该允许一位作家用他选择的方式写他爱写的东西。”他认为作家协会有义务帮助作家，但没有权力干涉作家的自由，“作家协会是作家之家，不是一个衙门。有衙门就有官僚主义”。他对于宣传性的写作提出批评：“文学要遵从其自身的规律。没人肯读那种说是文学，其实满是政治词句的作品。”更加尖锐的是，他对某些干部也进行了抨击：“有些政府干部热情有余却成事不足，他们只想让创作服从于命令。”

话剧《茶馆》剧照

正是在这种状态下，老舍开始了《茶馆》的写作。当时他最先写了一部宣传宪法的剧本——《人民代表》，时间从清末一直跨越到了新中国成立后，主人公为秦氏三兄弟。第一幕戏就设定在一座茶馆里。焦菊隐、曹禺等读过剧本后，觉得通过茶馆这个场景可以写一部反映时代变迁的大戏，建议这个戏就叫《茶馆》。对此，老舍开始有点顾虑，但很快兴奋起来，他表示“马上写出来”。焦菊隐的建议，改变了剧本“配合宣传”的命运，使老舍重新回到了融于血脉的“旧时代”中。

《茶馆》一剧很有气魄，上场人物多至70个以上，开口说话的就有大约50个。全剧共三幕，分别写1898年戊戌变法失败后、军阀混战及40年代后期这三个时代。与《龙须沟》不同，《茶馆》中的王掌柜的日子是一幕比一幕日子难过，悲剧色彩也一幕比一幕浓。用三幕大戏，老舍为旧时代送葬。其时代感与文化韵味，已大大超出了老舍长期遵循的“新旧对比”模式，获得了永恒的价值。

由于对旧生活的熟悉，老舍甚至能够指导演员动作。由此在这部戏的排演上，他具有了一定的主导权。清末满人玩种种小玩意的生活、北京的世俗人情，都是他极为熟悉的文化。他深刻体会到其中的悲剧意味，不再像写话剧《春华秋实》那样，听任四面八方的意见，跟着不断地修改。最精彩的部分，依旧是老舍最熟悉的第一幕。曹禺曾对老舍说：“这第一幕是古今中外剧作中罕见的第一幕。”“如此众多的人物，活灵活现，勾画出了戊戌变法后的整个中国的形象。”

然而艺术的春天太短暂。

《茶馆》首演是在1958年的3月29日，正值反右尾声与“大跃进”时期。政治风向再度收紧。在《茶馆》上演前的审看阶段，人艺内部已经受到了压力。原人艺党委书记赵起扬回忆，意见主要集中在三点：一、为资本家秦二爷翻案；二、为以松二爷为代表的遗老遗少鸣冤叫屈；三、宣扬一代不如一代，今不如昔。《茶馆》上演了49场，于当年7月10日停演。极左的政治氛围已不再允许这部戏的存在了。

饰演王掌柜的著名演员于是之后来回忆，文化部副部长刘芝明当时直接来到了人艺，召开党组扩大会，对《茶馆》进行批判。他谈的是“关于剧院艺术创作的倾向问题”。刘芝明批评剧院领导在组织创作和演出中“不是政治挂帅，而是专家挂帅”。他质问：“《茶馆》第一幕为什么搞得那么红火热闹？第二幕逮学生为什么不让群众多一些并显示出反抗的力量？”

7月10日当晚，恰好有一位苏联戏剧专家彼德罗夫来看《茶馆》演出，由老舍、梅兰芳陪同。这场演出是专门为他安排的。演完这一场后，《茶馆》经历了第一次停演。

随后，报纸上开始了对《茶馆》连篇累牍的批判。认为这个戏没有真实地、全面地揭露各个历史时代的本质，没有把反动派必然灭亡、人民革命必然胜利贯穿到整个剧本之中，没有真实地反映出当时的阶级矛盾、民族矛盾以及错综复杂的严重斗争，更没有揭示出一切反动派外强中干、垂死挣扎的“纸老虎”的本质；结尾三个老人的自悼，根本算不上“给旧时代送葬”；作者在塑造与对待不同阶级的人物形象时，缺乏阶级观点，有浓厚的阶级调和色彩。值得注意的是，面对大量的负面意见甚至批判，老舍一概没有理睬。

但《茶馆》要重新上演，就必须加政治“红线”。老舍对此采取了回避态度。他说：“我同意加强红线。咱们还是‘小胡同里赶猪，直来直去’的好，要我来加强红线真有困难，因为我没有那种生活。”然后一拱手说：“那就拜托诸位了。”为了加强政治红线，人艺专门组织了一个小组，由夏淳、于是之、童超、英若诚等人组成。

第一幕加进茶馆茶客对老百姓砸教堂和谭嗣同讲维新的同情；第二幕，加上了五四运动学生在茶馆门口演讲，时代挪到了五四运动前夕；第三幕，继续加强学生运动的分量，全剧最后以常四爷贴革命标语而收尾。

1963年，加了“红线”后的《茶馆》再次上演。老舍内心不愉快，但他又不能说出来，只是默默地看着戏。于是之回忆：“演出前，连排两次、彩排一次及一次首演，老舍先生都去了，他没去后台，也没有跟我们说一句话。”戏虽然重新上演，但他心里很别扭。

7月7日，周恩来在出国前匆匆看了一遍《茶馆》，临走前只是简单告诉焦菊隐等人:《茶馆》这个戏没有问题，是一出好戏。如果说还有点意见的话，只是第一幕发生的时间是否往后放一点，现在写的时间是在戊戌变法以后，放在辛亥革命前夕就更好。他说完这个意见后马上叮嘱了一句，不要去传达这个意见，以免说不清楚，他要亲自去告诉老舍先生。

《茶馆》第二次上演，也只演了53场。时任上海市委书记柯庆施发表“大写十三年”的讲话，提出“只有写社会主义的社会生活才是社会主义的文艺”。以前的戏不要去写也不要去看，所有的题材被限制在新中国13年的范围内。

在这种政治空气下,《茶馆》这部戏，人艺不敢再演了。它被长久地封存起来，直到1979年重新上映。

经历了反右、“大跃进”等一系列政治运动后，老舍已年过六十。他开始重新审视文学与政治之间的关系。作为自由作家的意识，重新回到了心中。50年代末至60年代初长篇小说热，他批评说，“我们的文字还显粗糙”，“我们写的对话往往软弱无力”，“我们的某些小说似乎还缺乏艺术的控制”。他在1961年的一次讲话中提出,《林海雪原》“起码可以删减几万字”。

在许多场合，老舍开始公开反对传声筒式的文学作品。他苦口婆心地说:“我们不能只扯着脖子喊口号”;“话剧中的对话是依照一定的剧情而产生的，不是绕着圈子把所有的口号与宣传大纲都放在里边的对话，离开剧情便成为演讲。”文学不能用政治词语堆砌，没有人看。

在《茶馆》的“偶然”成功后，老舍突然重新认识了自己。他发现突击性的“深入生活”并不能让他写出符合时代需求的作品。他依旧写不好工人、党委书记和战士。每个作家必须亲自去掘“自己的那口井”。

终于，在1961年底，老舍打开了自己心头那口尘封了60多年的“井”。他以自己的“家传”为题材，创作长篇小说《正红旗下》。

老舍最早考虑写“家传”，是在1934年之前。他写了《小人物自述》，1937年8月发表了四章近两万字，但由于战争而终止。再次想捡回这个题材，是在1949年回国前，他给赵家璧写信，详细谈到了自己归国后的三个写作计划，都是历史题材。其中之一，便是“从八国联军洗劫北京起，写他自己的历史”。但当老舍终于提起笔时，已经又一个十年过去了。

“家传”题材在老舍心中已经酝酿了数十年之久。那些刻骨铭心的人物、事件、场景、风俗、玩意儿、人情世故终于可以顺势倾泻而出。对老舍而言，就像一壶多年陈酿，等到了开坛的时候。

“我”的出生、洗三、满月以及旗人的日常生活和风俗习惯，大姐的公婆及丈夫、姑母、福海等旗人的行为做派和文化心理，一幕幕娓娓道来。这其中也渗透着对旗人衰落的苦涩与深切反思。他在小说中强调，这些内容不是“有意记下来的”，“它们是自自然然地生活在我的心里，永远那么新鲜清楚——一张旧画可以显着模糊，我这张画的颜色可是仿佛渗在我的血里，永不褪色”。

与此同时，政治空气也开始放松，作家又迎来了一个短暂的放松期。1962年3月，广州召开了文化座谈会。周恩来在会上做了《论知识分子问题》的报告，重新肯定了我国绝大多数知识分子属于劳动人民。1961至1962年之间形成了一个文艺界的小阳春，创作气氛再度活跃起来。

老舍也参加了这次会议。在他为数不多的日记中，广州会议是最详细的一段，他几乎把每个人的发言都做了详细笔录。他的情绪是亢奋的，甚至说：“版权所有，翻印必究，如改一字，男盗女娼。”在会议上，老舍也做了长篇发言，他说：“近来，我正在写小说，受罪不小，要什么字都须想好久……”

他说的这部小说就是《正红旗下》。老舍从广州回来后，经常邀请一些老朋友到家里，包括一些在广州会议上被平反的老朋友，兴奋地一起畅谈。老舍给他们朗诵《正红旗下》完成的部分，请他们提意见。老朋友中，金受申听得最多，因为他对老北京的风土人情、风俗典故最熟悉。老舍甚至答应把这部小说交给《人民文学》发表。

从保留的手稿看，《正红旗下》写得非常用心，共 164 页，全篇字迹清晰、整洁，极少涂改，头尾如一。如此工整的底稿，在老舍自己的稿件中也是上品。

然而仅几个月后，政治风向再次发生变化。1962 年 9 月，中共八届十中全会召开，提出了“千万不要忘记阶级斗争”的号召，强调要抓意识形态领域里的阶级斗争。就在这一年的年底，老舍停止了《正红旗下》的写作。转过年来，政治空气更紧张。京剧《谢瑶环》、昆曲《李慧娘》、历史剧《海瑞罢官》相继受批判，中国文联、作协等相关文艺机构，都需要整风作自我检讨。“左”的空气越来越浓，历史给老舍自由创作的时间太少。一部集老舍毕生功力的绚烂史诗，只能就此夭折。

除了外部环境的严苛外，如研究者石兴泽认为，老舍在创作《正红旗下》时也遇到了自身的内部矛盾，写不下去了，即“深切的历史记忆，与丰富的现实经验之间的矛盾形成巨大的写作障碍”。简单说，阶级分析理论与老舍的写作发生了碰撞。再往下，必然要写阶级斗争。他不知道怎么往下写了。

按当时阶级斗争的定性，慈禧太后逃出京城，官兵无心作战，义和团英勇杀敌；而老舍的记忆则是官兵用抬枪土炮尽职尽责忠勇地保卫紫禁城，付出巨大牺牲。老舍的父亲便是忠勇者之一。这是千真万确的事实。是按照宣传文章还是凭借初始记忆写作？要不要写清军的抵抗？要不要写义和团的迷信、愚昧，甚至滥杀？

在老舍看来，人性是道德问题、心理意识问题和文化教养问题。其好坏与经济地位相关，但不相等。穷人中有好人，也有刁钻狡猾之徒；富人中有财大气粗为富不仁之人，也有善良仁义之士。在已经出场的十几个重要人物中，如母亲、姑母、大姐、大姐夫、大姐公公、大姐婆、富海、多老大、多老二、牛牧师等，品性有好坏，均属性格脾气问题，与阶级无涉。更重要的是，他又该如何塑造“定大爷”呢？“定大爷”的原型是资助他上学的刘寿绵，曾经家财万贯，乐善好施，但又不善理财，最终破产当了和尚。老舍专门写过一篇纪念他的文章《宗月大师》。刘寿绵是好人，也是老舍的恩人。但按照阶级分析，他应是贪婪、凶残的剥削阶层。老舍接下去怎么写呢？小说也正是写到定大爷见美国牧师的时候便停止了。老舍似乎陷入了历史与现实的迷阵，找不到方向。

搁笔《正红旗下》后，老舍陷入了少见的写作低潮期。从 1964 年 7 月到 1966 年 4 月，他留下的文字中，除书信外共 61 篇，其中旧体诗 51 首，文论仅 6 篇。而且一年比一年少。

老舍努力想去写“反映社会主义的革命和建设”的作品，但依旧徒劳。他虽然还在公开场合露面，但他却被打入了政治的另册。江青在1963年的一次谈话中，将老舍列入了“资产阶级作家”的名单。她攻击说，老舍每天早上要吃一个鸡蛋，是一个资产阶级作家。

他觉得自己慢慢地被遗弃了——人艺不再找他写戏，文联组织活动有时也不叫他。他主动要求和文艺工作队一起下乡去为农民演出，但还是没被批准。他回到家里，对家人说：“他们不晓得我有用，我是有用的，我会写单弦、快板，当天晚上就能排——你看我多有用啊……”

1966年的春天，他再次下乡。像赌气似的，一个人带着行李来到北京郊区顺义县陈各庄大队。这是一个以养猪而闻名的村庄，他在笔记本上详细记录了饲料的配比、仔猪的饲养关键、配种的次数与时间等养猪细节。最后写了一篇很长的快板书——《陈各庄上养猪多》。

这篇写养猪的快板书，发表在1966年《北京文学》4月号上，也是作家老舍最后公开发表的作品。

（撰文：李伟）

巴金：

讲真话的世纪文人

一、成名：《家》背后的曲折故事

1931年4月19日下午，收到大哥自杀的电报时，27岁的巴金正写到《家》的第六章，那一章的标题恰好叫“做大哥的人”。就在一天前，巴金这篇最初以《激流》为名发表的小说在上海《时报》第一次开始连载，大哥“觉新”刚刚开始了他在纸上世界的生命，并借助于《家》自此获得延绵不绝的生命力。然而，现实生活中的大哥李尧枚却在第二天用自己亲手配制的

巴金

毒药切断了他与这个俗世的一切牵绊。

巴金与大哥李尧枚的最后一面，是在《家》这部小说正式出版前4年，那时巴金刚刚结束他在法国20个月的生活回到上海，分别6年的哥哥从四川赶到上海来看他。两兄弟相见甚欢，手足之情并未削弱，但巴金感觉两人思想的差异“却更加显著了”，哥哥“完全变成了旧社会中一位诚实的绅士”。

那时的巴金并不知道，此时的大哥，正很吃力地维持着这个庞大的家族。不知是因为好面子还是怕让自己寄予厚望的弟弟失望，大哥李尧枚从不让巴金知道家里日渐窘迫的经济状况。

在此前，1926年，巴金曾专程赴苏州东吴大学探望已放寒假的三哥李尧林，跟三哥谈起准备去法国留学，但怕增加大哥负担的尧林不置可否。巴金考虑了一两个月之后，“终于向大哥提出要求，要他给一笔钱作路费和在法国的短期生活费”。李尧枚收到弟弟的信，先是强调手头拮据，无法筹款，后又写信劝巴金推迟两三年出国。但巴金“当时很固执，不肯让步……坚持要走”。

大哥李尧枚是家中长子，“过着一位被宠爱的少爷的生活”，喜欢化学的大哥以第一名的成绩从中学毕业时，他的人生规划是投考上海或北京的名校，再赴德国深造。但父亲却令他早早成婚。虽然已和一位姑娘有了“旧式的若有若无的爱情”，但他还是遵从父命，娶了父亲抓阄定下的张家小姐。为了补贴家用，他虽然伤心地大哭一场，却只能再一次遵从父命，为了24元的月薪踏入社会。

而巴金的性格却与大哥大为不同，巴金形容自己在这个大家族里的生存哲学是“我要做自己的主人，我偏要做别人不许我做的事”。革命家丹东的那句“大胆、大胆，永远大胆”也成了鼓励他对抗家庭束缚的精神信条。

然而作为一个大家族的长房长孙的李尧枚，却没有选择自己命运的自由。虽然早年的他经常买来《新青年》和《每周评论》阅读，并带领弟弟们热烈讨论，在无形中扮演了启蒙者的角色，但父亲遽然去世后，二十出头的李尧枚就开始艰难地承担起这一大家族的生活。慢慢地，巴金发现大哥在那时的环境下变成了一个具有双重人格的人：一会儿是旧家庭暮气十足的少爷，一会儿跟弟弟谈话时又是一个新青年。那时的巴金虽然还被大哥看作是一个小孩，但是进步的思想开始萌发。

也正是在最后一次相聚中，巴金告诉来上海探望他的大哥李尧枚，他想写一部小说《春梦》，也就是后来的《家》，他想把自己家里的一些事写进去。后来，回到四川的大哥写信给巴金说，“《春梦》你要写，我很赞成，并且以我家人物为主人翁，尤其赞成。实在的，我家的历史很可以代表一切家族的历史”。当时的李尧枚也受《新青年》文章的影响，自己也想写一部书，但实在写不出来，既然弟弟想写，他觉得自己简直欢喜得不得了。

不过，巴金与大哥在上海的这次重逢，后来回忆起来其实充满伤感。当时，李尧枚送了弟弟一支价格不菲的钢笔，巴金为他买了一张唱片，但大哥知道弟弟喜欢听，临别时又执意还给了弟弟。“文化大革命”之后，巴金发现了 4 封大哥李尧枚写给他的信。从李尧枚留下的文字来看，他也是位极其细腻而柔情之人，信中提到，“亲爱的弟弟，当你们送我上其平轮的时候，我的弱小的心灵实在禁不起那强烈的伤感，眼泪不知不觉地流下来，把许多要说的话也忘记了……弟弟，我人虽回到成都来，弟弟，我的灵魂却被你带去了……”

后来，为了振兴家业，李尧枚卖了田去做投机生意，害了一场大病后却发现钱已损失了一大半。他回到家里，等着夜深人静，拿出票据来细算，一时气恼，又急又悔，神经病发作，他把票据全扯碎丢在纸篓里。第二天清醒过来，碎纸早已被倒掉，家里彻底破了产。李尧枚不愿死，三次写了遗书，又三次毁了它。在第四次写了一封 20 多页的遗书后，他终于喝下毒药。

而巴金《家》中高家长子那个隐忍而懦弱的“觉新”，就是照着大哥写的，大哥自杀后，巴金感到自责，“我责备自己为什么不早把小说写出来，让他看清前面的深渊，他也许还有勒马回头的可能。我不曾好好地劝告他，帮助他”。巴金后来提到，关于小说里的觉新自杀还是不自杀，他也斗争了好久，最后在《秋》里几次把觉新从自杀的危机中拯救出来，但是遗憾的是，“觉新没有死，我大哥死了”。

然而 14 年后，巴金再一次体验了失去手足之痛。1945 年，三哥李尧林因病在上海去世。

之前大哥李尧枚破产自杀后，家里只剩下 16 个银圆，身后是一个支离破碎却有十几口要养的大家。而养家的担子一下子落在了次子李尧林身上。出生于 1904 年的巴金，上面有二兄二姐，李尧林本是巴金的第二个哥哥，但依照大家庭习惯，巴金则称李尧林为“三哥”。

巴金其实是与三哥李尧林一道，走出那个大家庭的。1923 年 4 月，已在成都外专读了两年半书的尧林和巴金得悉，由于没有中学文凭，因而不能领毕业证书，尧林就想出了赴上海读书的主意。他们说服了二叔和继母，一起乘船驶离了家乡，从此开始各自不同的人生。

一端是不得不负担家里重任的大哥，另一端是一心要冲出旧式家庭桎梏的弟弟，处在中间的李尧林无奈地扮演着调和者的角色。当年，在得知弟弟巴金执意让大哥筹钱支持自己去法国的消息后，李尧林写信给巴金，劝他经常给家中写信，还劝他如何与人相处，与巴金说道，“你自来性子很执拗，但是你的朋友多了，应当好好地处，不要得罪人使人难堪，因此弄得自己吃苦……”

这些话，巴金当时并不容易听进去，李尧林死后，巴金才在纪念文章里懊悔不已。当时，其实李尧林在燕京大学读书时，家中经济已发生困难，他靠做家庭教师来缴纳学费维持生活。巴金也是回国后才知道，三哥的生活情况比想象中差很多。1929 年，巴金与大哥在上海相聚之前，也曾邀约三哥。但李尧林告之因暑假要给学生补课不能赶到上海，那时的巴金并不能体会，从北京去上海的路费对三哥来说实属困难。为此，三哥也错过了与大哥的最后一面。

毕业于燕京大学外文系的李尧林资质并不在巴金之下，但在十几口人的生计面前，他放弃了可能的“自由”生活。他在天津南开中学做教员，每月领了薪水便定时寄回家，支撑十几口人的生活。稍令人感到奇怪的是，那时的巴金已经在文坛有了足够名声，但不知是因为名声并没形成经济能力，还是已决心彻底走出旧家庭的他，在此方面并不在意，家庭负担全部压在三哥身上。

如果说大哥为巴金作了精神牺牲，那么三哥李尧林则更多为巴金作了物质牺牲。三哥李尧林在南开中学的宿舍里住了 10 年，巴金三次来天津看望三哥，每次都看出哥哥的“疲倦，寂寞和衰老”，但李尧林总是淡然一笑，对自己的生活从无抱怨。

1933 年，李尧林从天津到上海探望巴金，兄弟两人有了充分的交流时间。那时巴金的《激流》已在报纸上连载完，三哥也知道弟弟对“家”的看法，默默地挑起家庭的担子，这也是巴金后来才意识到的，三哥李尧林“不单是承担了大的牺牲”，“应当说，他放弃了自己的一切。他背着一个沉重的包袱，往前走多么困难，他毫不后悔地打破了自己建立小家庭的美梦”。

1939 年某一天，正在上海的巴金听到楼下喊自己名字的声音，从窗口往下看去，正看到仰起头看自己的三哥，他几乎没认出来他又黑又瘦的面孔。随后，李尧林在上海住了下来，开始动手译书，但身体已每况愈下。那时的巴金也开始写《秋》，每写完一章都要拿给李尧林看并请他提意见。《秋》出版后，巴金动身去了昆明，李尧林继续他在上海孤苦的生活。

1945 年，已经在贵阳结婚的巴金在得知抗战胜利的消息后，马上打电报给已失去联系多日的三哥。三哥李尧林回电：大病初愈，盼速归。随后，巴金夫妇多方奔走，花了两个多月赶到上海，才发现三哥早已病倒。李尧林起初不肯进医院，巴金也没有再坚持。待后来听三哥自己念叨“我觉得体力不行了”，“还是早点进医院吧”时，才急急把李尧林送进医院。

躺在医院里的李尧林日渐衰竭，但对探病的朋友总是说“蛮好”。去世前两夜，三哥突然醒来，对陪伴自己的巴金长叹一声“没有时间了，讲不完了”，有点害怕的巴金劝他好好睡觉，有话明天说。而这却是他们兄弟的最后一面。

李尧林只在医院坚持了 7 天便离开了人世，病因是“肋膜炎”，身边的人却相信他其实是死于长期的营养不良。闻讯赶来的巴金站在三哥旁边，没有流一滴眼泪，却觉得有许多根针在刺自己的心。巴金感到，“是我封了他的嘴，让他把一切带进了永恒”，“我抱怨自己怎么想不到他像一支残烛，烛油流尽烛光灭，我没有安排一个机会同他讲话，而他确实等待着这样的机会”。

而三哥就是巴金《家》作品中的“觉民”的形象。现在，生活中的“觉民”也死了。把有限的全部收入都贡献给老家的三哥，死后只有一把“金钥匙”留给弟弟。这是他当年因成绩优秀而在毕业时得到的燕京大学的奖励。这把“金钥匙”，见证了三哥的优秀，也铭记了他为家庭所作的巨大牺牲。

三哥死后，一大家子的生活重担落在了巴金身上。这时，巴金才对两位哥哥的处境有了更深刻的体会。就像《家》作品中的三兄弟觉新、觉民、觉慧，分别是三种不同的性格，因此也有了三种不同的结局。巴金后来通过大量文字，表达他对两位兄长深深的负疚之情，他懊悔自己有些任性的执拗，不体谅大哥的处境，也没有多分担三哥的负担。

沉默中的巴金

三哥李尧林被巴金安葬在上海的虹桥公墓。后来，李尧林以“李林”名义翻译的《悬崖》和别的书出版，巴金用这笔稿费为他两次修了墓。大理石墓碑上刻了一本摊开的书，书中写道：“别了，永远别了。我的心在这里找到了真正的家。”那是巴金从李尧林以“李林”名义发表的译文中挑选出来的一句话。1945年底，巴金与妻子萧珊的第一个孩子出世，巴金将她取名为“小林”，以纪念在这一年逝去的三哥。

这就是巴金《家》背后的故事，听来有些许五味杂陈。但是，之所以会有《家》这部作品，其实还是与巴金的成长环境有很大的关系。巴金是在怎样的家庭环境中长大的，家中遭遇了怎样的变故，他又与家人之间有怎样的故事……这些都是我们理解这部作品的起点。经历了两位哥哥的相继离开，巴金面对的人生远比想象中更跌宕起伏。

二、动荡：在“五四”时代

在中国近现代文学史上，巴金先生是绕不过去的一座高山，他的文学作品影响着几代中国人的成长。1904 年，巴金出生在四川成都，在 1919 年五四运动的影响下，十几岁的他开始大量阅读《新青年》等进步书刊，民主、进步的观念开始在他的思想深处生根。

巴金成名很早。著名漫画家丁聪在 90 岁生日时回忆起巴金，笑呵呵地感慨：“巴金在抗战前就名气很大了，年轻人都读他的《家》《春》《秋》，个个热血沸腾，为自己为国家找出路。我那时还只是个 20 岁的小伙子，靠画一些救亡漫画养活自己，比大文学家巴金小 11 岁，我与他在 30 年代的上海搭不上话。”

就这样，从 20 世纪二三十年代开始，巴金的小说就成为中国人的精神食粮，直到今天。2005 年，巴金先生去世，享年 101 岁。他漫长的一生大起大落，见证了中国社会翻天覆地的变化，他的命运与动荡的社会紧紧绑在一起。

那么，巴金是在怎样的时代背景中成长的？他在青年时期遇到了什么样的人，受到了怎样的影响？为什么他可以在青年时期就写出颇有影响力的小说？他的写作思想又是如何形成的？

我们都知道，在20世纪20年代，中国文学青年们首屈一指的精神偶像是胡适、陈独秀、鲁迅，其次是在文学上已负盛名的郭沫若们，尽管这些偶像们的信仰并非一致。要接近自己的偶像，并不容易。20年代初，巴金阅读了俄国革命家克鲁泡特金的无政府主义理论著作《告少年》，之后他激动无比，一心想求教据说是主持翻印《告少年》的新青年社创办人陈独秀。

据巴金1936年所写的《我的幼年》所记，他一天晚上以一颗战栗的心和求助的心情，用一个谦卑的孩子的口气，给陈独秀写了一封信，

疲惫的巴金

恳求给在苦闷中的他指一条路，吩咐他应该如何去献身。而他始终没有等到陈独秀的回信。复旦大学人文学院副院长陈思和考证认为，“当时巴金弄错了《告少年》的出版人也难说，因为1920年陈独秀已经是一个马克思主义者，并刚刚写了《谈政治》一文批评无政府主义，他支持下的《新青年》应该不会去翻印这本书”。

1927年，巴金前往法国留学。从1月15日到2月17日整整一个月的时间，巴金都在一艘由德国兵船改装的法国邮船“昂热”号上。这艘船从上海出发向南行驶，经香港去东南亚。从湄公河畔的西贡到新加坡，进到印度洋。又从锡兰岛上的科伦坡到非洲索马里的吉布提，经过红海，穿过苏伊士运河到地中海，最后到达法国的马赛港。这是当年众多抱着不同目的去法国的中国学生们所能选择的唯一一条道路。

在法国的大多数时间里，巴金都是在漫无目的地走着，上午到卢森堡公园散步，夜里在巴黎一座小旅馆里点燃了煤气炉，煮茶来喝，并略有点抑郁地发着呆，怀念他在上海从事无政府主义运动最全力以赴的那段岁月。

巴金自己的回忆文章《写作生活底回顾》关于这段生活的记录充满着布尔乔亚式的小资和忧郁，他说，“每天晚上一面听着圣母院的钟声，我一面在练习簿上写一点类似小说的东西，这样在三月里我写成了《灭亡》的前四章”。不过，他到巴黎不久便收到了家里的来信，信上说“老家破产，无法再供应学费”。加上巴金的身体状况还不太好，出国前的两年他查出得了肺病，在当时的医疗条件下这是要命的。

1927年7月，巴金肺病加重，也因为手里的资金紧张，他从巴黎搬到了向东100公里的小城沙多。在那里他翻译了俄国思想家克鲁泡特金的《伦理学》，写完了小说《灭亡》。

严格地说，《灭亡》是一名以“社会运动者”为角色的文人寻求出路的挣扎之作。除了受一起国际事件“萨凡受审案”影响，巴金写作这部作品的另一个原因，是想证明给大哥及家人看。因为大哥在这一年间给他的信里越来越多地流露出伤感，说“他一个人撑着家，又不善经营，祖传的田大约已经卖光了，只是把钱放在外面收利息，入不敷出，希望弟弟学成归来，耀祖光宗”。巴金想以这本小说告诉大哥，自己一直在做的事情多么伟大。

1928 年 10 月，《灭亡》被叶圣陶发现，发表于《小说月报》。当时巴金还不知情，他正从沙多回巴黎再回马赛，打算按他到法国的路原路回国。因海员工人罢工，他在马赛滞留了 12 天，住在海滨的美景旅馆，整天阅读左拉的小说和看电影消磨时间。

巴金滞留马赛期间，国内国民党的清党运动已经接近尾声，中国共产党被迫转入地下。20 世纪 20 年代，同样留法的邓小平早已从苏联回国，和革命家李维汉一起从武汉来到上海，被任命为中央秘书长，负责文件、电报、交通、中央经费、各种会议安排等事务，实际上就是从事秘密工作，掌握着属于中共中央和各处中央秘密机关地址和地点的绝密资料。邓小平还和他的第一任妻子张锡瑗在武汉完了婚。

为什么要写作小说？巴金后来的回答是：“我信仰过无政府主义，但在认识过程中，一接触实际，就逐渐发觉它不能解决问题，所以，常常有苦闷，有矛盾，有烦恼。这样，我才从事文学创作，去抒发我的感情。要是我的信仰能解决我的思想问题，那我就不苦闷了，也就不矛盾了，这样的话，我早就去参加实际工作，可能去参加革命了。”

对于这一点，陈思和总结道："从巴金一生的情况看，他的才能始终表现在理论范围，对于处理实际生活中人事、经济的各种能力，可以说非其所长。"

巴金回国后面临最现实的问题也正是如此：一方面因为无政府主义者的分化，巴金和那些在政府里当差或者放弃无政府主义的老朋友纷纷宣称断绝交往，另一方面没有这些朋友的帮助，这个曾经雄心勃勃、一如既往的青年无政府主义者又实在缺少活动阵营，想继续从事无政府主义的社会活动又毫无经费来源。文学上初获声名的巴金反而陷入了到底做"文人还是社会活动者"的深刻矛盾之中。

巴金回国后一直为自己的"岗位"犯愁。他后来接手了一家在无政府主义领域内享有盛名的书店——自由书店。巴金以法国政治家马拉的名字，在自由书店编了一份《自由月刊》，但事实证明，他在社会运动方面实在无法伸展他的抱负，自由书店在1930年初就倒闭了。原因为巴金与书店经理乐夫的关系不好，在工作中发生了一些冲突，乐夫被怀疑拿钱用于轮盘赌博输了。

另外一个原因是在《自由月刊》期间，巴金和当时著名的太阳社批评家钱杏发生了冲突。当时钱杏是"革命文学"的首创者之一，他搬来了日本评论家藏原惟人的理论，在文坛上横扫"五四"作家，使得无政府主义者们从自己的立场对"革命文学"加以批评。后来20世纪30年代，中国左翼作家联盟成立，巴金长期与之保持距离，并偶有唇齿相讥，起因正在于此。

陈思和说，巴金自小就有一种"不完全，毋宁无"的脾气，但这种文人脾气放到实际事业的追求上，不能不碰壁，失败，以致弄得身心疲惫。这种困境后来在巴金办文化生活出版社时同样遇到了。

所以，巴金在文学创作上渐渐步入佳境，也是他在政治上一筹莫展中徘徊的产物。回国后，巴金和朋友索非夫妇同住在上海闸北宝山路宝光里，那是一幢石库门的二层楼房，索非夫妇住楼上，他住在楼下，就在楼下客堂间工作。

“九一八”事变以后，索非一家迁到他任职的开明书店编译所附近的提篮桥去了，巴金就搬到二楼，房间里只有一张床、一张方桌、一个凳子，加上一位朋友离开上海的时候送他的一张破旧小沙发。

《家》基本上就是在这个屋子里写成的。1931 年后约一年半的时间，巴金一直处于闭门写作状态，写了 80 多万字 10 本长短篇小说。《家》这部小说完成的时候，巴金的大哥李尧枚自杀了。李尧枚一直是他最重要的精神和物质支柱，在留学法国时，他写信给李尧枚说，“没有你在，纵有千万的人，对于我也是寂寞”。

大哥去世后，巴金《激流》三部曲的写作一发不可收拾，每周送往当时连载小说的《时报》的稿子，足够 10 天之用。小说在连载 5 个月后，突然被停止刊发。原因是当时的编辑吴灵缘把兴趣转向了开店经商，他为了征集资金，让自己的夫人到西湖边上去开一家洋货店，还曾一度回家拍卖房子，把报纸编辑的事弃之不顾了。

再加上当时由于战争逐渐升级，东北义勇军抗战的信息增多，报纸刊登长篇小说的专栏位置被要求腾出篇幅，让给战地新闻。那个时候，一方面，巴金身处战区，要随时准备逃难；另一面，编辑部的新编辑也来信埋怨他写得太长，暗示再不收尾就腰斩了。

隔了几天，巴金写信给编辑说，自己手头还有几万字未刊出，希望报纸尽量登完，至于稿费，他不要了。最后，《时报》还是把这部小说登完了，也没有再给他稿费。然而在小说里，他始终没把大哥自杀的情节写进去。

在 20 世纪 30 年代上半期，巴金创作力旺盛之际，国内文化界主导的力量是左翼文艺运动。而巴金在那个时期和左联领导人几乎没有什么接触，他和当时的左翼作家冯雪峰也只是认识，没有什么往来。这主要是因为巴金长期以来不愿参加严密组织，也不太关心文艺界的分歧。但巴金还是有倾向的，他基本上站在鲁迅这一边。

1935 年秋天，巴金从日本回来，做了文化生活出版社的总编辑。1936 年，中国左翼作家联盟解散，一些左翼文艺运动的领导人另组文艺家协会，提出“国防文学”的口号。鲁迅认为这个口号有缺点，另提了“民族革命战争的大众文学”的口号，而且不加入文艺家协会。

这影响了一批文人，巴金就是其中之一。这批作家以为，自己虽不加入文艺家协会，也有表明支持抗日统一战线的必要。5 月，巴金和作家黎烈文分别起草了一份宣言，巴金把自己起草的那份交给黎烈文，由他带着这两份草稿去征求病中的鲁迅的意见，最后在鲁迅家中合并成一份，鲁迅也在定稿的抄件上签了名。

巴金在租界里写完《春》，就离开上海去广州，准备在那儿筹办文生社广州分社，以及复刊战时周刊《烽火》，结果遇上了侵华日军对广州长达 14 个月的轰炸，空袭广州的日军飞机有上百批 900 多架次，轰炸密度仅次于陪都重庆。

巴金为躲避轰炸去香港暂住，那时新闻人萨空了在香港办《立报》，作家萧乾在那儿办港版《大公报》，来往方便。走的时候，巴金把衣物都寄放在萨空了那里，萨空了离开香港，又把衣物转放到萧乾那里。

1942 年，巴金开始构思小说《寒夜》。那时，他的老友施居甫、王鲁彦都患肺病死去，他的表弟也在这一年病故。他想在这个不同于以往的作品中，更多地表现一些痛苦不堪的小人物。这和他一直以来充满理想、反叛和拷问的作品迥然不同。陈思和说，在巴金内心，“‘脚踏实地’的同时，这个中年人身上无政府主义的激情已经开始消退”。

巴金的翻译也从俄国虚无主义者的英雄故事转向王尔德的童话和史托姆的爱情小说。他参加社会活动的时间比以前多了，1945 年 2 月，他和老舍、茅盾等 300 人在重庆《新华日报》联名发表《文化界时局宣言》，还和郭沫若等出席了一场几百人参加的抗协成立七周年纪念活动，这恐怕是他有生以来最抛头露面的事了。

1945 年 5 月 21 日，巴金回到上海，开始把构想中的《寒夜》变成文字，那时，他的好友索非夫妇、黎烈文、马宗融、毛一波都陆续到台湾去了。在这部作品中，巴金一再强调成书的时代背景，揭露抗战胜利前夕大后方的政治黑暗和知识分子的处境。他在《寒夜》的结尾里写道，“夜，的确太冷了”。

从五四运动开始到 1945 年，这 20 余年时间是巴金从青年逐渐走向成熟的阶段，他逐渐正视自己的才华与缺陷，并写就了为人熟知的《家》《春》《秋》。此时的他 41 岁，虽已人到中年，但于他百年的一生相比，他的人生还有更多曲折在前方。下一讲，我们将为你讲述巴金的下半生。

三、后半生:“我为你们而活”

巴金曾提到过，希望自己病重后安乐死，病痛中他曾无奈地说道，“我为你们而活”。似乎“活着”成了他的一个职责。身边所有爱他的人都希望他活着，只要大家知道他还活着，好像身边就会有一种很温暖的东西。所以即使重病在身，为了不给周围人添麻烦，老人永远是坚强地配合治疗。

2005 年 10 月 17 日的下午，在病房的落地玻璃窗外，亲人朋友们从各地聚集过来，长久地注视着他们尊敬的百岁面孔，静静地送走老人的最后一程。据身边熟人介绍，这次是巴老的家属要求放弃抢救，他们不愿再看着他为别人而痛苦地活着，最终得到了中央有关部门的同意。

其实，这不是一场没有预期的离别。当时 101 岁的巴金已经有 6 年没有离开过华东医院的这张病床了。自从 1999 年 2 月病重，巴老的病情时有反复，切开气管的老人已经只能靠鼻饲维持生命。熟悉巴金的人都知道，病前老人胃口一向不错，遇到喜欢吃的东西总要给身边的人多留几份。老人也很注重仪表，即使晚年行动不便，凡客人到来，必定换上整齐的衣服；只要能走动，即使是对待普通晚辈，也一定坚持把客人送到门口。

巴金雕塑

临终前的生命已经无法让老人感受到乐趣了，切开气管后，清醒的思维和无法言说的身体形成了一种固定的折磨。熟人们探望得少了，一则同时代的老人们渐渐提前远行，二则巴老脆弱的身体极易被外界带入的病菌感染。而从内心情感上来说，看着巴老身上插满管子，假牙早已没法戴了，衣衫也难以讲究了，就像一个永远上着刑的人，看了让人难过。这对老人是一种折磨。他不愿意自己的这个样子被人看到。

除去身体的病痛，晚年巴金一直处在“文化大革命”后的心灵折磨中。在起伏的政治运动中，身处其中的巴金既超脱不了当时的环境，又不愿陷得太深。他超越政党之上的爱国主义，最初试图对新政权保持局外者的冷静，却终于被各种改造运动深深地拽了进去。

对于自我忏悔式的《随想录》，他曾说：“我写因为我有话要说，我发表因为我欠债要还，十年浩劫教会一些人习惯于沉默，但十年的血债又压得平时沉默的人发出连声的呼喊。我有一肚皮的话，也有一肚皮的火，还有在油锅里反复煎了十年的一身骨头。火不熄灭，话被烧成灰，在心头越积越多，我不把它们倾吐出来，清除干净，就无法不做噩梦，就不能平静地度过我晚年的最后日子，甚至可以说我永远闭不了眼睛。”

就个性而言，巴金是一个单纯而善良的老实人。巴金好友、《收获》杂志主要创办人章靳以的女儿章洁思曾经回忆道，“我父亲与巴金是好友，母亲和萧珊是同学，萧珊当年把我母亲介绍给父亲，所以两家人就像一大家子一样，不分你我。萧珊和我母亲是闺密，有说不完的私房话”。巴金非常内向，和写作时下笔千言的外露情感很不一样。不高的个子，一口四川话，说起来讷讷的，外人初听起来有些费劲。

50 年代，章靳以和巴金几乎天天见面或通电话，他们都是对人特别真诚的人，那时有不知名的年轻作者上门来，有的诉说自己的困难，他们都会送钱给人家。1957 年，章靳以拉着好友巴金一起创办《收获》杂志，这让文学界激动不已。当时的编辑彭新琪记得，“章靳以开会的时候，踌躇满志地告诉我们，《收获》与哪些名作家在通信，联系稿子的事情，也提倡发掘新人，希望作品先在刊物发表，听读者意见，然后反馈给作者，改了之后再出书，达到读者和作者的双重收获”。

作为章靳以的学生，从 1957 年《收获》创刊开始就任编辑的老人彭新琪说，章靳以对积极加入共产党相当踊跃，上午去工厂劳动，下午到《收获》主持工作，晚上还要参加各种外事活动，十分辛劳。比较而言，巴金多是被外向的章靳以拉着给予工作帮助，他对政治并无太大兴趣，只希望用写作反映生活、表达理想。

除去主编章靳以和巴金，《收获》杂志当时还有编辑部主任、理论、诗歌领域一共 6 个编辑，章靳以认为人少好办事，没有人事关系，也没有严密分工，他把这个当作自己家里的事情在做，非常融洽，像一个和睦的家庭。编辑部的合作方式一通到底，一个碰头会大家什么都知道了。

很快，作家们以能在《收获》上发表自己的文章为荣，《收获》杂志也成为新中国成立以后第一本专门发表长中篇文学作品的大型刊物。当时《收获》强调作家有自己的风格，编辑不要轻易修改，有意见写信给作家，让作家自己改。而且考虑到作家往往清贫，稿子刚刚上版，就开出稿费了，所以往往刊物出来之前，作家就已经拿到稿费了。

可是好景不长，《收获》办到第二期就开始反右派，这场灾难使《收获》大伤元气，有些作品拿到后编辑觉得烫手，因为政治原因或者新样式，不敢发。迫于形势，第二期又写了一篇《写在〈收获〉创刊的时候》的文章，表明态度，拥护党的领导，不是自由化。当时迫于形势，每期要发表哪个作家作品，都得写信到当地党委征求意见，因为一个进步作家很有可能第二天就被看成反动作家了。于是真正的自由做不到，那时候，往往不是按照文学性来看作品，而是按照政治性来看作品。

《收获》平时操作起来清样一式两份，一份让作者自己保存，方便以后出书，刊物出来后原稿寄回给作者，让他们自己保存。有一期编辑部给郭沫若寄了《蔡文姬》的清样，他办公室的人打来电话，提到郭说要改动稿子，这期不能发。于是编辑部又撤下稿子，换成老舍的

《全家福》。彭新琪提到，“那时真是如履薄冰，但是大家内部非常团结。当时大家想得不深，想着那些非右派的作家总会有好的作品”。

1958 年，55 岁的巴金因为写了文章《法斯特的悲剧》，对最终抛弃了美国共产党的美国左派作家法斯特批判不力，自身遭祸。晚年他在《〈巴金六十年文选〉代跋》里面提到当时的心境，“我对法斯特的事情本来一无所知，我只读过他的几部小说，而且颇为喜欢。刊物编辑来组稿，要我写批判法斯特的文章，说是某某人都写了，我也得写。我推不掉，而且反右斗争当时刚刚结束，我也不敢拒绝接受任务”。

勉强写了一篇之后，编辑部就转来几封读者来信，都是对巴金的严厉批判。巴金当时有点毛骨悚然，仿佛犯了大错。巴金描述自己当时的真实心态：“我不甘心认错，但不表态又不行，害怕事情闹大下不了台，弄到身败名裂，甚至家破人亡。所以连忙‘下跪求饶’，只求平安无事。检讨信发了，我胆战心惊地等待事态发展，外表上却做出相当安静的样子。”“我并不承认‘回头是岸’的说法有什么不对，但是为了保全自己，我只好不说真话，我只好多说假话。昧着良心说谎，对我来说，已经不是可悲、可耻的事了。”

一度被突变的政治形势“灌了迷魂汤”的巴金，真心接受改造。当时在《收获》工作，被分派批判巴金的彭新琪清晰地记得巴金一丝不苟的性格，他回忆说，“‘文化大革命’中巴老被打倒的时候，他非常真诚，真的觉得自己有错误。在上海作协楼下的煤气间里边，巴金、师陀、王西彦等都被要求写检查。有人比较会保护自己，称病不去劳动。但是巴金非常守规矩，极为老实的一个人，要他几点到就几点到，要写检查就认真地写检查”。

有一次巴金在复旦接受批判，他买了一份饭走在路上，复旦大学的一位学生走在旁边，偷偷地对他说：“巴金先生，我们非常敬重您。”巴金赶紧说：“不要不要，我真的有错。”在一旁的彭新琪觉得，一来他是怕学生受到牵连，二来他真的觉得自己有错。彭新琪亲眼所见，一方面心里很难受，但是看到巴金爱护青年，又觉得他很崇高。巴金温厚的性格使他顽强地生存了下来。

早年逃离封建家庭的巴金，说过自己“鞭挞的是制度，而不是人”，其实晚年他自己也时常提到，他的祖父非常疼爱孩子，父母也给了他无私的爱。内心感情丰富的巴金，等到自己有了家庭之后，对家的眷恋使他甚至不愿意远行。巴金感慨道，自己 40 岁才结婚，等到有了家庭才知道家的温暖，原本晚婚是因为深感家的责任重大。

那是 1944 年，经过 8 年恋爱，40 岁的巴金与萧珊在贵阳宣告结婚。巴金是萧珊的全部世界。根据著名文学家、翻译家杨苡回忆，每次与巴金夫妇相聚，总是听萧珊念叨，“应该给李先生做个这个”，“李先生喜欢那个”。这里的“李先生”指的就是巴金，巴金本名叫作李尧棠。

比巴金小 13 岁的萧珊，曾经是作家的崇拜者，在婚后则努力扮演好巴金夫人的角色。杨苡记得，她和丈夫赵瑞蕻去上海探望巴金夫妇，进了家，巴金接待他们，告之萧珊正在楼上洗澡。片刻，只见得萧珊穿着旗袍，脚踩白色高跟鞋从楼梯上慢慢走了下来。包括巴金在内，大家“扑哧”一下全乐了，“因为大家一直把她当小孩子，看她那个打扮，就好像小孩子在装新娘子、装大人一样，大家就忍不住笑了”。

对和睦家庭生活的眷恋也使得巴金不得不向现实低头。章洁思回忆说：“我干妈萧珊特别有亲和力，成天嘻嘻哈哈的，笑起来真是银铃一般，高高挺挺，特别神气的一个人。每次到我家来，还没进家门，就一路喊着‘章大哥、章大哥’，未见人先闻声。”萧珊非常喜欢小孩，经常带着朋友的一大群孩子去吃饭、看电影，搂着大家，在章洁思心目中，她不是给人慈爱的年老的感觉，40 多岁的人了，却像一个开心的大姑娘一样。小朋友们的生日她都记得，一定不会忘记每个人的礼物，还特别喜欢和孩子一起照相。这给了巴金带来了家庭上的温暖。

巴金虽然一直不善言辞，但在书信中对家人表达的热爱之情，让人感怀。即使 90 岁高龄，在给外孙女端端的信中，老人慈爱地说，“我要告诉你：祖父的爱、外公的爱是不要报偿的，是无穷无尽的，它永远在你身边，保护着你。你们不理解我，但是我爱你们。我仿佛还能够把你高高举起”。

巴金身边人也因为一些细微的事情，常常被寡言的老人所感动。上海市作家协会副主席赵长天，1985 年从事作协行政工作后，开始和巴老有了接触，在他眼中，巴金是一个对自身道德要求非常高的人，对人特别地周到，甚至是谦恭。

晚年到杭州去疗养的时候，按照巴金的待遇，可以要求专列接待，但是巴金坚持只包下一个软卧包间，仅让家人随从。等到病情严重后，随行医护人员增多，才勉强同意包下一节车厢。在杭州养病期间，每一个给老人服务过的工作人员，他都不忘专门准备一份小礼物，并且坚持自己付疗养钱。

彭新琪提到，早年的巴金常将稿费分给需要帮助的朋友，拮据的经济也是他晚婚的一个重要原因。等有了经济能力后，巴老仍旧生活得十分简单，彭新琪在他家吃过两顿饭，非常简朴，一次是阿姨做的饼，就着一点稀饭和咸菜；另一次是肉泥炒茄子，他对衣服穿着也没有太多要求。生活中也非常随性。晚辈去探望巴老的时候，有时候担心老人不喜欢人多，但是巴金乐意年轻人在自己面前开心地聊天，东扯西拉，老人并不多插话，总在一旁听得津津有味。

在巴老离世后，作为干女儿的章洁思回忆说，“听到巴老去世的消息，一夜未眠，我好像一下子回到父亲在华东医院病逝时的大厅，他睡在灵床上，盖着白布，旁边站着巴金、萧珊。虽然还没有到冬天，只是穿着毛衣，但是15岁的我浑身不停地抖，干妈萧珊从背后紧紧抱着我，要我哭出来，我就是抖得厉害，哭不出来。以前基本上都是干妈关心我们，这以后，巴老也开始像父亲一样疼爱我们”。

晚年的巴金很慈祥，在熟人面前偶尔也开开玩笑，如果遇到好写的笔，会让家人多买一些，送给熟人分享。晚年生病的时候，他非常容易照顾，永远怕给别人添麻烦，很配合治疗。用上海话来说，他是非常好弄的一个人，一点也不刁。

巴金自称“五四运动产儿”，他的一生曾像圣徒一样追寻着“民主、自由”的五四精神，内心痛苦而执着。早年的思想启蒙使他的心灵中一直有一个愿望：我愿每个人都有住房，每个口都有饱饭，每颗心都得到温暖。我要揩干每个人的眼泪，不让任何人落掉别人的一根头发。

这个“大同世界”的社会理想，同时也在个人道德层面约束着巴金。就在老人逝世前几天，家人还按照他的习惯，以“李尧棠”的本名为南亚地震捐款。年逾百岁、一生不拿工资、只靠稿费养活的写作者，此时已经默默地为国家捐款超过50万元。虽然直到逝世时，他的理想也没有完全实现；虽然人到中年时，残酷的政治运动让他暂时遗失了早年所追求的，但是老人坚持要在晚年把它们捡起来。

巴金曾反复强调自己是一个矛盾的存在："我的生活里是充满了矛盾的，感情与理智的冲突，思想与行为的冲突，理想与现实的冲突，爱与憎的冲突，这些就织成了一个网把我盖在里面……我没有一个时候停止过挣扎。我时时都想从那里面爬出来，然而我不能够突破那矛盾的网，那网把我束缚得太紧了。"

无论是早年逃离封建家庭束缚的决绝，还是晚年逃避心灵惩罚的彻底，这个一生爱国的理想主义者一直在以不同的手段与形态，同人性及制度的层层牢网永不停歇地作斗争。巴金一生都以托尔斯泰为榜样，早在 1994 年 4 月 2 日的家信中，他就说道："说真话，我并未放弃过手里的武器。我始终在疲乏地奋斗。现在我是疲乏多于战斗。我说我要走老托尔斯泰的路。其实，什么'大师'，什么'泰斗'，我跟托尔斯泰差得很远，我还得加倍努力！只是我太累了。"

（撰文：薛芃）

杨绛：

最贤的妻，最才的女

一、《我们仨》最后的日子

1993年，杨绛82岁，钱锺书83岁。这个冬天，杨绛独自埋首书房一个多月，一笔一字，亲手誊清了《槐聚诗存》的书稿。这是钱锺书晚年很重要的一本合集，收录了他从1934年到1991年，辗转留存的270余首诗作。杨绛在“生平及创作大事记中”，对这件事只有几句简单记述，写得淡淡的，现在读来却让人十分感触。她写道：“我抄诗错字百出，锺书皆未校出。我二人皆老且病矣。”

——“老且病矣”，这是第一次，她在大事记中提及书斋之外，现实生活中，衰老的逼近。

从那以后，杨绛就开始不断面对身边的生死病痛，离散别去。不过才两年时间，她的三姐和大姐先后去世；钱锺书肺炎病发，住进医院后便一直卧床，再也没有能够回到他们位于三里河南沙沟的家中。

1995年冬，对两位老人最残酷、最沉重的打击袭来：他们最爱的女

杨绛（摄于 2005 年，侯艺兵摄）

儿、在北师大英语系工作的钱瑗突然病倒，确诊结果是肺癌转脊椎癌，已到晚期。

钱瑗是二老的安慰。他们从未刻意教育女儿，但是钱瑗的为人处世，在性格和作风方面，同他们有许多相似之处。杨绛先生说：“圆圆也像锺书一样惜时如金，嗜书如命。连翻书的样子都像，哗哗地一页页很快翻过，一目十行，全记得。”她每天带回外面的新闻，时不时做几样时令菜肴，请父母尝鲜。钱锺书能吃一点儿，杨绛没有胃口，偶尔试两口，钱瑗就高兴得了不得，会说“谢谢妈妈”“谢谢爸爸”。

父女俩都住了医院，一个在南城，一个在西山脚下。杨绛独自一人，看护安慰两个病号，每天就在北京城的这条对角线上奔波。路途漫长，谁也替不了她。她是父女间精神的信使，将钱媛病中写的信和文章，一字字读给钱锺书听。

1997 年早春，钱瑗去了。杨绛被压在巨大的悲伤之下，还要对病床上的钱锺书装作女儿尚好，就这样，一个人撑了四个月，才对钱锺书说了实话。

1998 年岁末，钱锺书去了。接连失去生命中两个至亲至爱，87 岁的杨绛孤身一人，该如何面对人世和死亡？

熟悉杨绛的人，都说，对先生印象最深的便是任何时候见到她，都含蓄节制，举止拿捏恰到好处，从来不以心绪不好的一面示人。但在钱瑗病危消息传来那天，杨绛与朋友通电话的一刻，失声痛哭。

在精神和身体最伤痛的日子里，杨绛做了一个决定，她要着手翻译柏拉图的《斐多》。杨绛说它“是一篇绝妙好辞”，她要将这本古希腊哲人的对话录，当作自己精神上最后的庇护所。

《斐多》描绘的是苏格拉底饮毒芹酒而死那天，在狱中和门徒就正义和不朽做的讨论。全篇只有不到100页，它的核心是论证灵魂是不朽的。用罗素的话说，苏格拉底的论证并不十分有力，但“这篇作品是西方文学的杰作之一”。比如苏格拉底说：“天鹅临死的时候，快乐得引吭高歌，唱出了生平最响亮最动听的歌。可是人只因为自己怕死，就误解了天鹅，以为天鹅为死而悲伤，唱自己的哀歌。天鹅是阿波罗的神鸟，它们有预见，它们见到另一个世界的幸福就要来临，就在自己的末日唱出生平最欢乐的歌。”苏格拉底还对处理他丧事的门徒说，“你埋藏的是我的遗体，不是埋的苏格拉底”。

这些文字和思想，给了孤独中的杨绛以“哲学的慰藉”。从1999年到2000年，年近九旬的她只用了一年时间，就把对话录译完了。她谦称自己并不识得古希腊文，对哲学也一无所知，但她说，“我正试图做一件力不能及的事，投入全部心神而忘掉自己”。

这也如同钱锺书年轻时候，给杨绛描述过的人生愿望，说自己“志气不大，只想贡献一生，做做学问”。在后来一起生活的几十年里，这个愿望，成了他们共同的处世原则。他们尽可能地远离政治，用无功利的读书来抵挡人世间的风风雨雨。现在钱锺书和钱媛离开了，杨绛通过和苏格拉底的“笔谈”，为自己抵挡余下来的风风雨雨。

从 87 岁译注《斐多》到 105 岁去世，对于普通老人，本该是由人照顾、安享晚年的 20 年，对于杨绛先生，却是从未停歇的阅读和工作。她看似纤小瘦弱，却有无尽耐力，做完了很多人一辈子也未必能做完的事情：写作了《从丙午到“流亡”》《我们仨》《走到人生边上》这三本散文集；编订了 8 卷本、共 250 万字的《杨绛文集》；还为自己的代表作《洗澡》续写出版了几十万字的小说《洗澡之后》。

但在生命这最后一程，对杨绛来说还有三件事情，比自己著书立说更重要。

第一件，是帮三联书店定稿出版《钱锺书集》。

第二件，是整理钱锺书生前的读书笔记和手稿，包括中文笔记、英文笔记和日札。钱锺书总是说，这些东西“没用了”。杨绛不这么看，她觉得这是钱锺书一生时间积累下来的知识，对其他学者做研究是有用处的。如何才能保存这些手稿呢？最好的方式，就是将它们整理出版。

这些手稿跟着他们从牛津到巴黎，从巴黎到上海，从上海到北京，装满了几大麻袋，加起来有 7 万多张，而且因为搬进搬出地，大多数都成了字迹已然模糊的散页和纸片。可以想象，这样的整理工作将有多大难度，何况是对一个年逾九十的老人。每天，杨绛戴上花镜，逐页辨认，仔细剪贴、分类和梳理，再送到商务印书馆去做影印。

日复一日，她不慌不忙，一个人在书桌前做着这些浩繁的工作，边整理，边交付给出版社，一册册地出版。2015 年年底，一整套的《钱锺书手稿集》终于全部出齐，包括《容安馆札记》3卷，中文笔记20册，外文笔记48册。

钱锺书刚离世的时候，杨绛曾说：“锺书逃走了，我也想逃走，但是逃哪里去呢？我压根不能逃，得留在人世间，打扫现场，尽我应尽的责任。”她尽完了责任。一位和她亲近的三联图书编辑说，2016年5月25日，听到杨绛先生去世消息的时候真有一种感觉，“好像她就是把钱先生这些事情都做完了，打扫干净了，走了”。

全集出了，手稿结集了，杨绛还有一件事情是什么呢？她要替钱锺书和钱媛，写完他们一家三口约定的书——《我们仨》。这是杨绛在人生最后的日子里，最放不下，也最早完成的事情。

这本书因何而起？是怎么写成的？这中间杨绛先生又经历了什么样的事情？

这本书稿是时任三联书店总编辑董秀玉约请的，最终出版时，她也是署名“冬晓”的责任编辑。董秀玉回忆，那天她去看望杨绛先生，聊到了一些过去的事情。她对杨先生说，不如你就写写你们仨吧。杨先生说好，那就写一本书。

书稿动笔大约是1996年10月。那时钱锺书父女都已住进医院。钱媛在护士的帮助下，断断续续写了5篇，没料想病情急剧恶化，最后已经无法进食了，被迫搁笔。之后，她再没有能够重新拿起笔来。董秀玉记得，“钱瑗最后一篇文章落的日期是1997年2月26日，是她去世的前6天”。

余下的，成了杨绛一个人来写“我们仨”。在杨绛先生文集的附录里，2002年8月19日，有这样一个记录：“夜闻风雨声，耳始聋，《我们仨》改定题目，选定段落。”在那一天，她发现自己的耳朵听不见了。在那一天，她搭好了整本书的架构，开始重新回去“我们仨”的世界。

2003 年 4 月，杨绛打电话过来，请董秀玉去家中取稿。董秀玉坐在杨绛的客厅里，一口气读了两个小时，读到一半，眼泪止不住往下掉。杨绛还像平日里见她那样，坐在一旁做自己的事情，中间只是偶尔走过来，摸摸她的头。董秀玉问：我读的时候都这么难过，您写的时候该有多痛啊？杨绛答：所以，到现在才动笔写它。

2003 年 7 月，SARS 过去了，《我们仨》也由三联书店出版了，立刻成为畅销书和话题书，被评价为杨绛晚年最动人的作品。它用干净、节制、素朴的语言，讲述了这个学者家庭的故事，从 1935 年杨绛与钱锺书赴英国留学，生下女儿钱瑗，直到 1998 年钱锺书逝世，这 63 年间单纯温馨的亲情，让人泪下，也让人跟着文字去思考一个时代下知识分子的生存状态：漫长的 63 年，是什么支撑这个家庭在社会巨变和政治动荡中始终保持精神和人格的完整，用读书来抵挡外面的风风雨雨，不被物质的现实所诱惑和侵扰？

董秀玉说，当时一个星期之内，就要印厂加印了，大家都没有想到。人们爱读这本书显然不是因为对一个知识分子家庭私人的事情有多好奇，而是在一个家庭故事之外，让我们看到，不管外部环境多么恶劣，在金钱和权力之外，还有第三种尊严的存在，那就是知识的尊严。复旦大学学者张新颖在他写作《沈从文的前半生》《沈从文的后半生》时有过这样一个表达，他说：强大的历史潮流在力量耗尽之后消退了，而相对看起来弱小的个人从历史中站立起来走到今天和将来。我觉得无论是沈从文，还是钱锺书、杨绛，他们都是这样的人。

杨绛和钱锺书40年代在上海，就是生活书店的常客。生活书店是三联书店的前身。杨绛后来有一篇文章里面提到，她和钱先生都非常认同三联的气质，“不官，不商，有书香”，这也是为什么她将大部分书都交付三联出版的原因。80年代初，《将饮茶》和《干校六记》的出版，已经让杨绛在海内外知识阶层获得了特别高的认同。但要说到她和普通读者之间最深层的连接，还是这本《我们仨》。自2003年出版后，到2016年杨先生去世，这本书一共有四个版本，其中仅平装本就加印51次，发行量达到了330多万册。这个中国知识分子家庭的往事，对于读者来说，已然成为一种精神性的象征。

《我们仨》写完后，杨绛一天天丧失了正常的听力。那以后的十来年，朋友们、编辑们再去家中看她，陪她说笑，就需要借助一些笔谈了。三联书店前总编辑李昕记得他在出版社工作期间，有时跟编辑一起去家中拜访杨绛先生，因为知道她听力不好，会事先备一沓卡片，把想问的事或想说的话写下来，见到先生，再一张一张拿给她看。

他们常去的就是钱锺书和杨绛在北京三里河的那套寓所。有四间房，最大的一间作为工作室，也充客厅，临窗一竖一横摆放两张书桌，他们夫妇俩各据一张。沿墙是书橱，只西墙靠门有一对沙发和茶几。其余三间，夫妇俩和女儿各住一间，剩下的一间吃饭。他们在20世纪70年代末搬进来，一直住到去世，都保留着水泥地、白粉墙、老家具、未封闭的阳台，没做一点改变。吴学昭在《听杨绛谈往事》中说，“这个寓所的里里外外留有太多美好的记忆，杨先生虽已把它当成临时栖身的客栈，仍不忍抹掉一点往日的痕迹”。

“我们仨”失散了，杨绛还在他们仨的那个世界生活。三联书店几位老编辑有次去家中看她，发现杨先生特别喜欢卡通，在卧室里放了三个卡通动物，分别是他们一家三口的生肖属相，就像钱先生和钱媛还在日夜陪伴她。2004 年快过春节前，编辑们又相约同去看望杨先生，特地带去一个卡通玩具当作新年礼物。杨绛高兴地接受了，并且把卧室里的三个卡通动物也抱出来，搂在怀里，和她的编辑“小朋友们”一起拍了张大合影。

对于生与死的问题，杨绛既通达，又执着。她在文章里说，“宗教讲的是来世，我只是愚昧而又渺小的人，不能探索来世的事，我只求知道，我们在这个世界上，生活了一辈子，能有什么价值”。所以她还要写，要《走到人生边上》，想个明白。

《走到人生边上》是在 94 岁开始动笔的。她在那年的立春之前曾小病住院。等出院回家，第一件事就是写下《走到人生边上》的第一页。

人死了以后到底还有没有灵魂？在写的过程中她反复思索这个问题，想了两年零 6 个月，才把自己的想法“像小女孩穿珠子般穿成了一串”，写完了这本书。她在自序中说：“我正站在人生的边缘上，向后看看，也向前看看。向后看，我已经活了一辈子，人生一世，为的是什么呢？我要探索人生的价值。向前看呢，我再往前去，就什么都没有了吗？当然，我的躯体火化了，没有了，我的灵魂呢？灵魂也没有了吗？有人说，灵魂来处来，去处去。哪儿来的？又回哪儿去呢？说这话的，是意味着灵魂是上帝给的，死了又回到上帝那儿去。可是上帝存在吗？灵魂不死吗？”

最后那几年，除了少数时候客人来访，日常陪伴在她身边生活的，只是一个保姆。有一位每年都去家中探望她的编辑现在和我说起来还记得，最后几年，每和客人聊天，她喜欢讲的都是小时候的事。和她聊过天的人，也都留恋那个场景：杨先生讲话声音轻柔好听，稍带一点南方口音，不缓不急，“会讲故事，活色生香”。说起其他事情，再大再小，语气总是冲淡的；说到小时候和父亲，和家人，就听得出来有格外的感情在里面。杨先生最常提起八岁那年，也就是1919年的“五四”那天。早上她和三姐像平时一样坐上包车，去辟才胡同的女师大附小上学，一路上看到许多身穿竹布长衫的学生跑来跑去。下午放学，身穿竹布长衫的学生拦住了她们的包车，不让从马路上走，她和三姐就停在路边，坐在车里看热闹。学生们举着小旗子喊着口号，一队过去，又一队过去。旗子上都写了什么呢？不只有“抵制日货”，还有“恋爱自由”。

杨绛常跟去家里看她的人讲这个故事。她总说：五四运动在现场的人，如今大概只剩我一个了。

二、成为钱锺书生命中的杨绛

杨家与钱家均为无锡世家。

在《无锡望族》一书中，粗略统计的当地望族数目有36家。近代风气开化以来，他们多数接受了良好的中西教育，自由出入于官、学、商三界，在“门当户对”的观念下，又彼此结为姻亲，影响着整个地方乃至全国的社会经济。其中，影响最大的莫过于四大望族：以面粉起家的荣家（荣毅仁）、经营纺织业的唐家（唐英年）、缫丝起家的薛家（薛福成），以及游走在政学两界的杨家。

无锡杨家据考分为几支，一为从官宦到经商的旗杆下杨家，一为读书办学的学前街杨家，还有一支是留芳声巷的杨家，与杨绛一家关系更近些。杨绛后来在《回忆我的父亲》一文中说，当年她问起家族历史，父亲告诉她，上面两代都是穷书生，只做过浙江一些地方的小官。家中虽有祖传老宅，但无田产，父亲去国外读书主要靠政府奖金。

杨绛与钱锺书订婚后在苏州庙堂巷花园同全家合影。中坐者为父亲杨荫杭和母亲唐须嫈，后排左起：杨绛、钱锺书、姐夫何德奎（手牵长女肇瑜）、三姐闰康、大姐寿康、八妹杨必、七妹杨黍、妹夫孙令衔、小弟保俶（图片选自《听杨绛谈往事》）

杨绛的父亲杨荫杭，先后赴日本早稻田大学、美国宾夕法尼亚大学攻读法学，是晚清激烈的革命派。他出生于1878年，17岁考取北洋大学堂——时称“天津中西学堂”，两年后转入南洋公学，再过两年被公派日本留学。1902年回国后，他和同学在无锡创办“理化研究会”，倡导研究理化学习英语。后来因为鼓吹革命，他遭到清廷通缉，不得已赴美攻读法学，希望以西方的民主法治救国。辛亥革命后，归国不久的杨荫杭即被推举为江苏省高等审判厅厅长，1916年又被任命为京师高等检察厅厅长。

杨绛上面有三个姐姐，但她是父亲归国后所生的第一个孩子，很受疼爱。父亲有午睡的习惯，怕人吵闹，通常不许孩子们在身边，但有一次，他特意叫住杨绛，让她陪在身边。比起其他孩子，杨绛显得非常乖巧，即使给火炉加煤，也能做到不出声响。

父亲对杨绛的影响非常之深。1917 年 5 月，杨荫杭在调查津浦铁路舞弊案时，因为传讯了交通总长许世英，被司法总长停职，轰动一时。杨绛后来回忆，当父亲辞职带着一家人回南方时，送行队伍非常庞大，“不是一堆，是一大片人，谁也没有那么多人送行，我觉得自己的父亲与众不同，很有自豪感”。

与自由激烈的父亲相反，杨绛的母亲唐氏有着传统温和的性情。但唐氏也并非旧式女性，她出身富商家庭，从小就在女先生教导下读书识字，后来还进入上海务本女校学习，平日里爱读小说。父亲和母亲在生活中十分默契，母亲对父亲体贴周到，这些都深刻影响了杨绛未来对婚姻的态度。1917 年他们全家回南方后，有段时间租住在无锡沙巷。父亲不知什么原因感染了伤寒，全靠母亲日夜不休地求医护理。几十年后杨绛还记得，为了给病人补充营养，母亲悉心撇去鸡汤浮油的场景。

1920 年，9 岁的杨绛离开无锡，在上海启明女校学习三年。1923 年，她和姐姐一起回到苏州，因为父亲已从无锡搬家到苏州，不久便在庙堂巷置办了房屋，这里成为杨绛的第二家乡。

杨绛和姐姐插班考入了苏州振华女校。这是三姑母杨荫榆为她们做的选择。在多年以后，杨荫榆的名字因为北京女师大学潮风波和鲁迅的文章《记念刘和珍君》而为人所知，成为保守反动的代名词，但在那之前，她还只是一个留日归来的女教育家，在当地很为人尊敬。

振华女校的创办人王季玉是近代著名教育家。20 世纪二三十年代，李根源、叶楚伧、竺可桢等一批学界名流都曾出任该校校董，学校更延请苏雪林、叶圣陶等一批名师来校任教。王季玉的办学理念很超前，学校的教科书均采用国外中学教科书的最新版本，同时提倡劳动，组织学生扫地擦桌，改掉过去在家使唤佣人的习惯。此外，王季玉还注意培养学生自我管理的能力，杨绛在学校先后担任学生自治会会计、英文会长、演讲会长。多年以后的 1939 年，从欧洲回上海不久的杨绛，在王季玉、竺可桢等人的极力劝说下，还曾担任过一年母校校长。杨绛忆起母校时曾说："振华这里有种味道，这个味道影响了我一生。"

此外，杨绛还在振华认识了一生的朋友费孝通。都说费孝通年轻时爱慕杨绛，多年以后，钱锺书见面开他玩笑，称两人是"同情人"。当年在苏州，费孝通的父亲是女校校董，由于他体弱多病，父亲担心他受男孩欺负，便将他送到女校，也使他成为女校唯一的男生。跳舞的时候，费孝通害羞，杨绛欺负他：我们全都是女生，你来干什么？几年以后，两人再次成为东吴大学的同学。

1928 年，杨绛是以第一名成绩考入东吴大学的，这所学校也就是今天苏州大学的前身。但东吴大学其实并非杨绛的首选。她向往的是清华大学外文系。然而，当她提前一年从振华女校毕业时，清华那一届却未从当地招收女生。

在东吴大学分科时，杨绛开始认真考虑自己究竟"该"学什么。父亲告诉她，没有什么该不该，最喜欢什么，就学什么。喜欢说明性之所近，最为相宜。东吴大学当时并无杨绛最想读的文学系，较好的专业只有法预科和政治系。起初，她想读法预科，以后当父亲的帮手，接触形形色色的人，为写小说准备素材。然而，律师出身的父亲这次却反对她学法律，最终杨绛选择了政治系。

1901年3月创立的东吴大学起初又称东吴大学堂，是美国基督教卫理公会在中国建立的早期教会大学之一。与振华女校相似，校方当局坚守教学为主的教育方针，尽量淡化政治，使学生免受全国各地风起云涌的学生运动影响。在家里，杨绛的父亲杨荫杭也是如此影响他的女儿们。他年轻时虽为革命派，中年后却逐渐对国内政治失望，在律师的职业以外，他后来将更多的精力放在教育和媒体上，先后担任《申报》副主编、上海震旦女子文理学院教授，晚年更将很大精力放在一部未能存留的音韵学著作《诗骚体韵》上。杨荫杭更希望女儿按照天性，自由追求理想。

在清华大学研究院学习时的杨绛（图片选自《听杨绛谈往事》）

也许正因为对政治学毫无兴趣，杨绛才有了大量时间在图书馆自由自在地读书。从诗词歌赋到希腊悲剧，杨绛阅读了大量中外文学经典。思想活跃的费孝通，经常给杨绛介绍新书，包括弗洛伊德、冯友兰、房龙等人的著作。在大姐寿康的介绍下，杨绛还跟着一位嫁到中国的比利时人专门学习法语。这也为她日后报考清华大学研究院打下基础，因为当时研究院的考试极为严苛，考生需要掌握三门外语。

1931 年冬天，东吴大学爆发学潮和大停课。为了能够继续上学，1932 年 2 月，杨绛和几个同学一起北上，经过三天的舟车劳顿，改投到清华大学借读。到学校的几天之后，在清华园的古月堂，杨绛见到同学孙令衔的表兄钱锺书。从借书，到写信，两人渐生爱慕。一段半世传奇，就此开始。

钱锺书来自无锡钱家。钱家在无锡的故居叫作绳武堂，是一座典型的江南庭院民居。杨绛和钱锺书就是在这个老宅办过婚礼后，再携手踏上游学之路的。杨绛有段文字回忆，他们结婚的黄道吉日是一年中最热的日子。他们的结婚照上，“新人、伴娘、提花篮的女孩子、提纱的男孩子，一个个都像刚被警察拿获的扒手”。钱锺书在小说《围城》里对方鸿渐和孙柔嘉婚礼的描写中，可以找到这似曾相识的一幕。

和杨绛父亲杨荫杭的西化新派相反，钱锺书的父亲钱基博是国学大儒，也是威严的旧式家长。钱锺书和杨绛之前在苏州杨家办了新式婚礼，回到钱家则是一套旧式婚礼，按家训，新妇须行跪叩礼。杨绛父亲听后不悦，但杨绛非常懂得体谅，她给钱锺书的信里曾写过：“现在吾两人快活无用，须两家父母兄弟皆大欢喜，吾两人之快乐乃彻始彻终不受障碍。”据说，钱基博看到此信后，对杨绛大为夸赞。

1935 年 8 月 13 日，24 岁的杨绛和钱锺书乘坐邮轮从上海启航，前往牛津大学。钱锺书 1933 年从清华大学外文系毕业，在上海光华大学教书两年后，考取庚子赔款奖学金留英。他的考分是历史最高，87.95 分，获得的庚款资助包括：服装费 20 英镑，往返英国的交通费 80 英镑，每月学杂费及生活补贴 24 英镑。杨绛当时还有一年才从清华研究院毕业，为了和钱锺书同行，她办了休学，自费出国。

1935年至1938年，三年的留学岁月不长也不短。钱锺书埋头苦读，将学校图书馆称为“饱蠹楼”，留下了海量的读书笔记。杨绛则无微不至地照顾钱锺书的起居。虽为陪读和主妇，但从杨绛留下的各种记述来看，她身上并没有新旧时代女性身份的困惑。她一生中，对钱锺书至深的理解和由此生发出的“看护”，正是始于牛津岁月。

钱锺书毫无独立生活能力，他们夫妇在牛津，是以杨绛为主角的。牛津的学费比一般学校昂贵，还要另交导师费，房租伙食的费用也较高，杨绛假如到别处上学，就得两处开销，再加上来往旅费，不合算。在这些忧虑中，她只好选择做了一个旁听生。钱锺书上的是牛津学院制下独特的导师“一对一”辅导课，而杨绛只能去旁听大课，曾描述自己“心中充满了自卑感”。

但她是满足的。在杨绛笔下，我们能读到两人在牛津学业之外的生活。他们每天都出门散步，挑不认识的地方，“在大街、小巷、一个个学院门前以及公园、郊区、教堂、闹市，一处处走，也光顾店铺”。除了散步之外，他们的生活仍然是相对读书。白天读各种外文书，回到寓所，就读从国内带来的古文书。当时在牛津和他们往来的中国留学生，有俞大缜、俞大絪两姐妹，后来成为翻译大家的杨宪益，还有研究敦煌文献的向达。钱锺书一向喜欢讽刺，能和他对等玩的人不多，不相投的就会嫌他刻薄。杨绛体察钱锺书的不谙世故，她更愿意保护他的天真，而不是让他适应世故。在杨绛生女儿钱媛那段日子，钱锺书只能一个人在家，每天到产房探视，都在汇报自己做了什么错事。他说打翻了墨水瓶，把房东家的桌布染了。杨绛说：“不要紧，我会洗。”他就放心回去。然后他又把台灯砸了。杨绛问明是怎样的灯，说：“不要紧，我会修。”钱锺书又放心回去。杨绛后来写道，她说“不要紧”，他真的就放心了，因为“他很相信我说的‘不要紧’”。

女儿钱瑗的出生，给他们的生活带来了无尽的乐趣。钱锺书致“欢迎辞”：“这是我的女儿，我喜欢的。”钱瑗出生后的第100天，他们一家三口由牛津乘火车到伦敦，换车到多佛港口，上渡船过海，到法国加来港登陆，乘火车到巴黎，开始了在巴黎短暂的留学生涯。1938年，钱锺书带着杨绛和女儿，从法国马赛坐邮轮回上海。船到香港，钱锺书下船奔赴西南联大所在的昆明，履约清华教职。杨绛独自带着女儿，回到上海。

婆家和娘家为了躲避战火，分别从无锡和苏州都到了上海租界。杨绛在两边居住，当女儿、做媳妇，放下书本做饭洗衣，兼顾操心养家。孤岛时期的上海充满了恐怖和压抑。文化类的谋生难免要跟日本人合作，有民族气节的文化人效仿古代儒生的做法，用退隐、不合作来抵抗伪政权和日本人。杨绛的谋生也在民族气节和经济收入上做选择，跟日本势力有关的产业全不考虑。杨绛曾在书中这样写道：“我1938年回国，因日寇侵华，苏州、无锡都已沦陷，我娘家、婆家都避居上海孤岛。我做过各种工作：大学教授、中学校长兼高中三年级的英语教师，为阔小姐补习功课，还是喜剧、散文及短篇小说作者，等等。但每项工作都是暂时的，只有一件事终身不改，我一生是钱锺书生命中的杨绛。这是一项非常艰巨的工作，常使我感到人生实苦。但苦虽苦，也很有意思，钱锺书承认他婚姻美满，可见我的终身大事业很成功，虽然耗去了我不少心力体力，不算冤枉……”

钱锺书的堂弟钱锺鲁说过，大嫂“像一个帐篷，把身边的人都罩在里面，外面的风雨由她来抵挡”。外文所的郑土生也说：“不只是生活上，在人情世故上，在与文化界等各方面打交道时，杨绛先生都比钱锺书先生要周到。钱先生往往凭自己的性情、喜好说一些话，但杨先生很温和，善于应对各种场合、各种情况。”

1949年国民党败退台湾，一批学者精英面临是去是留的选择，任钱锺书和杨绛平日如何地远离政治，亦无回避的可能。杨绛晚年跟吴学昭回忆，当时，任教育部长的杭立武邀请钱锺书去台湾大学、杨绛去台湾师范大学任教授，答应调车皮给他们运书籍和行李。牛津大学汉学家斯伯丁（K. G. Spalding）1949年3月中旬还写信希望他们赴英，两人都不为所动。杨绛在《我们仨》中写道：“一个人在紧要关头，决定他何去何从的，也许是他最基本的感情。我们从来不唱爱国调。非但不唱，还不爱听。但我们不愿逃跑，只是不愿去父母之邦，撇不开自家人。我国是国耻重重的弱国，跑出去仰人鼻息，做二等公民，我们不愿意。我们是文化人，爱祖国文化、爱祖国的文字、爱祖国的语言。一句话，我们是倔强的中国老百姓，不愿做外国人。我们并不敢为自己乐观，可是我们安静地留在上海，等待解放。”

1949年5月26日夜，上海解放。钱锺书、杨绛，与代表清华大学前来上海招聘的吴晗一起，登上了北上的火车。同车去北京的，还有日后杨绛在社科院的同事、诗人卞之琳。

这以后，从50年代到70年代，在一波波政治风雨的侵扰中，杨绛始终是钱锺书身边的那顶“帐篷”，为他和他们的家，遮挡着大小风浪，直到70年代末，风浪渐平。

1977年立春那天，杨绛母女由年轻朋友陪着，收拾行李迁入三里河国务院宿舍的新居。杨绛怕钱锺书吃灰尘，把他当作一件最贵重的行李，下午搬迁妥当后，再用小汽车把他运回新家。

1998 年 12 月 19 日凌晨，医院通知杨绛，钱锺书情况很不好。杨绛赶到床前时，钱锺书已经合上一只眼，还睁着一只眼等待妻子。杨绛帮他合上眼睛，轻轻在他耳边说："你放心，有我呐！"

应该怎么来描述杨绛？最贤的妻，最才的女？这些似乎还并不足够。在"钱锺书生命中的杨绛"这个身份之外，作为知识分子和作家的杨绛，以及作为女性，她又以独特的人格超越了她身后的那个时代。

三、跨越新旧女性，一个特殊的写作者和知识分子

在中国，对于文化人或者说对于文人有一个比较传统的评价标准，就是经世致用。尤其在五四运动之后，那种理想主义的、振臂一呼的人，容易赢得大家的敬重和赞美。那么像钱锺书和杨绛这样的人，他们和这种传统文人标准其实是相差甚远的。

中国社会科学院文学所所长陆建德曾评价说：杨绛先生和钱锺书先生一样，他们都不是追求理想世界的普罗米修斯。面对不同时代的不同压力，他们的态度是永远保持自我特点，在压力下保持人格风度。有时沉默有时曲折，但振臂一呼不会是他们的选择。

杨绛自己也说过：我不是堂吉诃德，没有那种理想主义。她在《将饮茶》里面写道，一个人不想高攀就不怕下跌，也不用倾轧排挤，可以保其天真成其自然，潜心一志，完成自己能做的事。她和钱锺书对一生的要求就是保持自我人格，而这个人格甚至于也不是相对于社会

而言的。杨绛说过，我不是对社会来负责，而是对我自己的内心负责。

除了和钱锺书先生一样是一个知识分子以外，杨绛还是一个女性知识分子，这是无可回避的更多一层的困境。尤其在她生长的那个时代，女作家和女性知识分子要面临更为艰难的选择。比如说萧红，跟杨绛一样，都是1911年出生的人。张爱玲比她们小十来岁。冰心比她们大十来岁。林徽因和丁玲是1904年生人。虽说年龄略有差距，但这些女性面对的时代问题其实相差无几。做新女性还是做旧女性，新到什么程度？如果了解她们的人生故事，就会发现，这不是容易给出的答案。但对于杨绛来说有点特殊，无论是别人讲述的她，还是从她自己写的文字来理解的她，好像都从来没有这样新与旧的分别，守和变的困扰。她按照自己的内心去面对一切，最后她就跨越了一切成见。就像她96岁在《走到人生边上》那本书里所写的：我试图摆脱一切成见，按照合理的规律，合乎逻辑的推理，依靠实际生活经验自己思考。我要从平时不在意的地方发现问题、解答问题，能证实的予以肯定，不能证实的存疑，这样一步一步自

1934年4月2日至7日，钱锺书从上海来到北平探望杨绛，两人在北平郊区游玩（图片选自《听杨绛谈往事》）

问自答，看能探索多远……

从写作的角度来说，杨绛也是非常特殊的例子。她几乎所有重要的作品，写成和发表都是在 70 岁以后，在文坛可以说是罕见。《干校六记》是 1981 年出版的，那时候她是 70 岁。1987 年，她写了《将饮茶》，76 岁；然后是 1988 年的小说《洗澡》；1999 年她翻译了柏拉图的《斐多》，2002 年她写了最广为人知的《我们仨》。在此之后又写了《洗澡之后》，那个时候她已经是一百多岁了。当然她年轻时候也不是没有写作过，但那段时间非常短暂，只是主妇生活之外的小试身手。杨绛在 80 年代早期有一篇文章叫《喜剧两种》，就是讲自己 40 年代在上海创作两个喜剧剧本的经历。

1942 年冬天，有一次钱锺书、杨绛和李健吾，还有他们另外一个朋友陈麟瑞一块吃饭，席间聊了很多，大概包括对当时文坛有一些臧否。李健吾就跟杨绛说，你也来写一个剧本试试看，杨绛说愿意试试。很快杨绛就拿出了《称心如意》的剧本，第一稿不成功，她没有气馁，重新改写了一遍。结果李健吾一读之下大为倾倒，把剧本推荐给了著名戏剧导演黄佐临。1943 年 1 月《称心如意》在剧院首演后非常成功。戏曲研究学者赵景深在《文坛旧忆》里写道，此剧刻画世故人情入微，非女性写不出，而又写得那样细腻周至，观众和剧评人都不禁大为称赞。1943 年的秋天，杨绛的第二部喜剧《弄真成假》也上演了，李健吾评价它是丁西林之后，喜剧的第二道里程碑。她的文字没有那种矫揉造作的舞台腔，大家在日常中是怎么说话的，她的剧本就是怎么说话的。加上写透了人性，《称心如意》剧本常演不衰，不仅在当时，一直到 2014 年，仍然有剧团在排演。

而杨绛这个笔名，实际上也是她写《称心如意》后才有的。当时她把剧本拿给李健吾，对方说你取个笔名吧。杨绛本名叫杨季康，她把季和康连读后就变成了“绛”的发音，于是就落款杨绛，以后她就一直用这个名字来写作了。

那段时间，杨绛的名气到了什么程度呢？只要是文艺界聚会的场合，如果钱锺书和杨绛一起出现，别人就会介绍说，这是杨绛的先生。

如果了解杨绛的求学经历和外国文学素养就会知道，在上海剧坛小试牛刀就一鸣惊人也不是什么突然的事情。她在英国牛津陪读期间，虽然没有像钱锺书一样进入系统的学术训练，但大部分时间是在图书馆里读自己喜欢的戏剧，对莎士比亚的戏剧尤其感兴趣。如果杨绛在40年代继续写作的话，也许会成为一个像张爱玲、苏青一样有名的作家。但她的生活重心永远是钱锺书。当钱锺书需要的时候，她就又重新回归家庭，辅助他做学问，操持婆家和娘家两个大家庭的家务。

1945年抗战胜利之后，杨绛与钱锺书的生活逐渐优渥起来。最重要的事情是《围城》即将完成，这部小说在《文艺复兴》月刊上连载，读者们很爱看，都在打听钱锺书是谁。钱锺书的才华从学术小圈子扩展到了大众范围里。他出任国立中央图书馆英文总纂，主编《书林》季刊，又兼任暨南大学外文系教授，还担任了英国文化委员会顾问。钱锺书有了收入，杨绛就从家务中解放出来。她担任了震旦女子文理学院教授，也给朋友的杂志写文章，经常约稿的有郑振铎、李健吾主编的《文艺复兴》，储安平的《观察》，傅雷、周煦良的《新语》。但她都是在照顾好钱锺书之余，抽空写几笔。

等杨绛再次真正拿起笔，以学者和写作人的身份出现，已经是一九五八年了。她随钱锺书到了北京，先任清华教职，后来一起调进中国科学院外国文学所。北京浓厚的政治空气并未感染杨绛，使她变成一个“进步的知识分子”，她也没有投入意识形态里的热心。她一直冷淡地对待时代的变化，新中国成立前没参加任何政治运动，新中国成立后依旧尽可能让政治远离自己的生活。杨绛主动要求领“散工”的工资，而不愿意做专任的教授，因为怕开会，不想为冗长的会议浪费时间。她教“大三”的英国小说。她不像其他同事，并不想学新一套，而是选择回避思想意识，着重艺术上的分析比较。她选择《大卫·科波菲尔》做精读和分析讨论的小说，因为狄更斯受到马克思的赞许，也受到进步评论家的推崇，政治上有根据。她不再进行容易带来麻烦的文艺创作，而是遁入了翻译里。杨绛先生以她丰厚的学养和翻译经验，写成《试谈翻译》(后改写成《翻译的技巧》)一文，被从事翻译工作的薛鸿时等人视为宝典。“她指出西方语文与汉语的构造大不相同，用释道安的话来说就是‘胡语尽倒’，‘要把西方语文翻译成通顺的汉语，就得翻个大跟斗才颠倒得过来’。她创造出‘翻译度’这一术语，认为，翻译度不足就仿佛翻跟斗没有翻成而栽倒在地。她举出最适当的例子指明，在翻译西方语文的长复合句时，必须把原句拆开，按照各成分的主次、从属关系，用地道的汉语，重新组合，不能有所遗漏，也不能增添。内容不可增删，语气不可走样，好的译文还要能传达原作者的弦外之音和含蕴未吐的意思。”

那个时候杨绛还领受上面任务，开始了一个庞大的译著工程，即翻译《堂吉诃德》，而且是从西班牙语直接翻译。但中间断断续续被各种政治运动打断。

有段时间，高等学校的每个教师必须在群众面前“洗澡”和“过关”。一次，一个女学生在控诉大会上台控诉杨绛在教授精读《大卫·科波菲尔》时，不讲工人、专谈恋爱。“杨季康先生教导我们，恋爱应该吃不下饭、睡不着觉”，“杨季康先生教导我们，见了情人，应当脸发白，腿发软”，“杨季康先生教导我们，结了婚的女人也应当谈恋爱”。当晚的主持人是从年轻时就认识杨绛的费孝通，他递了张纸条给女孩，请她简短点，但是，女孩根本停不下来。

杨绛受到了侮辱，但她说自己内心却没有丝毫羞愧，第二天清早，喜盈盈地到菜场人最多的地方去。她写道：当时，我的火气退去，就活像被车轮碾伤的小动物，血肉模糊的创口不是一下子就能愈合的。可是，往后我受批评甚至受斗争，总深幸这场控诉大大增强了我的韧劲。30 多年后，杨绛把这些物料都写进了小说《洗澡》，对知识分子的改造进行讨论。

再说《堂吉诃德》，至 1966 年的“文革”初期，杨绛已译完该书的第一部和第二部的三分之二。但就在这年 8 月，她的译稿被迫交出并从此失踪。1972 年，杨绛和钱锺书作为“老弱病残”离开干校，回到北京。杨绛最高兴的事，莫过于可以重新翻译《堂吉诃德》了。“所里要把‘老先生’们的东西还给他们，杨先生说，我什么都不要，只要我那个被没收的《堂吉诃德》的稿子！后来，外文组的支部书记在办公室一个犄角旮旯处找到了，交还给她。杨先生真是如获至宝。”朱虹说，为了忠实原作，从原文翻译起，年近五旬的杨绛从 1959 年开始学习西班牙语，每日坚持，从不间断。1976 年秋冬，她终于译完全书。次年搬入新居后，她又将全书通校一遍，于 5 月初将译稿送交人民文学出版社。

1978年6月，西班牙国王卡洛斯偕王后访问中国，邓小平把杨绛翻译的《堂吉诃德》作为国礼送给西班牙贵宾。中译本《堂吉诃德》是杨绛作为翻译大师最知名的代表作，也见证了她整整20年的磨难。

北京大学教授赵振江说："杨绛先生翻译的《堂吉诃德》对这本书在中国的传播起了很大的作用，它应该是十几个全译本中发行量最大的。她本身是作家，中文功夫很高，所以她的译本比较受欢迎。至于有人说她的译作中有些错误，任何译本都会有这个问题。毕竟这是一本100万字的书，哪个词没有查可能就会出问题。《堂吉诃德》是西方长篇小说之父，在西方许多作品中都能看到它的影响和影子。杨绛先生说读者可以跳过一些段落，这可以理解，塞万提斯这部小说是西班牙黄金时代的一部作品，当时流行的是巴洛克文学，中国人读起来费劲，就像外国人读《红楼梦》一样，对于一些细节描写也会感到吃力。"

《堂吉诃德》为杨绛带来了极高的社会声誉。西班牙授予她"智慧国王阿方索十世大十字勋章"；她坐在国宴主宾席上的镜头上了电视；她参加了第四届全国妇女大会；她作为中国社科院代表团的成员两次出访；她受邀出席各种与塞万提斯、《堂吉诃德》有关的文化、外交活动……各种政治礼遇纷至沓来，杨绛从从容容地接受了，然后，继续埋头读书写作。

80年代，钱锺书的《围城》又红起来。根据小说改编的电视剧《围城》放映以后，剧组部分同志曾到家里做客，陈道明建议将杨绛1981年出版的长篇小说《洗澡》也改编成电视剧，杨绛没有答应。

哈佛大学中国文学教授王德威认为，《洗澡》是一部中国杰出的作品。它怀着希望和恐惧探讨中国知识分子在新中国第一次政治运动中的感受。杨绛运用她善反讽和妙语的风格，描述遭受挫折的男男女女试图在新的社会秩序下寻找着落的那个时代，即使觉察到政治狂热和人性残酷，也从不失去她的幽默感和同情心。这部18万字的小说被施蛰存誉为“半部《红楼梦》加上半部《儒林外史》”。

不介入政治，没有承担预言和拯救的社会责任，这样的文人在精神上有没有可能高贵？2004年、2005年，法国学者刘梅竹为了研究杨绛和她的作品，和她两次通信，在这两封信里，年逾百岁的杨绛先生，对自我有格外坦白的表述。

刘梅竹在信中求证她从作品中获得的对于杨绛的印象，“我觉得，您不热衷英雄主义，反对狂热的理想主义，但同时却坚信人的力量。不过，这种力量不在于战胜别人，战胜环境，而在于面对各种人，各种环境均能调整自己，使自己适应环境而更好地生活下去，并力所能及为社会服务”。

杨绛答说：“对，但主要不是适应社会要求，是战胜自己，做最应该做的事。逆境是对人的锻炼。”

她确认自己是一个“以儒家思想做人，并且也是以儒家思想处世的人”，“我最爱《论语》，孔子是最富有人性的人”。2005年5月，钱瑗生前的朋友、香港作家陶然去三里河寓所探望杨绛，在书桌上，他看到杨先生翻开在读的就是一本《孔子家语》。

钱锺书一生未收学生门徒，因为他坚信，“宗师之反倒，每缘门徒之礼拜”。这也是杨绛的态度。弟子墨守成规不逾矩，或挟师威欺世盗名，国内都很常见，却是钱锺书和杨绛所不愿见。杨绛先生2002年就说过：“钱锺书绝对不敢以大师自居，他从不侧身大师之列。他不开宗立派，不传授弟子，他绝不号召对他作品进行研究，也不喜欢旁人为他号召。”

但两位先生并非没有惠及后学，只不过是用了另一种他们认同的方式。他们在国内的著作出版自20世纪80年代就基本交由三家：三联书店、人民文学出版社和商务印书馆。钱锺书去世后，2001年，杨绛按照他们事先的商定，将钱锺书和她2001年上半年所获稿酬72万元，还有其后他们所发表作品获得报酬的权利，全都捐与母校清华大学设立“好读书”奖学金，用来资助清寒学子。截止到2015年，仅从三联书店汇给“好读书”的钱杨二人版税就达1290万元。

杨绛探究的是儒家的人性，而并非通常人们所理解的济世。她曾为自己和钱锺书的生活态度辩护，她说，“我不是堂吉诃德”，甘愿身处卑微，潜心一志完成自己能做的事。

2011年，在杨绛百岁生日的时候，中国社会科学院外国文学研究所曾想为她做寿。文学所所长陆建德曾任外文所副所长，因为工作关系，每年都去家中看望杨先生。他说，从前在外文所英美室，有两位先生是民国前后生人，一位是杨绛，生于1911年7月17日；另一位是卞之琳，生于1910年12月8日。2000年，所里想要为两位老人同庆寿诞，杨绛拒绝了，说我不做寿。每年朋友们要来陪她过生日，她也都会在电话里轻声地说，我不做寿，你们自己在家吃碗面吧。

2015年5月27日上午，杨绛的遗体在北京火化。和18年前钱锺书离开后一样，只有少数几个亲友相送，不举行遗体告别，不开追悼会，不留骨灰。他们家中所藏的珍贵文物字画，生前已经全部无偿捐赠中国国家博物馆。其他藏书和手稿等物，也得归其所。

杨绛生前见一位名望很高的学者死后极尽哀荣，曾对身边的人轻轻叹了一句：何必呢。

在她译注的柏拉图的《斐多》中，苏格拉底说："真正的追求哲学，无非是学习死，学习处于死的状态。"在人生的这个终极意义上，杨绛是真正的哲者。

（撰文：曾焱）

齐白石：

“人民艺术家”

一、乡居与远游

他的作品“喜闻乐见”“雅俗共赏”，20世纪六七十年代，他画的虾、小鸡、牡丹被大量复制在暖水瓶、茶杯、脸盆、床单、沙发靠垫上，给一代中国人留下了美好纯真的生活情趣。近10年，他的作品在收藏市场上不断升值，2017年底一组《山水十二条屏》被拍卖出9.315亿元天价，创下中国书画全球第一贵的纪录。他还曾在生前被中央文化部授予“人民艺术家”称号。他，就是齐白石。

一个清末的乡下人是如何成为“齐白石”的？在艺术家陈丹青看来，齐白石是个人天赋与时局共同成就的大家。他经历了中国最动荡的历史时期，从晚清、民国、军阀割据到抗战、内战，出身和时局让他早年贫穷，中晚年动荡。与此同时，齐白石又是幸运的，他是传统乡村结构瓦解前的最后一代人，受益于赏识他的层层乡绅、地主。

实际上齐白石在成为“齐白石”之前，有着长达近50年的乡居生活。

齐白石（郎静山摄）

在晚年自述中，他告诉我们，自己在35岁前，足迹仅限于湘潭市白石镇杏子坞附近百里之内，连县城都没有去过。

事实上，直到1902年，在他40岁之际开始所谓“五出五归”的远游之前，齐白石去过最远的地方不过百里外的湘潭。在清末民初那个剧烈变革的时代，齐白石由农民成为雕花木匠再成为画师，一直追求着他“白头一饱自经营”的农民理想。不难想见，那里的乡土、人情、文化是如何深刻塑造了后来那个广为人知的齐白石。

1864年出生的齐白石家境贫寒，跟祖父认识300多个字后，8岁那年又跟外祖父读了不到一年的私塾，便再无力读书，留在家中砍柴挑水，帮忙做事。由于自幼体弱，为谋生计，15岁时，父亲让他跟着一个本家学木匠。一年之后，他又拜闻名乡里的雕花木匠周之美为师，此后十来年便跟着师傅走乡串户，成为乡人口中的“芝木匠”。有一次，齐白石在一个主顾家无意中发现了一部乾隆年间翻刻的《芥子园画谱》，自幼喜欢画画的他便用早年勾影雷公像的方法，花半年时间将其勾影临摹完成。这本画谱帮齐白石掌握了人物花草的正确比例，也让他在木雕花样上能够推陈出新。

除了谋生，游走乡间的木匠生活很大程度上扩大了齐白石的交游圈子。他 27 岁那年，在赖家垄一个主顾家做雕花活时，结识了日后对他影响巨大的一位老师：胡沁园。韶唐胡家是当地有名的士绅之家，这位人称“寿三爷”的胡沁园，提倡风雅，喜好交游，当他听闻乡里有位擅画的木匠，便对齐白石产生了兴趣。当时，齐白石已拜当地画人物像有名的画师萧芗陔、文少可为师，白天干完活，晚上常在松油柴火下苦练绘画。胡沁园对齐白石极为赏识，不但亲自教他工笔花鸟草虫，还请坐馆家中的陈少蕃教他诗文。

胡沁园完全按照传统文人的标准培养齐白石，诗、文，包括名号也进行重新包装。齐白石回忆：“我拜师之后，就在胡家住下。两位老师商量了一下，给我取了一个名字，单名叫作‘璜’，又取了一个号，叫作‘濒生’，因为我住家与白石铺相近，又取了个别号，叫作‘白石山人’，预备题画所用。”齐白石自此接触到以胡沁园为中心的当地士绅文化圈。寿三爷去世后，齐白石将他生前特别欣赏的 24 幅画重新画了一遍，拿到这位伯乐灵前烧了，以寄哀思。

回头来看，齐白石青年时代的求学交游有偶然成分，却也有时代气候的某种必然。如学者郎绍君所言，湘潭自明代以来，便是湘南水运交通枢纽和商业中心，而自宋代胡安国以下，湖湘学派绵延不绝，自曾国藩出，湖南士子文人从政者、从军者、倡言改革者、革命者以及赴海外留学者之众在全国赫赫有名，而湘潭则又领先于湖湘一带。

在传统士绅社会土壤未遭破坏之前，齐白石以自己的聪颖刻苦，加上幸运，成为那个时代的奇迹，是乡绅体系受益者最后一代。地主、乡绅爱诗画，当时各省各乡都有，他们都喜欢齐白石，集体教养了他。

此外在这个传统结构中，诗书画还用作交际酬酢，一来二去，这位木匠结识了地方的、省城的、京都的重要文人，同时进入市场。

1899年，37岁的齐白石在诗友张仲飏的介绍下，拜入湘潭大儒王闿运门下，真正将他推向更高的平台。彼时主掌船山书院的王闿运处于人生威望的高峰。1891年，王闿运接手船山书院，任职长达25年直至去世，这位晚清最重要的书院山长，经历了他一生中持续时间最长的一段书院主讲生活。经过数年苦心经营，齐白石上门拜见时，船山书院已达鼎盛。在王闿运年谱中，那年的书院“诸生从学者众，斋舍不能容”，以至于不得不加盖学舍，“学在船山”的声名远扬四方。

王闿运的声望不仅来自在船山书院的经营，更与此前传奇的人生经历有关。他和同时代绝大多数读书人一样由科举起步，中得举人，但并未走仕途而是选择了为权臣做幕僚的道路。26岁时，进京参加会试的王闿运结识清宗室权臣肃顺，颇受赏识，成为所谓“肃门五君子”之一。据传，曾国藩作为汉人而得到清廷重用，正是王闿运向肃顺推荐，肃顺进而向咸丰帝保举的结果。只是对于此事细节，学界多有争论，尚不能确证。但王闿运成功化解左宗棠被弹劾案则较为确凿。左宗棠初露头角后为满族大臣嫉妒，一度被押赴听审，斡旋过程中王闿运出力尤多，《清史稿》记载：“左宗棠之狱，闿运实解之。”虽非朝廷正式官员，但王闿运与曾国藩、左宗棠、李鸿章等左右清朝政局的人物都建立了密切的联系。

可惜，有心实施纵横术救世的王闿运却时运不济。1861年，咸丰帝去世，其临终前托付的肃顺等辅政八大臣在与慈禧一派的斗争中败下阵来，肃顺于当年被慈禧下令斩于菜市口，史称“辛酉政变”。自然，作为“肃党”的王闿运受到波及，虽然得到宽大处理未被惩处，但政治上从此不再得志。壮志未酬的王闿运希望以另一种方式影响时局，于是主掌书院、广招门徒，后半生的主要精力均用于学术和教育，终于在船山书院时期卓见成效。因为对经、史的精深研究，王闿运被人尊为“儒宗”，号称三千弟子遍布政学之界。

晚清名士王闿运

王闿运的气质可以用“江湖气”来概括，这或许来源于湖湘文化，也是他会收齐白石为徒的根本原因。他本人的经历复杂，喜欢三教九流的人都聚拢在他身边，显示出自己的包容性，所以才有“王门三匠”。所谓“王门三匠”，指的是王闿运门下三个出身于工匠而非传统读书人的学生，齐白石作为木匠算其一，另两人是铜匠曾招吉、铁匠张仲飏。王闿运也有意将他们三人凑在一起。

虽然齐白石并未在书院中系统学习王派的经学学问，但师生关系确立之后，二人在数年内有一段颇为频繁的接触，时常谈艺论道。湖湘文化的江湖之中，王闿运是众人的领袖，齐白石通过这层师生关系得以进入其中，遇到了一位又一位或是提携自己或是在艺术上交流切磋的“贵人”。

35 岁那年，齐白石第一次到湘潭给人画像时，认识了晚清名将郭孙林之子郭葆生，还有王闿运的高徒夏寿田，他日后的数次远游与这两人密不可分。

1902 年，齐白石 40 岁。那时的他往来于湘潭周边，画画篆刻，与友人诗书流连，生活自足而惬意，想法亦十分单纯："得到一点润笔的钱，就拿回家去，奉养老亲，抚育妻子。我不希望发什么财，只图糊住了一家老小的嘴，于愿已足，并不作远游之想。"然而那年秋天，他的好友夏寿田从翰林改官陕西，从西安来信，让齐白石去教他的如夫人姚无双学画，还特意将束脩和旅费提前汇寄给他。但很有可能，真正打动齐白石远游的，并非那份收入不菲的教职，而是同在西安的另一位好友郭葆生的长信。在信中，郭葆生写道："无论作诗作文，或作画刻印，均须于游历中求进境。作画尤应多游历，实地观察，方能得其中之真谛。"就这样，在两人的连番督促下，齐白石作别家人，于 10 月初动身北上，开始了他人生中的首次远游。

这次远游，大大开阔了齐白石的眼界，面对真山真水，他对前人的作品领悟得更深："每逢见到奇妙景物，我就画上一幅。到此境界，才明白前人的画谱，造意布局和山的皴法，都不是没有根据的。"随后从 1904 年至 1909 年，齐白石 4 次外出远游，加上第一次，史称"五出五归"。1909 年 9 月回到家中，47 岁的齐白石静心乡居，一面苦读古文诗词，一面将历次出游的山水稿重画一遍，编成总计 52 幅的《借山图卷》，又花 3 个多月时间为朋友胡廉石画制《石门二十四景图》，上述作品都成为齐白石中年山水画作的代表。

对这一时期齐白石画风的转变，从小便跟在他身后玩耍的语言文字学家黎锦熙总结说，辛丑以前，白石的画以工笔为主，草虫早就传神。他在家一直养草虫——纺织娘、蚱蜢、蝗虫之类，还有其他生物，他时常注意其特点，做直接写生的练习，历时既久，自然传神，所以他的画并不是专得力于摹古。到 1902 年，他 40 岁，作远游，渐变作风，才走上吴昌硕开创的大写意花卉翎毛一派。民国初，学八大山人。直到定居北平以后，才独创红花墨叶的两色花卉，与浓淡几笔的蟹和虾。

早在 1906 年，"三出三归"之后，齐白石便在距星斗塘 20 里左右的茹家冲买了一所老房子和 20 亩水田。在齐白石的自述中，茹家冲四周景色绝佳，西北的老溪两岸古松苍然，东南的枫树坳中有几百年来遗留的百来棵大枫树，房屋前后翠竹掩映。齐白石将旧屋买下后，翻盖一新，取名"寄萍堂"。这是齐白石第一次置办家业。1909 年 9 月，齐白石最后一次远游归来，在这里度过了长达 8 年的最为适意安稳的一段乡居生活。

"我自五出五归以后，希望终老家乡，不再作远游之想。住的茹家冲新宅，经我连年布置，略有可观。我奔波了半辈子，总算有了一个比较安逸的容身之所了。"在这所他寄予厚望的新宅里，齐白石将各地精选来的花木品种，先后移栽在门前屋后，共植有梅、梨、桃、李、枇杷、石榴、葡萄、柑橘等约 300 株，此外还有从梅公祠移栽而来的芙蓉。这些果木花草，也为齐白石作画提供了常见素材。

在将近 10 年的乡居生活中，齐白石每日读书作画，常与二三知交往来，过着一种乡村文人的自足生活。然而，就在这段时间，外面的世界发生着剧烈的变化。艺术史学者郎绍君曾对此感慨："在这 10 年里，中国发生了很多大事，如秋瑾的起义与就义、广州黄花岗的战斗、帝制的崩溃与民国的诞生、宋教仁的被刺和袁世凯的称帝，等等。他的师友、熟人如王湘绮、夏寿田、郭葆生、杨度、罗醒吾、谭祖安、蔡锷、黎雨民等，或革命或保皇或弄权，都卷入了整个中国变革的大潮，他却在潮涌之外，过着写诗作画、种菜浇果、自足自乐的清平日子。可以说，远游扩展了他的眼界和胸怀，却没有改变他‘白头一饱自经营’的农民理想。”

画画，对他来说，似乎和农民种庄稼并无太大区别。他足够勤奋执着，从20岁临摹《芥子园画谱》开始，直到终老，只有三次短暂搁笔，一次是母亲病逝，两次是患重病。正如他在诗中描述：“铁栅三间屋，笔如农器忙。”齐白石始终把自己看作一个日出而作，日落而息，以笔作“农器”的老农。

然而，时代却不可能不与他发生关系。1917年，南北军阀连年交战，附近土匪乘机蜂起，官匪相逼之下，被乡人传闻很有钱的齐白石，不得不避居北京。在北京，他正好赶上“张勋复辟”，过了半年多仓皇躲避的生活，又于当年冬天返回老家。1919年，齐白石再次来到北京，次年春天携三子齐良琨和长孙齐移孙到北京定居，自此决意不再返乡。

1945年，83岁的齐白石在日记中记梦一则：“三十四年阳历三月十一日，阴历正月二十七日，予天明复睡，梦立于余霞峰借山馆之晒坪边，见对门小路上有抬殡欲向借山馆后走之意。殡后抬一未上盖之空棺，竟走殡之前，向我家走去。余梦中思之，此我之棺，行何太急？予必难活长久。忧之而醒。”随后他自挽一联：“有天下画名，何若忠臣孝子；无人间恶相，不怕马面牛头。”

二、衰年变法

1919年可以说是齐白石一生中最艰难的一年。57岁的他为了躲避战乱离开湖南老家湘潭，定居北京，借住在法源寺。一天，齐白石正在和门人张伯任闲聊，忽然看到地砖上有个石浆印子，白白的，很像一只小鸟，于是他立马随手拿来一张纸，趴在地上将这只“小鸟”勾画下来，在翅膀上写下“真有天然之趣”。

那时的齐白石是清末的乡下人，还没有成为艺术家“齐白石”。他此后将经历民国、军阀割据、抗战、内战，直至新中国成立，出身和时局让他早年贫穷，中晚年动荡。

齐白石从16岁开始学习雕花木工，临摹残本《芥子园画谱》，学习花鸟、人物画，27岁拜乡绅胡沁园为师，学习工笔花鸟虫草，37岁拜王闿运为师学习诗文，40岁后外出游历“五出五归”，结识樊樊山、郭葆生，尽观徐渭、八大山人、金农等古代画家的书画，借来了赵之谦的印谱模仿勾画，眼界大开，但在北京最开始的两年里，齐白石的画家生涯并不好。在《白石老人自述》中他说：“我的润格，一个扇面定价银币两元，比平时一般画家的价码便宜一半，尚且很少有人问津，生涯落寞得很。”

意料之外的是，最先帮助齐白石获得转机的不是绘画，而是篆刻。1917年陈师曾在琉璃厂南纸铺看到了齐白石的篆刻，非常推崇。在朱德裳的引荐下，陈师曾亲自到西砖胡同法源寺寻访齐白石。齐白石拿出得意之作《借山图》请教他，陈师曾题诗：“画吾自画自合古，何必低首求同群。”之后两个人经常谈诗论世，成为“君无我不进，我无君则退”的莫逆之交。

作为出身名门的晚清名士，陈师曾诗文书画修养全面，他的父亲是诗人陈三立，弟弟是学者陈寅恪，他自己则对中国绘画史论有研究。陈师曾于1921年发表了《文人画的价值》和《中国画是进步的》两篇文章，认为艺术的本质和目的是要表现人的丰富情感活动和主观精神情趣，作画不要只求形式，而是要突出神似与气韵。在陈师曾的建议下，齐白石开始了著名的“衰年变法”，自创了“红花墨叶”的画荷法，就是用饱满的洋红直接泼写荷花，衬以浓墨

同为王门弟子的陈师曾（FOTOE 供图）

叶和用焦墨写就的荷梗。吴昌硕最早采用了这种方法，他的弟子陈师曾也有发展。

在变法的同时，齐白石开始用心经营。1918年，在他困顿潦倒之际，著名报人胡鄂公在琉璃厂买下他的六幅屏条，由此两人便成了朋友。1920年，齐白石托胡鄂公到上海请吴昌硕给自己定润格。润格就是挂在纸店的作品报酬标准，前辈为后辈定润格，有权威认证的意思，也会促使作品卖得更好。

吴昌硕比齐白石大20岁，当时是西泠印社社长、上海书画学会会长，是画坛领袖。齐白石为此还写了一首诗："青藤雪个远凡胎，缶老衰年别有才。我欲九泉牛马走，三家门下转轮来。"吴昌硕别号是老缶、缶道人，齐白石不仅将吴昌硕与徐渭、八大山人并称，并且表示愿意作为三家门下的走狗。谦卑如此，吴昌硕果然为齐白石定了润格，并在润格中赞道："其书画墨韵孤秀磊落，兼善篆刻，得秦汉遗意。"

齐白石的"衰年变法"很快有了效果。1922年，受陈师曾的邀请，齐白石的作品参加了在日本东京府厅商工奖励馆举办的"中日联合绘画展览会"。参加展览的都是当时国内著名画家，如吴昌硕、陈师曾、陈半丁、王梦白、王一亭等，展品有400多件。

在《白石老人自述》这本书中，齐白石写了展览的结果，他说："陈师曾从日本回来，带去的画，统统都卖了出去，而且卖价特别丰厚。我的画每幅就卖了一百元银币，山水画更贵，二尺长的纸，卖到二百五十元银币。这样的善价，在国内是想也不敢想的。还说法国人在东京，选了师曾和我两人的画，加入巴黎艺术展览会。日本又想把我们两人的作品和生活状况，拍摄电影，在东京艺术院放映。这都是意想不到的事。"

“为什么齐白石会在日本先被认可？”北京画院副院长吴洪亮曾分析说，“原因在于那时日本的美术观念正处在与西方绘画相互影响的交叉点上，并且已经开始了所谓现代主义的发展，而齐白石的主观性绘画、构图思维和色彩逻辑，恰好与这一认知系统是一致的”。

实际上这次展览是围绕当时中国画坛的绝对领袖吴昌硕举办的。齐白石是在陈师曾的邀请下，才画了几幅送展，这名编外人员却把画“都卖了出去，而且卖价特别丰厚”，然而吴昌硕连同弟子的画却没有多大动静，以至于吴昌硕本人对这次展览后来都没有提及。不仅如此，吴昌硕因为这件事说“北方有人学我皮毛，竟成大名”，这句话传到了齐白石的耳朵里，1924年齐白石刻了一方名为“老夫也在皮毛类”的印章，边款是“老夫也在皮毛类乃大涤子句也，余假之制印”。齐白石借大涤子石涛的话来回应吴昌硕，并且从此对吴昌硕改尊称“吴缶老”“缶老”为平称“老吴”“吴昌硕”。

此后在齐白石自己留下的文字中，也很少说到吴昌硕的画，他将变法功劳全都归功于陈师曾。齐白石说：“陈师曾对于我的画，指正的地方很不少，我都听从他的话，逐步改变了。”反而是齐白石的老友胡佩衡，在他1959年与儿子同著的《齐白石画法与欣赏》中，反复叙述了齐白石如何学习吴昌硕，如何吸取吴昌硕的技法又进一步创造。胡佩衡于20年代在北京与齐白石相识，后来在民国时期两大重要美术刊物《绘画杂志》和《湖社月刊》任主编，在这期间他不遗余力地推介齐白石，两人的友谊长达40年。

胡佩衡曾回忆说，齐白石一直崇拜吴昌硕，只要见到吴昌硕的精品就要买下来或者借来学习。启功也曾回忆齐白石的晚年说，齐白石最佩服吴昌硕，有一次，齐白石跨车胡同住宅内的墙上用圆图钉钉了一张吴昌硕画的紫藤花，住宅外是一个小院，院中有一架紫藤，那时正在开花。齐白石指着墙上的画说："你看，哪里是他画的像葡萄藤，分明是葡萄藤像它啊！"不管葡萄藤与画谁更像谁，可以看到的是齐白石对吴昌硕非常推崇。

1923年，陈师曾病逝，年仅47岁。1927年吴昌硕病逝，享年84岁，那一年齐白石65岁，"衰年变法"基本完成。齐白石后来回忆说："经过日本展览以后，外国人来北京买我画的人很多。琉璃厂的古董鬼，就纷纷求我的画，预备去做投机生意。一般附庸风雅的人，也都来请我画了。从此以后，我卖画生涯，一天比一天兴盛起来。这都是师曾提拔我的一番厚意，我是永远忘不了他的。"从这以后，齐白石真正以职业画家的身份在北京立足。学者郎绍君曾评价说："没有前面的艺术生涯，不可能产生'衰年变法'，没有'衰年变法'，不会有齐白石的大器晚成。变法动机与目标的确立，与陈师曾的点拨分不开，但整个北京的文化环境对齐白石的变革有更根本的意义。"

自从在日本名声大噪之后，齐白石的市场行情越来越热。他之后开列的润例，也开始提出很多要求。他说："余不求人介绍，有必欲介绍者，勿望酬谢。用棉料之纸、半生宣纸、他纸板厚不画。山水、人物、工细草虫、写意虫鸟皆不画。指名图绘，久已拒绝。"北京低廉的消费水平与丰盈的作画收入，保证了成名后的齐白石日常生活的优渥和处世态度的自如。

但是得到市场声誉并不代表得到艺界的一致认可。当时的京沪圈子仍然有人看不起齐白石，这有点像今天的美术圈出了个不容忽视的家伙，很厉害，层级很高，但居然没学历。在齐白石未成名前，官气十足的京派画坛主要是瞧不起齐白石的出身低微和无科举经历，认为齐白石的画缺乏“书卷气”。齐白石出名以后，主要攻击他的作品是“匠画”“无所本”。当时中国画学研究会的会长周肇祥便对学生说：“千万不要学齐先生，他的画是骗人的。”

性格倔强的齐白石对这类攻击做出了多种形式的回应。比如他画“人骂我，我亦骂人”，印文“行高于人，众必非之”“流俗之所轻也”，题跋“人誉之，一笑，人骂之，一笑”，甚至把对方攻击自己的事，在画上写了很长的题跋。题跋上齐白石公开说，朋友方叔章告诉他，在北京的画家嫉妒他，有的画家的言辞甚至有贬损他的意思，开始齐白石还不相信，见到这些画家，他们当面说齐白石的画很荒唐，齐白石才相信，然而这对齐白石没有什么伤害，因为他认为百年之后自会有公论。

实际上从齐白石的创作经历，不难发现他自小酷爱书画，但是家境贫困，几代都是农民，从来没有科举考试的念头，他一辈子苦学文人画模式，但正因为是乡下人，为传统文人画带进大量没有画过的素材，比如蝌蚪、老鼠、鸡鸭、螃蟹、瓜果、蚕宝宝、粪耙、箩筐、油灯、稻米，等等。这些都是乡村孩童的世界，和传统文人画家赏花折枝的情趣非常不同。

文人画崇尚摹古、拟古、仿古，处处讲依据。齐白石绝对尊古法，少年时就临摹了全本《芥子园画谱》，循规蹈矩，与此同时，他绘画时又带进了老鼠和油灯，这是他的天性。齐白石把不入画的素材转化为美，丰富了此前的美学，这可不是做做加法那么简单。创新是现在的词语，齐白石这么做，是出于天真和本能。民间擅长画画的人不少，也可以画这些，也有生趣，但不能成为齐白石。

民初的北平住满外国人。电报、电话、电影院、歌舞厅，这些早就有了。张大千画旗袍女人，陈师曾率先画车夫、乞丐、教书匠之类，他们都主动进入现代素材。但齐白石不画任何新事物。他一直是一个"古人"，从不和时代周旋。他在杏林和蝌蚪之间嬉戏，非常自然，没有任何纠结。

当代著名漫画家黄苗子曾说，当时北平画界有两个集团，它们是"中国画学研究会"和"湖社"，人们总得依靠一个"画会"才能成名立身，否则在北平这个"文化城"站不住。但是坚持"一切画会无能加入"的齐白石，将交游的重心转向了文化名士界。

1924 年梅兰芳正式向齐白石拜师学习画工虫。其实早在 1920 年 9 月，齐白石就经好友齐如山引荐到前门外北芦草园拜访了梅兰芳。齐如山是戏曲评论家，与梅兰芳合作非常融洽，他成了两个人交往的媒介。当时梅兰芳在他的书斋"缀玉轩"办了一场小型的雅集，除了齐白石和齐如山，还有画家汪霭士、诗人李释堪。梅兰芳为齐白石理纸磨墨请他画草虫，然后梅兰芳又即兴清唱了一段《贵妃醉酒》。第二天齐白石回赠一首诗说："飞尘十丈暗燕京，缀玉轩中气独清。难得善才看作画，殷勤磨就墨三升。"

这次雅集对齐白石来说最大的收获是在梅兰芳家见到了讲究的布置，尤其是园中栽植的花木更令齐白石流连忘返，园子里仅牵牛花就有 100 多种，有的花朵竟然有碗口般大小，这让齐白石眼界大开，从此他萌发了画大牵牛花的兴致。此后，梅兰芳经常邀请齐白石去家里做客，他们或聊天，或指点画艺，每次都由齐如山陪同。来梅兰芳家的人除了齐白石之外，还有其他朋友。梅兰芳在他的回忆录《舞台生活四十年》里这样写道："这里面要数齐先生的年纪最大。每逢牵牛花盛开，他总要来欣赏几回的。"因为梅兰芳交游广泛，家里常有宴会，那时的宴会更多是在晚上，但齐白石要早睡，所以就不能经常陪同。

那段时期齐白石与梅兰芳有很多往来，有一件事情在《白石老人自述》这本书中记得最清楚，那就是齐白石应邀到一个官宦之家参加一次聚会，此时齐白石的名气还不大，加上穿着朴素，没有熟人招呼，他被冷落在一旁。这时梅兰芳到了，见到齐白石，就径直上前恭敬问候。事后齐白石对此非常感激，特意画了一幅画送给梅兰芳，题目是《雪中送炭图》，画中齐白石题诗致谢说："记得前朝享太平，布衣尊贵动公卿。如今沦落长安市，幸有梅郎呼姓名。"由此可以知道齐白石既憎恨北平势利场上的世态炎凉，也珍惜梅兰芳的真诚。在认识梅兰芳的同一年，齐白石还认识了林纾、徐悲鸿、贺履之、朱悟园等人，其中徐悲鸿与齐白石最投机。齐白石很幸运，前半生受惠于千年地主文化的最末一点余脉，后半生又得助于这些中国文化转型的头牌精英。

齐白石与徐悲鸿（右一）、吴作人（右二）、李桦（左一）合影

三、草间偷活

1926年，齐白石花了2000银圆，买下北京跨车胡同15号院。在北京居住7年，换过6次住所的他，总算有了一个自己的家。直到1957年齐白石去世，30年里的大部分时间，他都住在这里。

在齐白石最小一个儿子齐良末的印象里，齐白石是个特别自律、规矩的老头。他个子很高，但一生没有驼背。他穿的长衫，袖口翻起来，里面的内衬一定是雪白的。他饭量很小，喜欢清淡口味。他画案上的东西很多，但每一样都整理得整整齐齐。

晚年齐白石每天的生活就是画画、刻印，早饭之后便准备纸笔开始作画。他行笔极慢，每画一张画就像盖一幢建筑。他的画纸可能是求画者送来的，所以齐白石需要先用很长时间看纸本身，然后下笔将画面主体画完，再将这张画挂在北屋北墙的一根铁丝上。这时他会坐在那条用湖南竹子做的躺椅上，一边捏手一边看，一边考虑如何进一步做颜色和结构上的处理。有时他也会在躺椅上眯一会儿，醒来之后从墙上将画取下来继续画，然后挂起来再看，再画。

1927 年，晚年的齐白石迎来了另一个机会。从巴黎归国的画家林风眠执掌了国立北京艺术专门学校，慕名拜访齐白石，请他担任国立艺专教习。当时学校设在西京畿道的西边，是一所玻璃房顶的洋学堂。距离跨车胡同很近。齐白石说："我自问是个乡巴佬出身，到洋学堂去当教习，一定不容易搞好的。起初，不敢答允，林校长和许多朋友，再三劝驾，无可奈何，只好答允去了，心里总多少有些别扭。"在郑重所著的《林风眠传》中也有记载说，林风眠在课堂上为齐白石准备了藤椅，下课后又亲自送他到校门口。第二年，林风眠辞职南下，徐悲鸿接任北平大学艺术学院院长，但仅待了 3 个月也辞职南下了。

根据学者张涛的考察，齐白石刚加入北平艺专时经济上已经有了保障，所以"撩拨他内心深处是否愿意接受教职的天平尺度，可以说完全由校方的诚意深浅所决定"。也正因为齐白石从徐悲鸿那里得到了足够的欣赏和尊重，在徐悲鸿南下后，齐白石画了一幅《寻旧图》表达对徐悲鸿的思念之情，画中写道："一朝不见令人思，重聚陶然未有期。深信人间神鬼力，白皮松外暗风吹。"在《答徐悲鸿并题画寄江南》这首诗中，齐白石说："我法何辞万口骂，江南倾胆独徐君"，从诗里可以知道齐白石已经把徐悲鸿视为知己。此后两人书信往返不断，徐悲鸿几次在信中执意请求齐白石接受续聘，继续在国立北平艺专授课，齐白石也听了他的建议，1933 年再被聘为中国画系教授直至 1937 年七七事变前夕。

以农民木匠画家身份在国立艺专任教，齐白石对此颇为得意，他说："木匠当上了大学教授，跟十九年以前，铁匠张仲飏当上了湖南高等学堂的教务长，总算都是我们手艺人出身的一种佳话了。"这段教职经历后来还给齐白石带来了难以想象的广泛认可。

当时任职于同一学校的同事，捷克斯洛伐克画家、收藏家齐蒂尔回国后，将齐白石在内的中国艺术带去欧洲各国办展，此外徐悲鸿以中国政府名义在欧洲举办的展览中也有不少齐白石的作品，两人都将齐白石视作中国北方最具有革新思想的艺术家，这也使得齐白石在欧洲的声望有所增长。

尽管齐蒂尔是以西方现代运动的方式，去认识当时在北京画坛还有些寂寞的齐白石，但他向欧洲观众展示的齐白石却已经是中国现代艺术的领袖。这或许可以帮助我们了解为何当张大千拜望毕加索时，毕加索画室中有他临习的齐白石的画。张大千曾回忆道："毕加索的大画室遍地都是东西，好乱……我一坐下他就捧出了五大本他的作品，他说他也学中国画，请我看看他的习作，要我老老实实不客气地给他意见。一本总有二三十张吧，他画的多是花卉虫鸟，我一看就知他学的是齐白石，他虽然有笔力，但外国人画我们中国画，办不到所谓'墨分五色'层次互见，他下笔后的墨色浓淡难分。"为了让毕加索画好中国画，张大千还送给毕加索好几支日本精制的中国毛笔。多年后，毕加索甚至送了一幅齐白石风格的《草上刀螂》给张大千开中国餐馆的义妹费尔曼，那幅画"完完全全是齐白石的路子"。

张大千对齐白石的艺术也相当肯定。他曾对书法家王壮为比较齐白石与吴昌硕，张大千说："吴昌硕与齐白石两家的画，若一定要比较问谁的更好，则我回答是齐的更好。"他的这种好感可能来源于齐白石的一次指教。有一次，张大千作画时，画的蝉头向下附在柳条上，齐白石把张大千悄悄拉一边说，蝉在树上，头都是朝上的。张大千后来在青城山观察，每只蝉的确都是头朝上的，他对齐白石观察世界之深非常佩服。

不仅如此，一些跻身于文化界又有雅好的政要也开始与齐白石建立起友谊。“民国四公子”之一的袁世凯之子袁克文就与齐白石有书画来往。远在南方的徐悲鸿，一边为齐白石编选画册并作序，一边代齐白石向国民党元老、书法家于右任求诗题字，后来于右任与齐白石书画交游更多，他为齐白石的画集诗文提名，还不厌其烦地为齐白石题写了五六幅墓碑铭文，即使有败字也没有弃用，而是请齐白石自己选用，可见两个人的交情非常深。

正是与这些名人的交游，齐白石的艺术与画名被推到了新的高度。但他始终保持着平民的骄傲。齐白石刻了一大堆印章，有“鲁班门下”“木人”“寻常百姓家”“星塘白屋不出公卿”“吾草木众人也”等，他都堂而皇之地盖在画上，以表明自己的平民身份。

在那几年中，他卖画教书，刻印写字，收入很可观。1932 年，齐白石想起自己已经快 70 岁，风烛残年，没有多少日子可活，加上他当时最得意的弟子瑞光和尚圆寂，不想再孜孜不倦地为衣食劳累，便画了一幅《息肩图》，他题诗说：“眼看朋侪归去拳，那曾把去一文钱，先生自笑年七十，挑尽铜山应息肩。”齐白石画这幅画时，本想从此休息，不再笔墨劳累，却事与愿违，因为慕名请他画画的人越来越多，他只得靠双手，照常工作，还刻了几方印，有“老为儿曹作马牛”“苦手”“有衣饭之苦人”，自我解嘲。

当时，假冒他的姓名造假画的人越来越多，许多人因此不敢收藏他的画，也常有买画的人请他鉴别真假，有的还请他加写题记，他有点不胜其烦，给别人的一本册页写题记说：“予之画，从借山馆铁栅门所去者无伪作。世人无眼界，认为伪作，何也？”朋友中也有人叫他白画却不给润格，这使他厌烦，他写过一诗说：“去年相见因求画，近日相求又画鱼。致意故人李居士，题诗便是绝交书。”他向来不愿意与其他人多做周旋。

他与北平名士的广泛交游随着日本侵华战争的开始而中断。随着战事不断发展，北平的日本人越来越多。此时齐白石的画在日本已经很有权威，因此慕名求见他的人很多。他们有的设宴相邀，有的赠送礼物，目的无非是想和齐白石拉上交情，随时要他作画刻印。

齐白石刻过一方“老岂作锣下猕猴”的印章，他想了个看起来不拒绝实际上拒绝的办法：不分昼夜，把大门紧紧地关着，门上还加了一把大锁。如果有人拜访他，在门口拍他的门环，先由女仆问清楚来人的姓名，在门缝中看清是谁，如果齐白石不愿见这个人，就由女仆回复“主人不在家”。那时，齐白石家既没有卫生设备，又没安装自来水，每天上门送水和淘厕所的人来，也须经过他亲自开锁才能进去。齐白石锁门拒客，引起很多人不满，有人说他性情乖僻，不近人情，却不知这其实是他的深谋远虑。

1937 年 9 月，陈师曾的父亲陈三立去世，齐白石去灵前行礼，这是他自北平沦陷后第一次出门。到了 1939 年，他干脆在大门上贴上告示说“白石老人心病复作，停止见客”。然而战争时期物价上涨，为了维持家庭，他又不得不在“停止见客”旁边补写一句“若关作画刻印，请由南纸店接办”。之后又补充说“画不卖与官家，窃恐不祥”。1943年，他最终在门上贴上“停止卖画”4个大字。

战争带来的另一个影响是，齐白石开始用心为自己的画、诗和印筹划编辑出版，但齐白石的立传愿望直到抗日战争胜利后才实现。第一位为齐白石撰写年谱的人是胡适。胡适在《齐白石年谱》的序言中说：“民国三十五年秋，齐白石先生对我表示，要我试写他的传记。有一天他亲自到我家来，把一包传记材料交给我看。我很感激他老人家这一番付托的意思，当时就答应了写传记的事。”此时胡适被任命为北京大学校长，刚刚结束在美国的研究和讲学回到中国。事务缠身的胡适又找来好友黎锦熙一同整理，最终完成《齐白石年谱》。

胡适说他“很喜欢白石老人自己的文章……都是很朴素真实的传记文字，朴实的真美最有力量，最能感动人。他叙述他童年生活的文字也有同样感人的力量。齐白石没有受过中国文人学做文章的训练，他没做过八股文，也没有做过古文骈文，所以他的散文记事，用的字、造的句，往往是旧式古文骈文的作者不敢做或不能做的”。

这或许就是这位新文化运动的领袖如此欣赏齐白石，甚至还亲自为这位“乡下老农”作《齐白石年谱》的原因。其实，如果把胡适这段描述齐白石文字特点的话改成齐白石的绘画语言，用来概括陈师曾、林风眠、徐悲鸿等对齐白石绘画的称赞，也是适用的。

当年先后聘请齐白石担任艺专教授的林风眠和徐悲鸿，后来在中国掀起了新美术教育的浪潮，从1929年的第一届全国美术展览会到1937年的第二届全国美术展览会，以及“二徐之争”对中国画未来的讨论，齐白石全都缺席了。他始终处于大潮之外，难以加入自觉的知识分子之列。他不参加画派，也不发表言论，除了有“妙在似与不似之间”这样的变法心得，很少对中国画学表达态度。

中国艺术随着抗日战争转向写实主义，“受到革命的民族主义激发的艺术”被视为佳作，这使得徐悲鸿推行的写实主义最终成为主流。徐悲鸿看重齐白石的就是后者对传统绘画的大胆变革和画中真趣。1946年徐悲鸿北上，重组北平艺专，第二年2月再次聘请齐白石为名誉教授，1949年后齐白石成为中央美术学院名誉教授。徐悲鸿主导下的国立北平艺专成为新中国成立后美术的主要力量。李可染、吴冠中、李苦禅、张仃、董希文、叶浅予、滑田友、王朝闻等一批教员心中只有两个偶像，一个是他们的领导徐悲鸿，另一个便是齐白石。

1949年之后，经历了短暂的受冷落阶段，齐白石直接上书毛泽东，开头便写道：“某自七岁牧牛，十几岁为木工，卅岁学作画刊印，六十岁后因乡关有兵事，避乱来北京，以卖画刊印作活计。今已九十岁，还在人间，且欲以口服累及吾主席矣。”

齐白石深知自己农家出身的身份，之后还主动提出，将老家的200亩地和房宅捐献出来，真是充满了农民的智慧。此后齐白石不断获得毛泽东、周恩来等国家领导人的接见和关照，工资问题直接获得了解决，最终达到了“文艺标准特级”，成为与徐悲鸿持平的美院工资最高者。之后各种荣誉接踵而至。

1953年他被中央文化部授予“人民艺术家”称号，1955年获得世界和平理事会颁发的国际和平奖，1954年在故宫举办了“齐白石绘画展览会”。这些光环最终让他成为艺坛泰斗。

即便获得了各种荣誉，齐白石在世时的润格依然很低。1945年，许麟庐拜齐白石为师，1951 年在齐白石的提议下，他们在东单东北角西观音寺胡同西口开办了新中国北京第一家书画店——和平画店，这间不到 40 平方米的小店，三块店招牌匾分别出自齐白石、徐悲鸿和陈半丁之手。当时画店经营的书画中 80% 是齐白石的作品。直至晚年卖画齐白石也不漫天要价，而是按照创作材料的成本、劳动时间和难易程度定价。

画店经营了两年后，许麟庐向齐白石提议，将他的润格从 5 元一尺涨到 10 元一尺。当时他的画比陈半丁、萧谦中还便宜，比很多年轻画家的画也便宜。傅抱石一张三尺的画要卖 40 元，齐白石一张三尺的画才卖 15 元。面对涨价的提议，齐白石当时很犹豫，沉默了半天，最后对许麟庐说："麟庐啊，我家里还有一大家子人呢。"言外之意，如果涨钱卖不出去怎么办？幸运的是，最终涨价了，画卖得依然很好，齐白石才放心了。

齐白石与家人在跨车胡同内合影（成人排名左起：齐白石、胡宝珠、家旭）

1953 年是齐白石最高产的一年，那一年他画出 600 多幅作品。晚年齐白石创造力极其旺盛，80 多岁时，每天早起至少要画七八张，90 多岁时，也还是每日画四五张。可以看出，晚年的齐白石在绘画上是上瘾和兴奋的。对他来说，一团正在晕开的墨被他的笔缓缓推送，比时代要紧。在他身上，从没有艺术家的特殊与清高，他始终是谦卑本分的。

“雅与俗”“艺术与商业”“能品与逸品”，这些艺术圈永恒的矛盾，被这位满怀童心又刻苦勤奋的老头儿有意无意中解决了。他始终是个再本分不过的农民，凭本事吃饭，卖画糊口，就像他奶奶说的，字纸要能在“锅里煮”。这个诉求，他一生没变。至于尊师重道，不贪财，不务名，不阿世，不走官路，这是他本性忠诚老实，往高了说，就是谨守旧道德，在那个年代，许许多多明白人就这样过了一生。

（撰文：张星云）

丰子恺：

画的都是生活，讲的却是人生

一、前卫的“子恺漫画”

提到丰子恺，我们都知道他最为人熟知的身份是画家。他的绘画雅俗共赏，幽默风趣，用笔简练又充满意境，有批判，有关怀，还有温情，画的都是生活，讲的却是人生。他的漫画演变的过程，也可以看成一部浓缩的中国近现代漫画史。

丰子恺的漫画是如何形成自己的风格的呢？首先要提到的人物便是日本画家竹久梦二。他们二人虽然没有见过面，但竹久梦二的绘画对年轻的丰子恺产生了巨大影响。

这种影响，几乎渗透形式、内容、情怀各个层面，更重要的是，在 20 岁出头迷失方向的这个年轻人心中，梦二成为一种精神动力，牵引着丰子恺，似乎在告诉他，画画并非没有出路，关键是看你画什么，怎么画。

1919 年夏，丰子恺 21 岁，刚刚从浙江省立第一师范学校毕业，急

丰子恺

切地渴望继续深造。这时，他已经在恩师李叔同的引导下，学习了两年西洋画。李叔同曾在日本东京美术学校留学5年，跟着日本外光派画家黑田清辉学习油画，经常去室外写生，偏爱明快的色调和户外光线。所以，当他自己回国教学时，用的自然也是一套西方美术教育的方法。

从浙一师的第三年起，李叔同开始教丰子恺图画课和音乐课，这也成了日后丰子恺涉猎的主要领域。然而，丰子恺很快就在绘画这件事上产生了自我怀疑，觉得自己画不好素描，办过一次画展也掀不起任何涟漪，无济于事，经济上又让他力不从心，他一方面憧憬着走上职业画家的道路，另一方面又不得不面对现实，怀疑自己到底要不要继续学画。

毕业后，丰子恺有一个机会，可以回老家桐乡石门湾安分地做一个小学老师，但他没这么做，而是与同学吴梦非和刘质平一起，去上海办学。1920年，他们创办了上海专科师范学校，这是继刘海粟创办的上海美术学校之后，上海市第二个专门教授西洋画的艺术学校。同年4月，他又与刘海粟、姜丹书等人共同成立了中国第一个美育团体“中华美育会”，又创办了中国第一本美育学术刊物《美育》月刊。

短短一年中，丰子恺参与创办了一个学校、一个团体、一本刊物，很有作为。看起来丰子恺已经卷入了上海文化旋涡中心，但他又意识到，上海的花花世界好像不适合他。

1921 年末从日本归来时的丰子恺

在 20 世纪 20 年代的留洋热潮中，丰子恺决定借钱赴日留学，他想学一些更新的东西，更前卫的思想。

在日本留学期间，有一天，他在东京神田的二手书店里看到了一本叫作《春之卷》的画集，画家就是竹久梦二。竹久梦二的绘画，是典型的明治晚期和大正时期的艺术风格，充满了哀伤情调的日本式唯美风格，尤其是后期的美人画。

后来丰子恺在《谈日本的漫画》一文中这样诠释梦二的作品："构图是西洋的，画趣是东洋的。形体是西洋的，笔法是东洋的。还有一点更大的特色，是画中诗趣的丰富。以前的漫画家，差不多全以诙谐、滑稽、讽刺、游戏为主题，梦二则摒除此种趣味而专写深沉严肃的人生滋味。使人看了慨念人生，抽发遐想。所以他的画实在不能概称为漫画，真可称为'无声之诗'呢。"

中国艺术研究院研究员、丰子恺研究者张斌说："梦二《春之卷》

中的这类诗配画在日本流行的时间很短，早于丰子恺到日本的时间 10 来年，那是日本杂志和刊物刚刚兴起的时候，梦二常在这些出版物上发表这些小画，也会做一些书籍的装帧设计。而丰子恺比梦二小 14 岁，中国杂志出版的兴起时间晚于日本十几年，也就是说，在与杂志出版的关系上，丰子恺与竹久梦二颇为相似。”

从绘画风格上来说，丰子恺究竟是怎样具体被竹久梦二影响的呢？梦二有一幅毛笔速写《同级生》，收录在《春之卷》中，梦二以毛笔速写，画中一位坐着人力车的贵妇与一位站在路边背着婴儿、蓬头垢面的妇人相见寒暄，两人曾经是同学，多年后再次相见早已时过境迁，梦二画的是贫富差距悬殊的社会怪相和人世悲凉。与之对比的是收录在 1945 年《子恺漫画全集：学生相》中的一幅《小学时代的同学》，西装革履、手拿画框、全身透着现代气息的进步青年，遇上肩挑扁担、粗布褴褛的底层商贩，他们也曾是同学。

丰子恺曾经明确地写道，《同级生》真正打动他的不仅是简单的线条，更是诗趣和画题，这种影响几乎贯穿了他的漫画生涯。

由这两幅小画就能看出，竹久梦二的绘画虽然多数很唯美，但也具有社会批判性。在这一点上，丰子恺也是如此。

除了绘画本身，丰子恺与梦二也有很多其他“巧合”，在杂志刊物上发表漫画而成名是其中之一。梦二是一个多产的画家，但因为很少参加大型画展而被当作“游走在艺术世界边缘的业余画家”，在这一点上，丰子恺也与之相似。

在日本的短暂游学期间，竹久梦二的作品给迷茫中的丰子恺打开了一扇大门，他试着收集所有竹久梦二的画集，但对于一个穷学生来说，这太难了。离开之时，他便委托在东京的酒友、同是爱书之人的黄涵秋，让他帮忙留意。丰子恺回国后，黄涵秋陆续集齐了夏、秋、冬三卷，又与梦二的《京人形》《梦二画手本》一同寄给了回到上海的丰子恺。这些画册一直陪伴着丰子恺度过创作的黄金时期直到中年，后来在颠沛流离中散落遗失了。

遗憾的是，丰子恺一直与竹久梦二是“神交”，他从未见过梦二本人。他在 1936 年写道：“这位老画家现在还在世间，但是沉默。我每遇从日本来的美术关系者，必探问梦二先生的消息，每次听到的总是‘不知’。”

回国后，丰子恺在上海专科师范学校任教，并给《美育》杂志做装帧设计，还给其他杂志画插图，包括朱自清主编的《我们的七月》。丰子恺初获影响力，是通过上海知识分子圈中的口口相传。

朱自清与丰子恺同龄，他注意到丰子恺，是因为对方在浙一师读书时受到了另外一位恩师夏丏尊的推荐。当丰子恺游学日本时，朱自清与夏丏尊成了同事，任教于浙一师。朱自清又将丰子恺介绍给了作家、翻译家郑振铎和诗人、散文家俞平伯。郑振铎并不是一个与当时画家交往密切的人，但他看到了丰子恺在《我们的七月》上发表的第一幅作品《人散后，一钩新月天如水》，非常喜欢。

1925 年开始，丰子恺受郑振铎的邀请，开始为《文学周报》定期供稿。郑振铎希望用丰子恺的漫画和装帧设计去跟其他相近的刊物竞争，当时更流行的一种风格是“鸳鸯蝴蝶派”，风格挺多愁善感的，丰子恺干净、整洁甚至略显简朴的漫画跟这种风格形成了鲜明的对比，也为《文学周报》增添了时代气息。

对于《文学周报》来说，刊物想吸引的读者，是那些讨厌低级趣味、又反感陈旧乏味的严肃文艺的人，也就是那个时代进步的人，这些人也成了丰子恺漫画的第一批簇拥者。

这个时期，丰子恺画了不少黑白木刻式的小插图，以“古诗新画”为主要类型。他画李煜的“无言独上西楼，月如钩”，李清照的“帘卷西风，人比黄花瘦”，秦观的“指冷玉笙寒”，杜牧的“卧看牵牛织女星”，用笔简练也随性，构图精巧，不在画面中加入多余的元素，干干净净很通透。他喜欢用毛笔先随意勾出个小边框，再在其中作画，这多少是受了风俗画前辈陈师曾的影响。

然而，左翼人士可看不惯这种调调，他们常在自己的刊物中撰文批判。尽管后期丰子恺的绘画内容转向生活，也画世态炎凉，但在他的骨子里，有着不可磨灭的抒情格调，这一点成就了他的独特性，也使他成为“一生都不得不面对的意识形态批判的典型”。

无论如何，郑振铎非常喜欢这些插画，他决定将其称为“子恺漫画”。虽然“漫画”一词早有出现，但在中国，从丰子恺开始，这个概念才作为一个新兴词语普及开来。后来，俞平伯在给《子恺漫画》第一集的跋中写道：“所谓漫画，在中国实是一创格，既有中国画风的萧疏淡远，又不失西洋画法的活泼酣恣。”这两句评价确实很精确地概括了丰子恺的画风，而且自20年代起至晚年，丰子恺的风格就相对统一，其间虽有变化，但不出大的框架，无论是绘画语言，还是题材格调，都一早就打上了丰氏烙印。他说自己作漫画，感觉同写随笔一样，不过或用线条，或用文字，表现工具不同而已。他把漫画比作文学中的绝句：“字数少而精，含义深而长。”

1933 年春，依靠着几本畅销书的版税收入和开明书店股份的固定分红，丰子恺有了一定积蓄，决定回到故乡石门湾，修建一处由自己设计的家宅，也就是现在丰子恺故居所在地“缘缘堂”，位于浙江桐乡市石门镇。

他的宅子位于石门最好的一块地方，坐北朝南，打开院门就是河水。今天的石门镇上，仍多是白墙黑瓦，现代的建筑痕迹很少，还可以依稀感受到从前的宁静与安详。

丰子恺当年也是看重故乡的安宁，选择离开纷闹的上海。再加上童年恣意玩乐的生活是他最美好的一段记忆。成年之后，他总感伤于失去了年少时的天真、简单和勇气，儿女的接连出生，也让他觉得自己不再年轻。但他逐渐将这种失落感转化为与子女同乐的童趣，家庭生活成了丰子恺新的重心。

在丰子恺的作品中，这种童真童趣和家庭生活是非常重要的一部分。早在 1925 年，丰子恺为俞平伯诗集《忆》创作的插图，就是其童心的初次展露。这个偶然的开端，开启了丰子恺在作品中追求纯真、以儿童为主要内容的新阶段。

俞平伯的诗句写的多是回忆，他与丰子恺一样，沉湎在童年往昔的记忆中，多少也是一种对现实世界的逃避，因此，他们的诗与图格外相配。《忆》是民国时期最为雅致的出版物之一，用宣纸精印，线装，丰子恺画了 18 张插图，朱自清写了跋文，这时他们 3 人都只有 20 多岁，已经开始通过《忆》这本小册子，追忆童年、告别青年了。

五四时期是中国“发现”童真的时期，许多刊物上都刊载了儿童行为、心理的研究，儿童文学、童话也大量出现，叶圣陶的童话集《稻草人》、冰心的儿童散文都是其中的代表。所以,《忆》的出现也可以说是时代的产物。只可惜,这 3 个“文艺青年”把《忆》做得太过精致,定价高,内容也遭到了政治立场坚定的批评者抨击,他们这一次的童心,并没有得到普遍认同。但对于丰子恺而言,《忆》中的插画已为日后家庭生活题材的漫画埋下了种子。

当了父亲之后,丰子恺画儿童越来越多,这既是他作为父亲的慈爱,更是因为,他越来越认识到,儿童的世界更接近真实,具有自然之美,他向往儿童的清白的世界,认为“只有儿童天真烂漫,人格完整,这才是真正的人”。

丰子恺的嫡孙丰羽是其幼子丰新枚的儿子,他回忆:“爷爷很爱跟小辈孩子们一起玩,他也不会故意做出老人的姿态,对孩子们指手画脚。”丰羽说爷爷留给他最深的印象是一句话:“阿要喝酒啊?”丰子恺极爱喝酒,闲来无事就会温一壶绍兴黄酒,与友人或家人聊天。跟孙子辈聊天时,也总爱开玩笑,他喜欢孩子的天真与自在,也喜欢自己与孩子在一起时的那份无忧无虑。

从 20 年代到 40 年代初,丰子恺画了大量儿童画。20 年代,独子瞻瞻是家中最小的男孩,时常入画,还有大女儿阿宝和侄女软软,丰子恺在随笔中写道:“他们三人就像罗马帝国的政治三巨头,瞻瞻在这三人中势力最盛,好比罗马三巨头中的领胄,我名义上是他们的父亲,实际上是他们的臣仆,而我自己却以为是站在他们这政治舞台下面的观剧者。”

丰子恺的儿童画几乎都源自生活,他如记日记一般用寥寥几笔画下日常点滴。丰羽每次在看这些画时,都感到格外亲切:“我一看就非常有感觉，这些人物很熟，都有接触，所以这是跟其他人看画不同的地方。”

放到整个世界漫画史里来看，丰子恺超前的儿童观念并不仅是欧洲 19 世纪浪漫主义美学赞美儿童的中国翻版，也不是冰心那种五四时期儒家浪漫主义道德观念的简单折射。他赞美儿女的纯真，最常画的却是孩子们心安理得的自私与自恋，他画穿着爸爸衣服洋洋自得的儿子，也画拿着两把蒲扇假装骑自行车自娱自乐的儿子，真实，自然，不呆板，不虚伪，这样的儿童画在当时非常少见。他的这种观点也与当时更流行的“儿童进化说”相左，如今看来，丰子恺依然是前卫的。

二、45年450幅“护生画”

丰子恺的孙子丰羽在谈到爷爷的绘画时，特别强调了贯穿他一生的《护生画集》，丰羽说：“如果说在漫画中能看到更多生活中的丰子恺，在‘护生画’中，则是另一个更内省的、更警世的丰子恺。”

什么是《护生画集》呢？

《护生画集》的诞生，其实是丰子恺与恩师李叔同的一个约定。1918年秋，刚满40岁的李叔同在杭州虎跑寺剃度出家，法号是弘一法师。当时浙一师的校长经亨颐很担心，他怕李叔同的行为会给学生们带来影响，因此专门开会宣布禁令说：“李先生事诚可敬，行不可法。”

可禁令归禁令，李叔同还是在学生中间造成了不小的影响，他的学生中至少有两人遁入空门，丰子恺也在1927年成为了一名佛教居士。

这一年，丰子恺30岁，他觉得自己人到中年，失去了青春时的热情，只能被动地接受这个世界，他陷入了自我认同的悲观中。他画了一幅名为《三十老人》的自画像，画中的自己头发稀疏，疲惫不堪，丧失了热情和能量。这个时候，他跟姐姐丰满一起皈依“佛、法、僧”三宝，成为居士，弘一法师为他们主持了仪式。

1928年，皈依佛教不久的丰子恺画了50幅“护生画”，来庆祝弘一法师50岁的寿诞，纪念他出家10周年。50幅画都由弘一配诗文，他选用了很多警诫大众勿杀生、勿食肉的段落，用安详平和的书法风格写成。

丰子恺与弘一法师约定，从第一卷起，《护生画集》每隔10年绘制一集，每集增加10幅画与诗，直到1979年弘一法师百岁诞辰时，将在第六集中绘制百幅画作。完成这6集，总共需要50年。最终丰子恺在1975年去世前画完了共450幅“护生画”。

“护生画”的每一幅都不复杂，讲的都是普世的价值观，比如爱护生命、平等、仁慈等，李叔同与丰子恺所追随的佛法，并不是个人的解脱和逃避，而是一种积极的态度，是“刚健的佛法”。

中国艺术研究院研究员、丰子恺研究者张斌说：“6部《护生画集》，一共画了45年，其实内在是一个整体，丰子恺将这个心愿贯穿在整个生命中，对他来说，这是很重要的一件事情。他也将弘一法师给他的影响贯穿了整个生命。”

1937年抗战全面爆发，丰子恺带着全家开始逃难。在逃难过程中，他一直与好友、哲学家马一浮保持着书信联系。从两人的信函中，可以看出两人非常深厚的情谊。他们经常使用佛教术语，在人生和艺术方面互相给予慰藉和帮助。

战争，不仅对马一浮这样一位认为精神文化就能救国的哲学家提出了挑战，也迫使始终保持中立的丰子恺开始重新审视自己的立场。

离开浙江之后，丰子恺辗转历经江西、湖北、湖南、广西、贵州、四川 6 个省份。在这个过程中，他看到了未曾看到过的大山大水，这些陌生的风景触动了他，他开始画人物风景画。

1942 年，丰子恺受邀在战时陪都重庆的国立艺专举办个展，此前，他的作品并未在传统艺术殿堂里展出过。当时专科学校的校长是著名画家陈之佛，他邀请丰子恺一家从贵州搬到四川。抗战期间，丰子恺一直在重绘自己最喜欢的一些画作，再加上漂泊路上的一批新作，到 1946 年，他已经累计创作了两百多幅作品。他从其中选出一些展出，并答应感兴趣的买家的订购，重新绘制了一些他们喜欢的作品。这些画作最后结集成了《子恺漫画全集》小开八卷本，于 1945 年出版。

丰子恺在他第一次个展的自序中写道，尽管多年来他的作品一直在杂志中刊发，但直到展览摆在面前时，才感到有必要在固定场所为特定观众展出作品。他还说，他的漫画容易复制并深受编辑喜欢，全国各地几乎都能看到他的画，连花生米的包装纸上都有。

从艺术风格上来看，这是丰子恺的一个重大转变。之前在上海、杭州时，他的画作多是小幅的、黑白的，以出版为主，日常生活是他绘画素材的来源。逃难开始后，他开始画稍微大一些的彩墨画，明快的色彩逐渐成了另一大特点。虽然一路颠沛流离，生活艰辛，也历经了战争的残酷，但凡此种种在他的绘画中反而体现得不多，他仍然尽力在绘画中传达乐观的态度。

自始至终，丰子恺都画漫画，但他的风格有别于典型的讽刺漫画，他的画不带刺，不带有强烈的攻击性。《子恺漫画・战时相》里收集的黑白小画，可能是他所有作品中气氛最为紧张的，画中一个背着孩子的妇女正在奋力逃难，却不知自己紧紧背在身后的孩子早已身首分离；母亲遍体鳞伤，却仍抱着婴儿哺乳。他画在战壕里谈天的士兵和送丈夫出征的年轻妻子，还画过一幅《警报做媒人》，画中一对年轻的男女，在警报声中躲在一个僻静幽美的山涧中，享受着难得的、私密的爱情。在战争的冰冷残酷中，丰子恺总是努力寻找着那些人性的温情。

1949 年，丰子恺是以他惯有的闲适态度走进新社会的，这一年他已经 52 岁。过去的丰子恺对现实社会抱着一种远离的态度，只要生活条件许可，他就毅然决然地摒弃所有世务，赋闲在家。

但新中国成立之后，他开始担任很多职务，这是他以前从未有过的，如担任上海市人民代表、政协委员，上海中国画院院长，上海市美术家协会主席、文联副主席。

这时，上海刚刚解放不久，丰子恺对新社会新体制还没有多少感性的认识，但他已经明显地意识到，他所热烈拥抱的艺术在新社会是不受欢迎的。我们无法知道丰子恺在面对新社会时有过怎样的疑惑或彷徨，也无法知道他是在什么样的压力下，放弃自己的艺术情趣和生活方式的，总之，从此他以另样的姿态出现在了世人的面前。

1951 年，丰子恺在上海市二届二次各界人民代表会议上发言，表示要积极提高自己的思想认识，“多多创作为生产服务，为工人阶级服务的美术音乐作品”。

当“文革”来临时，丰子恺这个一生与世无争、乐善好施、行路怕伤蝼蚁命的艺术家也依然在劫难逃。他被定为“反共老手”“反革命黑画家”，他的家被抄没，文章和画被宣判为恶毒攻击无产阶级专政的大毒草。

他的诗“晚岁命运恶，病肺又病足”“月黑灯弥皎，风狂草自香”，正是他身处厄运时的真实写照，然而，丰子恺的内心仍有一片净土。他白天接受批斗改造，低头认罪，但只要有机会，他就在第二天凌晨4点起床，利用早上的2小时，在微弱的台灯下，悄悄地读书、写字、作画，继续从事他视同生命的艺术。

他多次在给儿子的信中写道：“我无其他愿望，唯有求吾所大欲——退休家居。”在残酷的折磨和迫害下，丰子恺终于病倒了，一场大病差点要了他的命，然而在病中，他的艺术生命却得以复苏，他的精神得以解放。在病中，他阅读小说诗词，临摹碑帖，又徜徉在写文作画和翻译的艺术世界里。

1971年秋，丰子恺完成了最后一套绘画作品。这70多件画作是他自1969年以来秘密创作的，他交给了学生胡治均，作为多年来赠给胡治均的300多件作品的替代之物。胡治均是上海市电力公司的干部，在40年代就认识丰子恺。“文革”中，他受到冲击和追查，在万般无奈时，从珍藏的老师赠画中选出10多幅，藏到领袖像和鲁迅“横眉冷对千夫指”条幅背后。剩下的300来幅，他觉得似乎是定时炸弹，随时会被抄出而带来极大麻烦，这些作品与其让别人毁掉，不如自己动手。

一天凌晨，他带着一大包画稿来到江边，含泪将其沉入江底。这个时期，直到1971年林彪事件之前，“文革”的动荡仍在持续，人们依然生活困难，但丰子恺决定尽可能给胡治均重绘失去的作品。于是，不顾病体虚弱坚持作画，叮嘱胡治均每周来一次。每次丰子恺总会给他一个封好的信封，让他藏好回家再拆，每个信封内装着一两幅画。周周如此，从不间断。

不到两年，胡治均的存画已有70多幅。1971年秋的一天，丰子恺送给胡治均一个亲手糊制的大信封，上面用铅笔写着“敝帚自珍”4个大字。令人奇怪的是，丰子恺选择这个经典之语作为最后一本漫画集的题目。这4个字来源于诗人和文学批评家曹丕的《文论》。虽然当时丰子恺的艺术被外界贬低，但他用这4个字宣告，他和最亲近的朋友仍然珍爱自己的漫画艺术。他在给儿子丰新枚的信中最早谈到这件事时说，因害怕被查出，就和儿子约定在以后的所有通信中用“语录”两个字代替“画”字。

这些“无用的画”并非丰子恺晚年仅有的作品。据丰一吟说，在动荡的年月中，父亲经常给陌生人作画。他坚守佛教中“结善缘”的信念来与人打交道，家人担心这样的慷慨迟早会带来麻烦，但他说：“爱我画的、爱我字的人，总是爱护我的。爱护我的人，总不会是坏人吧！”不过，乐善好施也并未掩盖他的讽刺精神。

1972年12月，经过官方调查，澄清了加在丰子恺身上的各种罪名和不实之词。1973年初，丰子恺终于可以离开上海了。这是7年来他首次离开这座城市外出旅行，他决定利用这难得的自由，首先去自己艺术生涯开始的地方——杭州。

在胡治均的陪同下，丰子恺探望了83岁的姐姐丰满。丰满也是一位虔诚的佛教徒。这是姐弟俩在杭州的最后一次见面。两人在一起待了几天，动情地回忆往昔的时光，但杭州这座湖光山色之城已经改变了许多。餐馆里供应的东西很少，丰子恺一行连最有名的西湖醋鱼也没吃到，路上的公共交通工具也拥挤不堪。

丰子恺来到苏堤附近的蒋庄马一浮的旧宅，想进去看看时，却被禁止入内。“文革”爆发后不久，年老失明的儒学大师马一浮被加以“反动学术权威”之名赶出了住宅。这位 84 岁的老人随后不久在杭州旧城中凄凉离世。虽然丰子恺从马一浮的侍者口中得知老先生“圆寂安详”，但在写给儿子的信里，丰子恺说：“马一浮可惜不早死，在‘文革’中被迫迁出，死在城中陋屋内。”这件事让年迈的丰子恺感到悲凉。

1975 年 9 月 15 日，丰子恺在上海去世。3 年后，他被平反。

三、他是画家，但首先是一个文人

丰子恺的成就最引人注目的自然是绘画，但除此之外，他还是一个作家、美术教育家、音乐教育家、装帧设计师、书法家和翻译家。

他的身份非常多，一是因为与民国的时代背景相关，当时很注重通识教育，基础的人文素养的训练也是由多个方面组成的，二是因为丰子恺个人的兴趣很广泛，他认为文学、艺术、音乐之间，有很多趣味是相通的。

1942 年，丰子恺的长外孙宋菲君出生，当时中国正是抗战最艰苦的时候，他是在丰子恺全家前往遵义的逃难路上出生的，后来又跟着外公到了重庆，最后回到上海定居日月楼。直到 1960 年他考入北大物理系之前，一直和外公一起生活。1966 年从北京大学物理系毕业，如今的宋菲君是中国科学院研究员、博士生导师，也是美国光学工程学会的高级专家会员。

丰子恺在日月楼作画

宋菲君说，丰子恺的工作效率极高，最简单的例子就是学俄语。1949年后，因为政治上的原因，丰子恺的日文和英文都没法用了，画画也不方便，于是53岁的他开始从头学俄语，翻译出了屠格涅夫的《猎人笔记》。宋菲君说自己那时每周六晚上会去日月楼看外公，如果外公没有干完手头的工作，会让他先等一下，自己在小阳台上把事情全做完，再下来和宋菲君一起玩。

宋菲君说那时舅舅们都上班了，丰子恺经常带着小姨丰一吟和他一起出去玩。"他的玩很即兴。"宋菲君回忆说，有次丰子恺在家中念苏曼殊的诗："春雨楼头尺八箫，何时归看浙江潮？芒鞋破钵无人识，踏过樱花第几桥？"散步的时候，他问钱塘江潮什么时候有，得知就在下一周，于是决定包一辆车，带全家去看潮。宋菲君说，那时他在上海念高二，重点中学不让请假，后来一听是丰子恺为外孙请假，于是班主任报校长，校长特批。

有一次讲到唐诗“咫尺愁风雨，匡庐不可登。只疑云雾窟，犹有六朝僧”，丰子恺便带着全家上了庐山。又一次说到姜夔的词《扬州慢·淮左名都》中的“二十四桥仍在，波心荡、冷月无声”，他第三天就带着孩子们去了扬州，专门去找那二十四桥。宋菲君说自己每次都很享受这类游玩，那时觉得丰子恺就是个慈爱的外公，并不觉得他是个与众不同的艺术大师。

丰子恺对子孙的教育，与他丰富的爱好和热爱生活的态度都息息相关。

1921 年冬天，从日本回国后，丰子恺很快辞去上海专科师范的教职，应恩师夏丏尊之邀前往春晖中学，教授音乐、美术课程。正是在这段时间，丰子恺开始尝试写作。他在《旧话》中回忆：“我在校时不会作文，我的作文全是出校后从夏先生学习的，夏先生常指示我读什么书，或拿含有好文章的书给我看，在我最感受用。”

作为中国新文学运动的先驱，当时在春晖中学主持教学的夏丏尊已经是文化界德高望重的人物，他很快召集了一批文人作家来任教职，他们当中有匡互生、刘薰宇、朱自清、朱光潜、刘延陵、刘叔琴等。

由于春晖中学就建在浙江省上虞市东北部的白马湖畔，因此文学史将他们称为白马湖作家群。这个文学群体并不是一个有形的组织，也没有任何大旗或者口号，相比于探讨文艺，他们更看重友情，而维系友情的重要媒介，便是酒。

朱光潜曾在《丰先生的人品与画品》一文中详细描述："同事诸人和我都和子恺是吃酒谈天的朋友，常在一起聚会。我们吃饭和吃茶，慢斟细酌，不慌不闹，各人到量尽为止……酒后见真情，诸人各有胜概，我最喜欢子恺那一副面红耳热，雍容恬静，一团和气的风度。"

后来由于与春晖学校领导意见不合，白马湖作家纷纷投奔匡互生和丰子恺创办的上海立达学园，随着茅盾、叶圣陶、郑振铎、胡愈之等人加入，在这种环境中，丰子恺的散文也逐渐成熟。当时朱自清和俞平伯的同题散文《桨声灯影里的秦淮河》是文坛的一段佳话，于是《小说月报》的编辑叶圣陶模仿，将丰子恺和朱自清的同题散文《儿女》发表在同一期刊上。

郁达夫评价丰子恺的散文说："清幽玄妙，灵达处反远出在他的画笔之上。"后来他在选编《新文学大系·散文二集》时收入了丰子恺的5篇散文。1929年夏丏尊任开明书店编辑所所长，两年后开明书店将丰子恺20年代的散文收集出版，《缘缘堂随笔》被视为丰子恺的第一部散文集。

丰子恺的散文风格与漫画创作的演变几乎同步。30年代，他结束了对田园生活和儿童美好世界的随笔，开始转向对社会现实的描写。按他自己的说法：早在20年代明知社会的残酷、丑恶，但不愿意描绘，意在儿童的世界里神游。

"我为何专写光明的美景，而不写黑暗方面的丑态呢？……于是我就当面细看社会上的残忍相，悲惨相，丑恶相，而为它们写照。"他幽默地写百姓的平民智慧，嘲笑为官者的无能，他也写时人对社会的麻木，批判社会。

在《吃瓜子》一文中，他列举瓜子的种种吃法后写道："试看糖食店、南货店里的瓜子的畅销，试看茶楼、酒店、家庭中满地的瓜子壳，便可想见中国人在'格，呸''的，的'的声音中消磨去的时间，每年统计起来为数一定可惊。将来此道发展起来，恐怕是全中国也可消灭在'格，呸''的，的'的声音中呢。"

当时林语堂提倡幽默，创办《论语》杂志，丰子恺与周作人、俞平伯、老舍、郁达夫等人成为杂志的主要撰稿人，丰子恺的许多随笔都是应林语堂约稿发表在此刊上。此时他的散文与漫画合二为一，一篇散文就是一幅漫画的文字解说，一幅漫画也往往是一篇散文的题材。当时颇具影响力的文学评论家赵景深认为丰子恺的文字只有朱自清可以媲美。

在共和国成立之初，丰子恺的日子看起来很安逸，但由于观念上的分歧，丰子恺的言论也曾受到误解，1950 年他的漫画第一次遭到批评。学者毕克官在《子恺漫画研究》一文中转述钱军匋的话还原了当时的情景：1950 年上海美术界开大会，轮到丰子恺发言时，他表示除了为工农兵服务，还应该坚持搞过去中国的梅兰竹菊。此话受到了一些人的激烈批评。散会后，丰子恺说自己以后不搞美术了。这件事后来在美术界多有传闻，由于不符合中央的统战精神，华君武还特意代表官方向丰子恺致歉。虽然如此，丰子恺仍不愿再参与美术界活动。小女儿丰一吟毕业后，人们动员她参加美协，丰子恺也不让她参加。

自此之后，丰子恺专注于翻译。他从零基础开始学俄语，很快就开始看托尔斯泰原版的《战争与和平》，以及马林科夫报告、斯大林经济论。1952年底，他用5个月零5天的时间翻译出31万字的《猎人笔记》，随后又翻译出版了10多册音乐美术参考书。

丰子恺最初学习的一门外语是日语。当时为了让正在浙江省立第一师范学校念书的丰子恺去日本深造，进一步学习西洋画法，李叔同开始亲自教授丰子恺日语。之后，他由于出家，又请好友夏丏尊来担任丰子恺的日文老师。

学外语，丰子恺是非常下功夫的。他在《我的苦学经验》一文中说过："语言文字，只不过是求学问的一种工具，不是学问本身。学些工具都要拖长久的时日，此生还来得及研究几许学问呢？"因此追求速成外语的丰子恺创造了"二十二遍读书法"：每天读一课新书，规定读十遍，第二天读新课文时再复习旧课文5遍，第三天再复习旧课文5遍，第四天复习旧课文两遍。他正是通过这个方法很快掌握了日文和英文，开始翻译书籍。

丰子恺出版的第一本译作是日本文学评论家厨川白村的文艺理论《苦难的象征》。他还通过这本书机缘巧合地认识了鲁迅。1924年4月鲁迅开始着手翻译《苦难的象征》，10月翻译完成，12月由未名社出版，而大约就在鲁迅翻译的同时，丰子恺也在着手翻译同一本书，并于1925年3月由上海商务印书馆出版。

两位译者几乎同时翻译同一本书，本应没什么奇怪的，但当时初涉文坛的丰子恺却对此事深感不安，特意请学生陶元庆介绍，登门拜访鲁迅，并在见到鲁迅后表达了自己如果早知道这件事就不该再翻译的想法，而鲁迅回答说几种译本同时存在，可以取长补短。鲁迅的态度打消了丰子恺的顾虑，他此后对鲁迅更加敬重，因此才有了后来在抗战时期为鲁迅的《阿Q正传》绘制漫画，最终出版《漫画阿Q正传》。

至于《苦难的象征》，后来丰子恺的学生季小波1989年在《文汇报》上写过一篇文章，回忆称自己曾经写信问过鲁迅对于两个译本的评价，鲁迅回信表示自己的译本有些句子长达百字，不如丰子恺的易读，还在信中幽默地说："时下有用白话文重写文言文亦谓翻译，我的一些句子大概类似这种译法。"

此外，丰子恺还将外语大量用于翻译教材。1925年底，就在他出版第一部画集《子恺漫画》的同一个月，上海亚东图书馆出版了丰子恺最早的一部音乐理论著作《音乐的常识》。这本书是丰子恺根据多位日本音乐理论家的著作编撰而成。

在序言中，丰子恺写下了一段意味深长的话，来表达他对教育的定义，他说："翻阅这书的原稿的朋友，都说这'常识'的范围太广。是的！在音乐的黎明时代的我国，这书似乎是专门的了；在机械的分业制度的信徒，当然不会承认这是一般人的常识的。然而'人的生活'何等地高而且广！假使我们没有多方面的常识，何能全般领略这高泛的'人生'的趣味呢？"

实际上除了绘画与佛学，音乐也是丰子恺与老师李叔同联系的一条纽带。1905年李叔同为沪学会补习科作了一首《祖国歌》，他用中国民间曲调《老六板》填词，这在当时很流行。1910年丰子恺只有13岁，他在故乡小学读书时老师教他唱这首歌，对此他记忆犹新。当时他既不认识李叔同，也不知道这歌曲的作者是谁，只觉得唱起来很能激发爱国情怀。后来他考入浙江省立第一师范学校，才认识了李叔同，也知道了《祖国歌》正是老师的作品。

此后在李叔同的指导下，丰子恺接受了严格的音乐训练，1921年他去日本游学，其中一项重要任务就是去音乐研究会学小提琴。《音乐的常识》出版后，丰子恺又出版了诸多普及音乐理论的书籍，大多为编译，其中《音乐入门》从1926年初次出版后重印了30余次，直到今天，中国的出版界仍在出版此书。

晚年的丰子恺投入了日本古典巨著《源氏物语》的翻译。作为世界上第一部长篇小说，《源氏物语》近100万字，出场人物达440多人，加上日本古语艰深以及时代、环境的客观原因，一直以来无人敢翻译。20世纪60年代人民文学出版社决定由丰子恺承担翻译，丰子恺十分荣幸，为此下苦功学日本古文，曾把《源氏物语》第一回《桐壶》读得烂熟。最终他用了3年时间完成翻译，但因“文革”阻断，译稿直到15年之后才得到出版。如今看来，当年人民文学出版社请丰子恺翻译《源氏物语》的选择颇有思量，此书涉及中国古典文学、音乐、绘画、书法、佛教等众多领域，也只有作为画家、音乐教育家、散文家和佛教徒的丰子恺能够胜任。

除此之外，我们还常常忽略了丰子恺的一项工作，那就是书籍装帧设计。他为当时的小学教科书做过很多封面设计，总体而言，丰子恺此类封面设计有两个特点，一是封面上的图案，尤其是人物，都有鲜明的“子恺漫画”的基本特征，让人一眼就能够认出，它出自谁的手笔。二是丰子恺为教科书设计封面，最喜欢使用三个元素：初升的太阳，读书的孩子或天使，还有繁茂的树木或幼小的秧苗。

介绍了这么多丰子恺的成就，最后，我们再来谈一谈丰子恺在中国艺术史上的地位。

在很多有关中国近现代美术史的书写中，丰子恺是缺位的，提得很少，甚至不提。研究中国艺术的英国艺术史家迈克尔·苏立文在著作《二十世纪中国艺术》中没有提到丰子恺，但在详尽的《二十世纪中国艺术与艺术家》一书中弥补了这一空白；美国人柯珠恩的书《新中国绘画》也忽略了丰子恺；在西方学术体系中的香港学者高美庆，在其著作中把丰子恺纳入“卡通画”的部分，并认为他的作品只是“无产阶级艺术”；在中国学者写的艺术通史中，丰子恺也很少占有一席之地。

这是一个很有趣的错位现象，在大众视野中，丰子恺知名度颇高，他的画深入浅出，也很受人追捧，但进入专业视角之后，丰子恺成了一个边缘画家。这不仅是丰子恺一人的尴尬处境，也是漫画之于艺术史书写的错位。

有关漫画，丰子恺在《谈日本漫画》中说，无论是中国，还是欧美，漫画的发展都不如日本的热闹而且花样繁多。只有日本，大画家往往就是大漫画家，所以漫画在日本美术史中非常活跃。

他认为，日本漫画的发达是因为国民性，“那些身披古装，足蹬草履，而在风光明媚的小岛上的画屏纸窗之间讲究茶道、盆栽的日本人，对于生活趣味特别善于享乐，对于人生现象特别善于洞察。这种国民性反映于艺术上，在文学而为俳句，在绘画而为漫画”。丰子恺认可这种漫画与国民性的关系，但在中国，漫画始终不是一种主流的艺术形式。

丰子恺的绘画尺幅不大，风格变化也不够多样，这一点确实不太符合艺术史以风格流变为主要评判标准的价值体系。一个有意思的现象是，通常一个画展中，参观者多是近看、远看，在展场中来回进退，从不同的角度去欣赏一件作品，但在丰子恺的展览中，无须如此费劲，墙上陈列的都是尺幅相当的作品，多是A4纸大小，只能近看，不可远观。这类漫画本来就不是挂在展厅墙上看的，而是印在书中看的，即使是丰子恺晚期画过的一些相对大尺幅的彩墨作品，依然是小品式的作品。

但在中国艺术研究院研究员张斌看来，她更愿意将丰子恺的绘画称为“诗画”，而非“漫画”。张斌说：“丰子恺的作品非常讲究用笔，从一开始，他就是书法用笔入画，笔触的顿挫和变化在画中表现得很明显，这是他技法上很大的一个特点，是后来诸多‘仿丰画’中无法模仿到的精髓之一。”张斌认为另一个缺位的原因是，丰子恺的多重身份掩盖住了他作为画家的光芒。张斌说：“他太丰富、太全面了，散文、翻译、音乐、设计、教育，他涉及文学艺术的各个维度，且都做得很好。因此，他是画家，但首先是一个文人。”

然而，丰子恺的作品又不等同于传统文人画。如果说传统文人画家很多是避世的，以山水、花木排解愤懑，抒发个人意趣，那么丰子恺的绘画则在这种情绪的基础上，更加世俗化，贴近生活。他早期受日本绘画影响，浮世绘就是将世俗化与艺术性结合得最好的一种绘画形式。而且民国本就是世俗化生活被文人津津乐道的时代，丰子恺生活在一个群星璀璨的文人圈中，成就了他诗画互相生发的独特风格。

虽然丰子恺对普通大众抱着同情之心，给予他们来自知识分子的关切，但左翼阵营的成员很难把他看作同路人；而他在纷杂的社会环境中所抱有的佛家众生平等的观念，也使保守派不可能将他看作是圈子里的一员。徘徊在左右之间，既不激进也不反动，再加上他传统与改良相结合的艺术风格，或许丰子恺只能被当作“第三种人”。无论世事如何轮转，丰子恺总相信“此境风月好”。

（撰文：薛芃）

梅兰芳：

“一代完人”

一、从梅郎到梅先生，改良与求变

1913 年 10 月 19 日那天起，上海《申报》一连数天都用大黑字体刊登一则醒目广告：位于四马路大新街口的著名剧场"丹桂第一台"，"特聘天下无双最著名优等艺员著名汪派须生王凤卿，第一青衣花旦梅兰芳……梅艺员貌如子都，声如鹤唳，此二艺员真可谓珠联璧合，世无其倚矣……"演到第 13 天，梅兰芳唱了平生第一出"压台戏"《穆柯寨》。上海观众从来没有看过青衣开唱刀马旦戏，大为感兴趣。梅兰芳在上海唱红了。

19 岁的梅兰芳，观众口中的"梅郎"，是在一个怎样复杂的时代变迁中，横空出世的呢？

梅兰芳出生的 1894 年，徽班进京已经有 24 个年头，京剧在北京戏曲行里站稳了主位。梅兰芳 8 岁开蒙入旦行，在他唱红前，旦行里的翘楚是陈德霖、王瑶卿。尤其人称"通天教主"的王瑶卿，青衣、刀

“黛玉葬花”戏妆照（视觉中国供图）

马旦兼演，创出“花衫”行当。那时候有一个说法，若想要成为名旦角，必须得拜在王瑶卿门下。

在清末，梨园里的旦行地位远低于生行。在梅兰芳出生前的几十年，京剧一直以老生为各行当的魁首，前三鼎甲就是程长庚、余三胜、张二奎，而后三鼎甲，也是谭鑫培为首的3位老生。造成这样的原因是，戏园听众以男性为主，以苍凉刚劲为美。到王瑶卿进入全盛时期，因为他的大红大紫，旦角才慢慢开始有和生角并立的势头。

到梅兰芳出师登台时，从清末到了民国，外面世界已然不同。梅兰芳遇到了他的时代，也创造了属于他的时代。

舞台之下社会生活发生的剧变，比戏里更富戏剧性。那是一个时代对另一个时代的驱逐，不说摧枯拉朽，也是伤筋动骨。辛亥革命后的大变革，对于京剧最直接的影响，是观众群体和社会审美的两大变化。首先是女性可以进剧场看戏了，观众开始偏好婉约柔媚的表演了，旦行由此得以挑战生行对舞台的把持。与此同时，区别于旧式文人的新派文人出现了，他们谙熟中国传统文化，又受过西方文化和生活方式的熏陶，从国外引进的话剧、电影等现代艺术，逐渐触动传统戏曲，在表演和内容上产生改良意识。

1913 年，梅兰芳在对他有着重大意义的上海首次登台，便是在这样一个既“旧”又“新”的背景下展开。

上海是大码头。当时的梨园行有个说法，在北京唱红不算登峰造极，还要去上海唱得红才作数。北京的班底到上海必须拜码头，送红票，也就是免费戏票。通常必备的礼物是“老四样”：30 银圆一斤的西口蘑菇，通州蜜枣，上等茉莉花茶，青酱肉。这些老规矩他都小心遵循，不差半分。

从上海回到北京，有了名气的梅兰芳开始进入他最重要的艺术阶段：改良求变。从 1915 年算起的 10 年内，可以算是梅派革新京剧表演奠定自身风格的重要时期。他在 1917 年领旦行从谭鑫培手中接下“伶界大王”的名号，在 1927 年由观众投票评选，名列“四大名旦”之首，无不得自他这份改良求变的心气。

在京剧走向辉煌的民国初年到 20 世纪 30 年代末期，对于传统的态度，梨园有不同的做法。梅兰芳在 50 年代引起过小风波的观点“移步不换形”，其实是他从 20 年代就在努力实践的主张了。不管是排新戏，还是改旧戏，梅兰芳在每出戏里几乎都有新的尝试，又尽可能温和渐进，做到不让同行和观众抗拒。

1923 年他创编古装新戏《西施》，为了丰富音乐表现力，首次在伴奏乐器中增加了一把二胡，这个改动立即被观众接受，而且延续至今。他在新派文人齐如山帮助下排演《嫦娥奔月》，从古代绘画与雕刻中吸取灵感，创造了一种新的古装扮相，其他名旦后来都有仿效，今天的京剧舞台上也还在沿用。

梅兰芳学戏其实不易，他不是祖师爷赏饭吃的角色。当年很多人听过梅兰芳姑母对他下的结论："言不出众，貌不惊人。"路三宝师傅说戏时骂他："你这德性还想唱戏？耷眼边，扇风耳。"梅兰芳的伯父梅雨田连连作揖，他才勉强收下这个徒弟。9岁时，他转到姐夫朱小芬家里学戏，同学有表兄王蕙芳和小芬的弟弟幼芬，开蒙老师吴菱仙是著名青衣时小福的弟子，时小福与梅兰芳祖父梅巧铃又是故交。

跟他多年的琴师姜凤山直言不讳地说，"梅先生很笨"，"我给他说《穆桂英挂帅》，他捯不过气，学得很慢，我得告诉他在哪儿偷气能缓过来，他要唱很多遍才能学会，所以也学得瓷实"。

他也确实比其他同行有福，恩师吴菱仙从未体罚过他，这在那时简直不可想象。比方说，程砚秋6岁，也有人说10岁，拜的师傅荣蝶仙，专工花旦、刀马旦，是梨园界"通天教主"王瑶卿的外甥女婿，脾气极残暴，学生稍不如意就对他们拳打脚踢。一次，练完早功，师父让程砚秋吊《宇宙锋》的唱腔。他一时没张开嘴，荣蝶仙便大怒，立时一顿毒打，在他腿腕子上留下了一个淤血疙瘩。20年后，程砚秋访欧，在德国动了手术，才治好了腿。梅兰芳有幸被温和的师长教育成长，他自己收徒后，也从不对学生、子女说重话。

一起学艺的表兄王蕙芳，天资比梅兰芳高，成名比他早，可惜沾染上梨园行男旦的陋习，很快就毁了自个儿。而梅兰芳洁身自好，戏比天大，一步步走上巅峰。能看到青少年梅兰芳的人已经不可能健在，只有在民国名士的诗文中可以略窥他十几岁的风采："京师我见梅兰芳，娇嫩真如好女郎。珠喉宛转绕梁曲，玉貌娉婷绝世妆。"登台的他，通过养金鱼、训练鸽子，略鼓的眼睛焕发了神采，身材纤细如少女。

1927年，北京《顺天时报》举办京剧旦角名伶评选，读者投票选举结果：梅兰芳以演《太真外传》，尚小云以演《摩登伽女》，程砚秋以演《红拂传》，荀慧生以演《丹青引》，荣获“四大名旦”称号。京剧舞台上正式开始了以旦角为主的格局。

梅兰芳的成功之处是他使得大多数人，至少是京剧的大多数观众接受了他的美。与他同时代的男旦比，他吸取了被京派看不起的海派化妆术，用贴片修饰脸形。看那个年代的剧照，无论是清秀的王瑶卿、姚玉芙，或者其他先天条件更不佳的男旦，扮上后依旧是个男人，轮廓硬朗，而穿上时装的梅兰芳，就是一个纤瘦的女人。

这种外貌上的资本一直延续到抗战前。1930 年他赴美国演出时，当地报纸说“她”肌肤细腻的程度，足使台下那些涂着三花香粉的脸显出一个个毛孔来。有位名媛在自家种下 36 株梅花，意图邀他家中一叙。他的手是美国雕刻家公认的世界上最美丽的“女人”的手，“十根手指就是十个演员”。梅兰芳拍过两组相片，一组眼神，一组手部动作，戏曲理论家齐如山为他的手想了 52 个很文人气的名字，初篡、避风、含香、握蒂、陨霜……

梅兰芳的弟子李玉芙曾经表演梅派手的动作，怎样才能比出“半开的兰花”。她边做身段边说：“梅先生的手和身材很均匀，并不是像女人一样的小手，为了使他的手在台上显得小一些，他想了好多办法，比如我们把大拇指稍稍收一点，他就收得多一些，这样看起来手更秀气了。”日本人和久田幸助战时遇到梅兰芳，香港的暑天，梅兰芳戴着白手套，让他很是稀奇，有人向他解释：男青衣的手必须妥为保护。新中国成立后，1960 年，梅剧团的小学员们需要下乡劳动，梅兰芳嘱咐带队老师：“给他们每人买双手套。”李玉芙说：“别看只是双手套，可冒着风险呢！”劳动还戴手套，可以扣一顶资产阶级的帽子，那时的梅剧团有上面派来的协理员。

成名之后，梅兰芳只要在家，日程几乎是不变的。“每天梅先生起得晚，大概 10 点起来，如果要去京剧院开会，就早一些，8 点钟。起床后，看看报纸，几个秘书就来汇报工作，因为梅先生的社会活动很多，然后从上午到下午，陆续就要接待来访、求题字、办事的人，下午会看看剧本。”早年天天演戏的时候，通常 23 点后散戏，消夜是梅兰芳一天中最重要的正餐。他要和智囊团、朋友商量第二天的戏码，凌晨 2 点

梅兰芳与朱桂芳合演《西施》剧照（高延智摄影，视觉中国供图）

左右，来叨扰的朋友们才散去。他的回忆录多半是在半夜 1 点后向秘书许姬传口述的。当时在他家中借住的义女、后来成为好莱坞华裔女明星的卢燕回忆说，她通常只有在深夜 12 点之后才能看到梅先生。

四大名旦里，其他 3 位风格鲜明，喜欢他们的观众也能大概分出地界儿：程砚秋唱腔如徇徇书生，戏迷多为知识界人；尚小云“铁嗓钢喉”，追看他戏的以北京南城商贾最盛；荀慧生台风烂漫，生活气息浓郁，市民阶层对他如醉如痴。唯有梅兰芳，成派最早，反倒少流派痕迹，各阶层观众无不喜欢，好像都能从他的表演中找到合乎自己口味的那一部分。

说“没派”，是梅兰芳很知道如何讲究分寸，把儒家的中庸境界化入表演，一招一式都在“度”。中年后他名动天下了，行里行外，依旧评说梅兰芳“本分”。这是说，他的心力只用在戏上，总是要把台上台下一切“做圆了”。只要对戏好，谁说话他都听得进去，到后期名重天下了，还是如此。儿子梅葆琛有一回看完《霸王别姬》，对父亲说，他第二场手扶宝剑出场时，剑鞘在身后翘得太高，挑着斗篷不好看，第二天再演，梅兰芳就把这个动作改了。1949 年后，有一回梅家的老服务员去看戏，回家就说，梅先生那天妆化得脸上红色太重了些，第二天演完，梅兰芳就记着问她，今天是不是比昨天要好些？正是这份“圆”，成全了梅兰芳。

二、梅孟之恋，情非得已

作为梨园名角，梅兰芳的艺术成就一直被后人所研究，他的个人情感经历也被世人所关注。他与名角孟小冬的恋情，为何从一段佳话走向了最后的决裂？与原配妻子的婚姻对他来说又意味着什么？他的人生又经历了怎样的一波三折？

《梅兰芳回忆录》和《齐如山回忆录》，是梅兰芳研究者和梅迷的两本必读书。但梅兰芳和“冬皇”孟小冬的那段恋情，这两本书里都没有一字提及。

梨园两大名角儿的恋情，本该是一段佳话，为何却成一大避讳？

因为在梅兰芳研究者眼中，梅孟之恋并不是那么美好，至少，结局不美好。当年梅孟分手之后，孟小冬在报纸上发表《孟小冬紧要启事》，写道：“冬当时年岁幼稚，世故不熟，一切皆听介绍人主持。名定兼祧，尽人皆知。乃兰芳含糊其事，于祧母去世之日，不能实践前言，致名分顿失保障。虽经友人劝导，本人辩论，兰芳概置不理，足见毫无情义可言。"从文字里可以看出，孟小冬和梅兰芳的决裂，是因为梅兰芳不能做到在她和正房福芝芳之间做一个平衡。

孟小冬在北平寓所门前与梅兰芳合影（fotoe 供图）

谁对谁错？谁又负谁？梅兰芳研究专家吴迎说："现在的人用现代的恋爱观来谈当年的事，非常可笑。"

导演陈凯歌在拍摄电影《梅兰芳》的时候，曾翻找大量资料，他认为梅和孟之间的感情是真挚的。孟小冬遇到梅兰芳的时候，正是梅兰芳精神挺痛苦的年代，他不知道应该怎么往下走。作为名角儿和名人，他有好多情非得已的情况，有很多压力。

陈凯歌把梅兰芳的人生形容为"被绑架的人生"，从某种意义说，是准确的。梅兰芳出身世家，祖父梅巧龄名列同光十三绝，伯父梅雨田也是名家。梅兰芳是梅家唯一长子，注定要兼祧两房，为两边各生一个孩子。"家庭是对他有要求的，还有梅党多年扶持着他，从经济上、文化上去支持他，大家这样付出，对梅肯定也是有要求的。"

但梅兰芳对身边小圈子，并非事事听从。当年齐如山和梅兰芳研究《霸王别姬》，齐如山认为应该分两个晚上演，梅兰芳身边的李三爷建议分四个晚上演，齐如山认为李三爷不懂戏，一怒之下摔了本子拂袖而去。面对冲突，梅兰芳很冷静，他说李三爷是对的，四个晚上和两个晚上的效果是不一样的。这次他没有听从齐如山。

中国京剧院编剧、梅兰芳研究者徐城北也说到，早年梅兰芳跟新派文人排时装新戏，观众喜欢梅，去捧场，但捧了一段时期、卖过几次满堂之后，梅兰芳就又恢复了古装戏，并没有表现得游移不定。当时齐如山等人为梅兰芳编排的时装戏是《一缕麻》《宦海潮》等，故事针砭时弊，利用时髦生活主题和西洋化的舞台灯光布景，迎合了观众追求新异的趣味。但京剧仍然是一种高度程式化的艺术，当梅兰芳发现，从勾脸、贴片，到唱腔、动作都很难解决的时候，他就决定停演时装戏，把更多的精力放在了发掘传统京剧的形式美和艺术内涵上。

而在和孟小冬这件事上，梅兰芳确实是没有选择维护感情而拂逆周围人的权衡。孟小冬长期无法释怀，应该与此有关系。

电影《梅兰芳》编剧之一张家鲁曾以笔谈的方式讲述了两段经历，很让人回味：

“2005 年初在北京写完第一版剧本，轻畅之余遂与国富导演、老杜及友人二三登香山，欲往梅先生墓参拜。时值深冬，雪积盈尺，途径陌生，几番寻觅不得法，正图放弃，山坳里竟悠悠转出一人，不知乡民村叟，替吾辈指路。顺利诣墓祭拜后，忘了是谁惊醒：‘不愧是梅大爷，这么大冷天还派了人指路！’众愕，相对欣然。”

“那年夏末，剧本又要大修，独自在台北气郁。读《孟小冬传》，知先生墓在台北近郊的新庄佳山公墓，遂驱车往诣。盖年代久远，问管理员皆不知有彼，只得自寻。在墓区转了一两个小时，大汗淋漓，终于放弃。乘车时突然想及：毕竟是孟先生啊。”

在张家鲁的回忆里，这两段寻访的遭遇似乎也应了梅和孟两人现实中的性格差异，“一热一冷，一宽容一孤傲”。

当事人内心的波澜外人如何知道呢？梅兰芳在感情上不是个很有主意的人，围绕他身边的人太多了，能够分给至亲的时间，也不过占他生命的极少一部分。在坤旦极少的年代，梅兰芳与评剧名伶刘喜奎相恋过。刘是怎样的人？时人形容她美貌的诗句说：“远山之眉瓠犀齿，春云为发秋波瞳。娇羞灵艳妙难数，牡丹能行风能语。”刘喜奎的美招来很多麻烦，段祺瑞的侄子抱住她狂吻，被扭送警察局，事后大呼“痛快！值得！”张勋要强纳她为妾。晚年刘喜奎说：“我一生有一件遗憾事，就是和梅兰芳先生的恋爱。我拒绝了梅先生对我的追求，并不是我不爱梅兰芳先生，相反，正是因为我十分热爱梅兰芳先生的艺术，我知道他将来会成为一个伟大的演员，所以我忍着极大的痛苦拒绝了和他的婚姻。”她的清醒未尝不是一种明智。

17岁时，梅兰芳娶了王明华为妻。他们只能与梨园子弟通婚。王明华在生下一儿一女后做了绝育，没想到儿女双亡。梅兰芳一脉单传，肩负着两房传宗接代的大业。“梅党”、银行家冯耿光替他看中了“天桥梅兰芳”，也就是旦角演员福芝芳。孙耀东在回忆录中说：“冯六爷有私心，他怕梅兰芳另娶媳妇后听老婆的话，如果这媳妇有社会背景，中国银行的这班梅党就要被冷落，控制不住梅了。”福芝芳当时家中只有老母，年方二八，是最好的选择。福老太太一身少林功夫，性格很像男人，和丈夫不和，从此不回婆家。闹义和团时一抬腿就能上房，手里一把大刀，她和女儿女婿住在一起。

福芝芳很会理家，据说梅兰芳去美国之前给她和孟小冬都留下家用，回国后福芝芳还交还梅兰芳一笔钱，孟小冬只有亏空，让梅兰芳的天平倾斜。福芝芳也很时髦，用进口香水，儿子葆琪叫她“香妈妈”。这点和梅兰芳注重仪表很合拍，梅兰芳就连旧钞票都要赏给下人，他喜欢用干净的纸币。梅兰芳教福芝芳读书、写字，一点点培养出感情。

徐城北说：“旧社会给名角撮合婚姻的人很多，寄望以此获得金钱、社会声誉等好处。撮合梅福婚姻的那批人想让福芝芳感恩戴德，没料到福芝芳贤妻良母，社会活动都陪着梅兰芳，家庭控制很严，让这些想吃梅兰芳的人很不满意。他们有意让梅兰芳多个外宅，空余时间可能和他们在一起，也报复一下福芝芳。”这大概是最初身边人撮合梅孟的缘由。

起初梅孟之间互称“梅大爷”“孟小姐”，合作了《游龙戏凤》后，好事者觉得阴阳颠倒是一对佳偶。福芝芳进门的条件是和原配王明华“两头大”，是正房夫人。孟小冬当然也不愿做妾，但她考虑并不周全。在某种保证之下，她没有正式操办，静悄悄地搬入梅兰芳的外宅。她不能再登台，只能为梅兰芳一个人吊嗓子。

他们的关系经历了很多波折，从“张三血案”开始，到梅兰芳打算带一个妻子去美国，福芝芳宁肯堕胎，也不愿梅兰芳带孟小冬去，她亲自送梅兰芳到上海。孟小冬想以妻子身份为梅兰芳的伯母吊唁，又被拒之门外，梅兰芳没有出来为她撑腰，两人又熬了半年才宣告仳离。在杜月笙的帮助下，梅兰芳演出几天商业戏，付给孟小冬 40000 块损失费。

孟小冬的侄子孟俊泉当时住在东四，孟小冬就在隔壁院子。孟俊泉回忆，这个姑母令他全家又敬又畏。她是家中唯一经济支柱，每次回来都带来大批礼物：给母亲的烟土，给侄女的玻璃丝袜，给侄子的皮鞋，给哥哥的美国打火机。可在孩子眼里，她是不可亲近的。如果小孩想出院子玩，就会被她罚跪。没人敢在孟小冬面前提到她的婚姻，即便这样，她也时刻感受到压抑的空气，索性在现在建国门的贡院又租了房子，免得和亲友怜悯的目光相碰。

徐城北曾感喟："婚姻是悬在她头上的命运之剑，梅兰芳多一女人少一女人无所谓，但孟小冬不能忘记她的归宿。"

孟小冬是那种很硬朗的漂亮，她经常着男装，戴金丝边眼镜，穿起女装又是闺秀模样。《北洋画报》上有两幅照片，"将娶孟小冬之梅兰芳""将嫁梅兰芳之孟小冬"，两人都穿女装，非常有趣。她声音宽厚，为人冷傲，与梅兰芳正好相反。她一度遁入空门，此后常年吃斋。新中国成立后，周恩来希望马连良、孟小冬从香港回内地，请梅兰芳做说客。姜凤山陪梅兰芳去日本，途中经过香港，见到了孟小冬。她穿着尼姑的大袍子，戴佛珠、吃长素。姜凤山对我说："梅先生也没特别感觉。本来我们回国时要再去看看孟小冬，结果怕特务跟踪，汽车直接开到了深圳。"或许梅孟真是无缘，或许梅兰芳习惯隐藏心中感受，因为许姬传讲过，孟小冬的最后一次复出，梅兰芳没有去剧场，在家中用无线电听了两天直播。

梅先生对孟俊泉的态度更可堪玩味，北京戏曲学校毕业的几十个学生，梅兰芳本人指定了 3 人，其中就有孟俊泉。他和梅葆玖玩得很好，在梅家吃过一餐饭。"我们的中饭是梅先生的早饭，他盘子里只有两只炸甜盒，夹给我一只说，你尝尝这个。"孟俊泉回忆。

孟小冬出手大方，给师傅余叔岩送礼物绝不含糊，余叔岩的大女儿结婚她送了一堂家具，二女儿的全部嫁妆由她包办。余叔岩脾气很怪，不许徒弟出去唱戏，徒弟李万春要养家唱戏，就不得余的喜爱。孟小冬有杜月笙的财力支持，不用唱戏谋生。余、孟师徒和很多伶人一样，有大烟癖，因此身体都很差，每演一次几乎要大病一场。孟小冬刚出道时就被很多要人盯上，其中包括张宗昌、杜月笙。后人不理解她的是：她不能忍受做梅兰芳唯一的妾，分手时绝食、出家、发声明，却可以在杜家不要名分多年，最后还是当了杜月笙的五姨太。有人分析说，孟小冬为了感情和梅兰芳在一起，这时她需要尊重和爱。最后为了生活她依附了杜月笙，其他的已不再重要。

传说孟小冬有个女儿，孟俊泉否认这一点。孟小冬有过一个养女，开始叫孟俊明，后改名杜美娟，孟小冬一度因为心烦把她送人。这女孩越长越漂亮，孟小冬舍不得又要了回来。成年后杜美娟执意要和一个军官结婚，孟小冬说："你跟他走就别回来。"果真，她没有再回来。孟小冬孤独终老。

福芝芳福寿双全，在"文化大革命"期间帮助了不少业界同行。她与梅兰芳相敬如宾，梅兰芳在万花山安葬了王明华，50年代末，他对福芝芳说："我想我死后最好就下葬在这里吧。"福芝芳回答："您老百年后还不是被请进八宝山革命公墓？"梅兰芳担忧地说："我如进了八宝山，你怎么办呢？"福芝芳差点流下泪来。

在梅孟结为夫妻的时间里，梅兰芳陪孟小冬过了一次春节，已然是孟小冬和他在一起唯一过的年。有一张老照片：梅兰芳用手指比出一个鹅头，映在墙壁上，一边是孟小冬的题字："你在那里作什么啊？"另一边写着梅兰芳的回答："我在这里作鹅影呢。"游戏时的快乐跃跃欲出，却终究都成了过往。

情感婚姻所带来的人生况味，只有亲历者才能懂得其中的复杂性。

三、“一代完人”，师与友

除了情感和婚姻，梅兰芳也结识了不少在文化上志同道合的朋友，他可以说是开艺人和文人合作风气之先者。

梅郎、梅老板、梅博士、梅先生，人生不同阶段的几个称呼，对于梅兰芳意味着什么？人生况味，恐怕旁人都难以真正懂得。

梅兰芳少年时，艺人地位很屈辱，娼优同行人尽皆知，对男旦行成见尤深。梅兰芳一辈子用心用力，就是要为艺人挣得文化地位和人格尊严，去掉烙印在他们身上的时代伤疤。

民国时期著名票友苏少卿说过：“观四子师友之多少，亦断其事功矣。”他的意思是，四大名旦的成就大小，很大程度上取决于他们身边那个圈子。这个“师友”，不单指捧角的人，也是说文化上的交往者。

中国艺术研究院戏曲所研究员龚和德说，梅兰芳是艺人和文人合作开风气之先者。清末旧文人对男旦还纯粹抱玩狎态度，但进入民国后有了变化，文人和艺人逐渐形成一种新的关系：除了诗酒之会，还有文化上的合作。在文人和艺人的往来中，京剧生末净丑行当都有发展，但真正获得重大突破的是旦行。这里面的一大重要原因，是几位名旦都和文人形成了一种新的关系：是老师，是朋友，亦师亦友。这种关系在民国时期，尤其是 1937 年之前形成了高潮。之前没有过，之后也不再有了。

与戏曲艺人合作的，大多是有比较深厚国学修养的一类新派文人。主张新文化运动的精英则少有同戏曲艺人交往，他们看不起传统戏曲，同时因为缺少对戏曲的沉醉而难以驾驭这种艺术形式。还有一个原因：文人同名角合作，要甘于把自己湮没在名角光芒的背后，而新文化运动精英张扬个性，做不到这种牺牲。

1923 年，罗瘿公与程砚秋、吴富琴、齐如山、许伯明（从左至右）合影

文化史和戏曲史研究者赵珩，对四大名旦身边文人的界定是，“旧文人而有新思想”。比如说，辅助梅兰芳的齐如山不算世宦出身，但留学过欧洲；早期扶持程砚秋的罗瘿公是康有为的大弟子，但辛亥革命后官至总统府秘书，和从事新教育的傅增

湘、蔡元培等人交往密切；后期扶助程砚秋的重要人物陈叔通，虽然清末授过翰林院编修，但1929年他曾东渡日本学习政法，回国后创办杭州第一个女子学堂。

总之，这些有新思想的旧文人想要把自己对文化改造的一部分愿望，通过艺人去实现。那时候看戏最勤的，多是银行、邮局、铁路、医院的职员，协和医院大夫的票戏最有名，票友全是从国外留学回来、受过西方教育的人。程砚秋的儿子程永江说，燕京大学百万基金委员会的主任李伯彦就是程迷，他父亲通过这位李主任，还结识了北大校长梅贻琦、南开校长张伯苓，并和张伯苓先生一见如故成了挚友。

四大名旦身边都有自己的文人圈子，这些人的背景和文化面貌也各不相同。龚和德认为，比较起来，梅兰芳身边的文人更古典，也更懂一些现代艺术，有一种形而上的追求。他们塑造梅兰芳，有明确的艺术路线，包括求得歌与舞的新的平衡，装扮上融入现代审美理念，题材上如《嫦娥奔月》《天女散花》《上元夫人》《麻姑献寿》等，超越了现实的悲欢离合。这条艺术路线，大概可以称之为古典唯美主义。

合作之初，双方也都有顾虑，典型的例子是齐如山与梅兰芳。他们是在有了充分的信任后，才有了长达20多年的合作。合作的焦点是创作新戏和改进旧戏，当然还有交际、宣传、办学等诸多方面的工作。齐如山还开创了京剧研究，尤其重视口述资料的收集和整理。

借助齐如山这种有新思想的戏迷，加上出众的艺品和谨慎为人，梅兰芳和旧梨园风气周旋了几十年。他的改良方式是温和的，有时也进两步退一步，但在根本上他没有妥协过。

舞台上一些老规矩，从他这里开始改了。比方说从前角儿在台上

“饮场”，就是唱着吃重了，贴身跟包中间要随时递上茶壶，里面也有装参汤和白酒的，让角儿润完嗓子再接着唱。梅兰芳觉得饮场有碍表演，30 年代在他的戏班里带头杜绝；旧时舞台上有检场的人，在艺人唱的过程中上去布置或收拾道具，梅兰芳觉得干扰看戏，也是他最早废除了。他还学着新戏的样子，为自己制作了节目单，在上面印上唱词，这也是京剧头一份；创了自己的戏班“承华社”后，他换了一台底幕，花红柳绿不见了，上面绣的是清雅的梅花图。应该说，今天京剧舞台的净化，很多得益于梅兰芳当年没有前例的大胆改变。

那个年代，艺人的人格自觉也开始滋长，想要用读书人的基本修养来要求自己。1915 年，刚刚唱红的梅兰芳开始学画，拜师北京画家王梦白。之后，他通过齐如山和银行家冯耿光，结识了陈师曾、金拱北、姚茫父、陈半丁、齐白石等绘画名家。荀慧生下死功夫学文化，据说曾从头到尾抄了整三遍《红楼梦》，后来他也正式拜师海派书画大家吴昌硕。尚小云喜好字画古玩，1959 年他从北京移居西安后，将自己 66 件珍贵收藏捐给了当时的陕西省博物馆，其中有明代倪元璐的行书条幅、周之冕的花鸟画，清代石涛的山水条幅、八大山人的草书、郑板桥的书法对联，品位相当不俗。程砚秋的御霜簃书斋往来有鸿儒，名气不输京城文化名流的书房。梅兰芳搬到无量大人胡同后，他家的客厅缀玉轩成了京城一处艺术沙龙，他的文学修养、历史知识和眼界气度，在友人谈文论艺、臧否人物的氛围中得到了熏陶。

1930 年梅兰芳赴美演出，现在的人会觉得，多好的事儿啊。但在那个年代还是一个需要胆识才能做出的决定。外国人能看懂京剧吗？如果上座儿塌了，消息传回国内会是怎么个局面？四大名旦地位不相上下，花那么多钱出国演，对自己是往前推一把还是往后拽一把？一切未知。

1930年，梅兰芳美国巡演照（Bettmann-Corbis 摄影，视觉中国供图）

赴美演出是由美国驻华公使保尔·芮恩施提议，一起撺掇的有晚清老交通系的叶恭绰、北大校长司徒雷登，梅兰芳访美的大题目就是加深中美人民的友谊。当经费吃紧时，梅兰芳把赴美看作整个中国艺术界的脸面问题，而不仅仅关系他个人事业。梅兰芳的儿媳屠珍说："其实梅先生美国之行，表面风光，内里有些亏损，欠了中国银行许多钱。因为在外开销太大，要撑一个中国艺术大师的门面。旅费，五星宾馆住宿。比如在纽约住 Plaza Hotel，靠近中央公园，梅先生的套间一天是 30 多美元。从洛杉矶到檀香山的轮船，梅兰芳先生的特等舱是 500 多美元，其他人也坐头等与二等舱，也要 290 美元与 190 多美元。结果回国后，福夫人把节余的大部安家费和自己的体己首饰都拿出来，赠还梅先生，让他还债。"

抗日战争时期，他面对唱不唱的大是大非。梅兰芳研究者徐城北说："日本人迫近北平，梅兰芳胆小，他在想唱不唱，去问杨小楼。杨说不唱，等死就完了。梅兰芳说，不唱大约是不行的。”于是梅兰芳避难离开北平。在香港期间，有人诱惑他说，不唱营业戏不算卖国，也有恶势力把定金放下就走。他的日本戏迷和久田幸助替日本军方与梅兰芳交涉，梅兰芳说：“我来到香港，是因为不愿意卷入政治旋涡。现在中国分成两个，蒋先生的中国和汪先生的中国。我和蒋先生、汪先生都是好朋友，我以一个朋友来说，对两人任何一方却不应接近……如果要求我在电影舞台或广播中表演，那将使我很为难。”

1946 年，周恩来曾会见梅兰芳，要求他留在上海迎接解放，梅兰芳明确表示：“我哪儿也不会去。”1949 年后，梅兰芳先后当选新中国的全国人大代表、中国文联副主席、中国戏曲研究院院长等职。身份发生的巨大变化，曾让他感叹“这是我们戏曲界空前未有的事情，是我的祖先们和我自己都梦想不到的事情”。他一生为艺人争地位，又尽量和政治保持距离。现在他被政治赋予了新的身份。

新中国成立后，程砚秋成为第一个积极入党的戏曲演员，由周恩来、贺龙担任入党介绍人。徐城北说：“这对身为伶界大王的梅兰芳很有压力。”后来周恩来询问梅兰芳：“要不要我和陈老总当介绍人？”梅兰芳说：“总理日理万机，公务繁忙，我只是一名普通演员，还有许多方面不够条件，还需要努力。我不敢再给总理增添负担，我就请我单位的两个书记做我的入党介绍人吧，请他们平时对我多加帮助和监督。”

李玉芙、黄宗江、赵珩，他们都在童年时先观赏了梅兰芳的戏，后来认识了梅兰芳这个人。在他们十几岁的心坎里，梅先生美啊！怎么个美法？不知道。他们看到的梅兰芳本人，已是他的老年，是他自己都无法释怀的衰老的形象。周恩来的哥哥写了剧本《童女斩蛇》，梅兰芳推辞："我演小姑娘不合适，腰也粗了，扮相老了，不合适。"他要求演《穆桂英挂帅》，因为女主角50多岁，让他没有忸怩作态的顾虑。他65岁拍电影《游园惊梦》时很担心："在舞台上演戏还不致显出老态，但电影就恐怕难以藏拙。"那时的他尽管有程砚秋复出时的高大黑胖，却还是对自己的外形有自知之明。

1961年夏天，梅兰芳陪别人去北京阜外医院看病，没承想，把他自己留在了阜外。他从没想过自己会病重，断断续续口述的《舞台生活四十年》还在报上连载着，前往新疆参加铁路通车典礼的机票已经买好。据屠珍回忆，8月4日，从北戴河会议赶回来的周恩来到医院看望梅兰芳，临走时还说："我明天回北戴河，下次回来再来看你。"但就在四天后，8月8日，梅兰芳心脏停止跳动。一位戏曲研究人士说，以前的中国人有一种耻感文化，梅兰芳觉得自己身体好多了，坚持不要别人搀扶如厕，才引发了心肌梗死。

四大名旦的寿命在今天看来都相当短暂，最小的程砚秋去世时只有54岁，梅兰芳终年67岁。梅家的世交赵珩说："艺人的生活不规律，尤其像梅兰芳，身兼那么多社会职务，京剧院、戏曲所、梅剧团、下基层。"他在去世前一段时间，晚上演出完了还要去新闻电影制片厂拍电影，更多的也许是精神上的疲倦。

作为从旧时代走来，经历了风风雨雨的艺人，梅兰芳一生盖棺定论时，哀荣备至。他的棺木由周总理特批，从国库中取出最好的金丝楠木；陈毅在慰问梅家家属时表示："梅先生是一代完人。"

47年后，梅兰芳的朋友黄宗江依然坚持这个观点，他说"金无足赤，人无完人，不过梅先生几乎就是赤金、完人"。

到底什么样的人，才用得上“完人”二字？

梨园行流行“踩乎”，但很少有人听说梅兰芳与纷争有关，在采访中我们也发现，几乎没有人说梅兰芳不好，在他死去这么多年，还是极力维护他的形象。

梅兰芳与其他角儿的区别，是他作为文化现象，在后期发展中，为人处世超越了审美。他把儒家的中庸之道运用在京剧里，深谙过犹不及的道理，做人做事永远留着体面。

民国时期，梅兰芳、余叔岩、杨小楼并称堂会三大件，如果三者其一不到，有权势的主人面子就要大伤。这种处境使得3个人都必须周旋在权力的旋涡，梅兰芳很少硬杠，他总是婉拒。他在政治上不能算不敏感，但尽力不参与政治，也不担任梨园工会的职务。但是他很积极地为“窝窝头会”捐钱，“窝窝头会”是给穷苦艺人帮助的协会，即使在没有收入的抗战岁月中，也不曾停止，琴师姜凤山就是他出钱从买主手里赎回来的。年轻时的梅兰芳并不很怕事，过去剧团的主动权在班主手里，主角拿戏份儿，他从日本开阔眼界后，回国建立明星负责制，姚玉芙遭遇镪水就是由于改革伤害了班主的利益。

繁重的社会角色使他与家人相处时间很短，无暇收徒，他的儿子梅葆玖主要是由梅剧团的另一位演员和琴师负责说戏，他大概是北京京剧界交游最广阔的人。他被动地待在家，自然会有人上门结交。据说当年梅兰芳住在北京无量大人胡同时，家里经常摆出流水席，聚集着各色人等。梅家常年有3个厨子、4个秘书，吃饭是流水席，同时开两桌，休息十几分钟后再开席。吃过梅兰芳饭的人他自己都不认识，这些人以进梅府为荣，出去也会为他扬美名。但梅兰芳自己却似乎并不富裕。

吴迎少年时经常在梅兰芳家里玩耍，他对夏日里梅兰芳的记忆是："上世纪 50 年代家里没有空调，他里面圆领的汗衫上都是洞，小女孩就爬在他身上抠那些洞。他出去的时候，衣服穿得都是笔挺的，不知道里面的衣服怎么会是这样的，让他换他也不换。"当然这是后话。

梅兰芳的班底是二流配角，他用了旧人后就不再辞退，一直到养老送终。一度须生泰斗余叔岩在他那里搭班，一个班里某种类型的名角只能有一个，梅兰芳的老生搭档是王凤卿，在王的包银是 3200 元时，梅兰芳才 1800 元，但此时的梅兰芳早已成为剧团的大轴。为了让孤傲的余叔岩心里舒坦，梅兰芳为余叔岩搭过一次小配角。新中国成立后他又遇到这种情况，名小生俞振飞比他的发小姜妙香名气大，但与姜妙香是多年兄弟，梅兰芳安排剧目时一场俞振飞是男一号，另一场姜妙香必是男一号。定制戏装时，他也一模一样要定制两件，为人极其周全。

黄宗江说，梅兰芳是个最会夸人的人，上馆子吃饭，他要请上大师傅说："老师傅做得太好，再包两包带回家。"黄宗江第一次见到梅兰芳用京白开玩笑："我今个儿闯宴。"梅兰芳立刻回以京白："您话儿说的，要请还请不来呢！"

他的性格影响到表演，梅兰芳说："我的性格，不适宜表演玩笑、泼辣一派的戏。"因为他生活中总是端庄，不愠不火。他身边人几乎没有见过他发脾气，除了吴祖光，那也是因为排《断桥》时梅葆玖迟到，梅兰芳发了火。梅剧团的演员孟俊泉举了一个例子："梅先生有四句定场诗总记不住，他就让检场师傅用墨笔写在道具书上。那天师傅忘记了，幸好梅先生一下子想起了台词。师傅吓得戏没完就跑了，梅先生下戏什么也没说走了。"这种事情还挺多，有时是场工拿的鞋子不是一双，《断桥》的白娘子头上顶的白绒球，工作人员拿错了红绒球，梅兰芳还说红球也不错，以后就用红球吧！

孟俊泉提前两小时进入化妆间，以为自己够敬业了，一看已经60多岁的梅兰芳化好妆，勒好头，默默地等待开场，那一刻给他相当的震撼。孟俊泉是孟小冬的侄子，没说过一句梅兰芳的不是。

梅兰芳的性格谨慎小心，他的琴师姜凤山说："梅先生从不发火，因为没人招他生气，他没有不如意的事，人人都尊重他，叫他梅大爷。"他所见的只是功成名就的梅兰芳，梅兰芳不受委屈也是因为他不给别人委屈。他家里的架子上摆着一个绍兴酒坛子，梅兰芳吊嗓子时对着坛子口，怕影响其他人休息，可实际上那院里的人全是仰仗他生活。儿媳屠珍回忆起她公公的一件琐事：他出访带回来一只地球仪，有打开的窗口，探出一只和平鸽，家里所有的孩子抢着要，梅兰芳略作沉思，决定给梅葆玥的儿子，因为他是唯一的外孙。

梅兰芳的态度影响到周遭的人，徒弟李玉芙说，梅剧团的人关系很平等，老师也从不藏玩意儿，玩意儿指的是技巧。过去跟师傅学戏是很难的，后台常听到："让他糊涂一辈子！凭什么教给他，咱们花钱学来的！"他的管事姚玉芙原本是很不错的男旦，为了梅兰芳的事业放弃了自己的事业，甚至有一次为他挨了小流氓的镪水。梅兰芳抗战时期在上海没有收入，梅葆玖的义父孙耀东为了给梅家钱又不让梅兰芳失面子煞费苦心，捏造出买家收梅兰芳的画，实则由孙耀东付款。

电影《梅兰芳》的编剧张家鲁提到，在编写梅兰芳蓄须明志、卖画维生的一段历史时，他发现梅兰芳当时还在资助一些穷朋友，这让他感到很困惑："其实当时大家情况都不好，他不去资助别人，别人也不会说什么。可他在自己都吃不上饭的时候，还要去资助别人。"

这个细节让张家鲁觉得，梅兰芳"他一直在努力地'成为'梅兰芳……这里面甚至有'自我催眠'的成分"。

有人曾开玩笑形容梅兰芳是"戏曲界的薛宝钗"。黄宗江不以为然，他眼中的梅兰芳圆融但不圆滑，家常说话也要带着韵。有一次乘飞机经过台湾上空，有可能飞机被打下来，梅兰芳一手拉着葆玖，一手拉着葆玥，说："那咱们就殉了。"

即使对晚辈，梅兰芳也会轻轻欠着身，面带笑容，声音低低地说话，如果晚辈中有女性，他还会起身让座。

梅兰芳的秘书许姬传记录过这样一件事：新中国成立后梅兰芳去武汉演出，开演前一个小孩子请他签名。他低声对小朋友说："请你原谅，在这公共场所，如果大家都来找我签名，就会妨碍台上演员的工作，扰乱秩序，是不大好的。"小朋友说："你快同我签吧，别人不会看见的。"梅先生没法，只好把手册摆在腿上签好了递给他。说是秘书，梅兰芳其实素来称许姬传为"许姬老"。与梅兰芳合作过12年的琴师姜凤山感慨地说："他啊，就怕让别人为难。"

也许在今天看来这只是一个很正常的反应，但在梅兰芳的时代，梨园界的规矩极大，角儿和普通人隔着银河般的距离，他的弟子们见到他，如果梅兰芳不主动说话，他们是不能开口的。梅兰芳的女弟子李玉芙讲了一个故事：人艺排演《名优之死》，有中间人带着于是之、田冲等人去京剧后台体验生活，中间人向他们介绍名老生谭富英。平时谭富英最是随和，但上了妆的他面对几位立在一旁的大演员，只淡淡"唔"了一声。中间人非常抱歉，人艺的演员并不生气，说这才是角儿

梅兰芳参加第一届人代会的代表证（读图时代摄影，视觉中国供图）

的气派。

新中国成立后剧团的形式有两种：中国京剧院、北京京剧团这样的国家院团，其中有李万春、谭富英等名家，上座率比较高，但新演员上台机会少；另一种以名角命名，四大名旦都有各自的剧团，弊端是当主角不上场时上座率很低，像荀慧生剧团，即使荀慧生出场，也只有五六成的座。孟俊泉记得那时的票价定在 4~ 8 角，如果梅先生演，最高票价是 2.4 元，他演一场顶学员们演 10 场，常常是剧团维持不下去了，梅兰芳来演几场。有一次连演员们回北京的路费都没有了，还要由梅兰芳自掏腰包。

梅剧团作为彻底改造戏曲角儿制的试点，被收归国有，把中国京剧三团的人补充进去。孟俊泉刚到梅剧团两个月，有一天梅兰芳请他们吃饭，"梅先生很高兴地说，告诉大家一件喜事：我们国营了！"剧团名称不变，体制发生了变化，由国家拨款。在梅兰芳、程砚秋去世后，尚小云于1959年去了西安，荀慧生年纪已大。1963年，北京市文化部门决定对梅、尚、程、荀四个剧团进行整顿，四大名旦的名字于是才从剧团门口摘下。

梅兰芳身上肩负的是包括梅剧团在内众多亲属和班底生活的重担。当时任国家京剧院副院长，中国戏曲研究院副院长、党总支书记的马少波先生曾回忆说，1955年国家京剧院成立后，他曾向周总理提议，梅兰芳情况特殊，有整个梅剧团班底和许多亲戚的生活仰赖他，作为文艺一级演员每月330元的薪给实在困难，特请批准在国家京剧院里恢复梅剧团，梅兰芳本人不必担任琐碎的行政性工作，而应专注于带领剧团全国巡演，月薪1100元，演出其他收入按照传统在剧团内部分配，这才解决了梅兰芳的问题。

1959年，为了庆祝新中国成立10周年，马少波征得梅兰芳院长同意后，将豫剧《穆桂英挂帅》改编为京剧，由郑亦秋任导演，陆静岩、袁韵宜担任改编任务，首先由梅剧团班底演出，然后再在国家京剧院内选拔演员重排。马少波回忆说，在当年3月的一次国家京剧院院务会议上公布决定后，梅兰芳很激动，说："1913年，我第一次登台唱大轴，就是在上海演《穆柯寨》，到了晚年，又要演这样一出戏，可见我跟穆桂英真是有缘啦！"

这是梅兰芳生命历程中排演的最后一部新戏。当时年仅20岁的国家京剧院演员夏永泉仍然记得那个下午。在他寓所的墙壁上，工整地挂着一张黑白照片，正是1949年前，剧组在北池子排练对戏词时的场景：身穿一身整洁白色衬衣的梅兰芳坐在沙发中央，旁边是饰演寇准的李长春、饰演王强的袁世海等人。“戏排了最多不过 10 次，每次排练的时候，对词、走台，最后走走响台，响台是指加上锣鼓的走台。一般的名角走响台时不会很有力地去唱，就是走走步子，梅先生当时 65 岁了，对这出戏很熟，但是排到了他的单场的时候，仍然是在用正式演出的调门去唱。”

在梅兰芳的从容调度和所有演职员把“挂帅”当作政治任务来做的热烈气氛下，这出新戏从筹划到最终完成只用了不到两个月的时间。1959 年 5 月 25 日，《穆桂英挂帅》在北京人民剧场首演，一连数场，场场爆满。等到国庆节正式演出时，“捧印”一场戏的效果自然是花团锦簇，同台的所有演员不顾累赘的行头，都挤在幕边观摩。当梅兰芳唱出“一家人闻边报雄心振奋”时，当时趴在夏永泉肩膀上的李少春用力地拍了他一下，对他说“这才是梅兰芳”。——此情此景，恐怕可以定格为他艺术生涯的最后形象，一如罗伯特·里特尔在 1930 年 2 月 17 日的《纽约时报》上的评价：“梅兰芳在舞台上出现 3 分钟，你就会承认他是你所见到的一位最杰出的演员。演员、歌唱家和舞蹈家的三位一体，你简直看不出这三种艺术相互依存到了什么界限；你看他在舞台上表演，会觉得自己仿佛置身于一个古老的神话，优美、和谐而永恒的领域里。”

徐城北说过一件往事。他的妈妈曾经在《人民日报》当记者，因工作关系接触过梅兰芳。有次到梅兰芳家里去，梅先生正在招待重要客人，他妈妈就先坐在一边。梅先生招呼着客人，但其间也会回头对他妈妈笑一下，因为他不会让一个人受冷落。

徐城北家里留着一张照片，是他母亲当年从梅兰芳那里拿来的。那张照片拍摄于 20 世纪 50 年代，照片上梅兰芳穿着中山装，口袋里插着一支钢笔，头发梳得一丝不乱。徐城北说，这是当年最流行的干部装束。旧时代的艺人，要的就是一个体面："要美，要尊严。"

（撰文：曾焱）

王世襄：

京城第一大“玩家”

一、从逍遥公子到潜心治学

学者张中行生前回忆他初次上门拜访王世襄，把一路经过写得很仔细：

乘公交车，南小街站下，南行一段路，远远看见路旁有人招手，原来王先生在胡同口等着。东行一段路，进街北一个大院落，王先生住北房，五间，由东头一间入门，先见到袁荃猷夫人。

1914年5月25日，王世襄就出生在北京东城的这个四合院里。他在这里几乎生活了一辈子。这里门牌原本是芳嘉园胡同3号，20世纪60年代，北京调整了一次街道编号，于是变成了芳嘉园15号，以后就一直沿用，直到90年代末北京开启一轮旧城大改造，这个院子也就随之消失在了推土机下。

王世襄在芳嘉园后院门前，旁边是他自制的信箱

芳嘉园这个四合院，本是王世襄的父亲在王世襄出生那年购置的，有他一家人的全部生活。

王家属于福建望族，出过状元，世代为官。到他祖父一辈，举家从福州搬迁北京。再到他父亲王继增，已经是受洋务思想熏陶的新派人物。王继增入读南洋公学，毕业后又出洋，跟从驻法公使孙宝琦，做了几年法国留学生监督。王世襄出生那年，他父亲已经任职于北洋政府外交部，官至墨西哥使馆公使兼理古巴事务，后来一度担任过国务院秘书长，直到20年代末才从官场退隐，做了寓公。王世襄自己说过，他家前辈都有“通达时事、兼备中西、注重实际的办事作风”，这对他后来的生活态度和治学风格产生了潜移默化的影响。

“兼备中西”在他父亲身上，比较多的是细微的生活痕迹，其他方面倒是少被提起。王世襄记述，他父亲因为多年驻留国外，保留了西化的习惯，比如每天下午必定要用一次午点：一杯加奶的红茶，一两块点心。不过，他父亲又恪守中国老式家庭的规矩，每天上午11点，晚辈必须到他房里去请安。

家里的布置，也是中西合璧。用他们家老佣人的话来形容，芳嘉园的院子很“不格局”，但这其实是他父亲精心改造的结果。各屋都有卫生间，卫生间里有上下水。饭厅是西洋建筑风格，大开间平顶房，放置了一套从德国洋行订制的椭圆形大餐桌和皮质的高背餐椅。他父亲常在家里以西餐宴客，菜式则是那个时代比较典型的中国式西餐，如拌生菜、土豆沙拉、牛尾汤、西法大虾、咖喱鸡等。他们家有一本早年出版的英国原版的菜谱，王世襄从中学会了很多菜，也教会了家里一位老佣工张奶奶，到后来，旗人老太太竟能独自做出一整桌的西餐来。

少年王世襄与父母

有意思的是，在这样家庭里长大的王世襄，除了上的是美国学校，骨子里迷的却全是北京民俗。他后来爱上明代家具研究，最愿意结交的也是民间各路工匠。他英文好，晚年总当作得意之事告诉晚辈的是第一次开蒙写英语作文，写的就是养蛐蛐的事儿。再后来，每次写作文，篇篇养鸽子，老师怒而掷还。

王世襄这些爱好和性情，其实受他父亲影响有限，而和他母亲关系极大。

王世襄的母亲名叫金章，也是大户人家出身。金家祖籍江苏南浔，做蚕丝生意发的家，到王世襄外公一辈，已经是有实力兴办电灯厂和西医院的新派巨贾了。1900年，金章兄妹5个被家里送到英国留学，这在那个时代还极为少见。金章跟随兄长在英国生活和学习了5年，和王继增结婚后，又陪伴做外交官的丈夫去到巴黎常驻，其见识和眼界，绝非寻常中国女人可以相比。两个儿子相继出生，金章为他们分别取名巴黎和长安，稍大后，才改名为世容和世襄。

王世襄对中国传统文化的兴趣，也主要来自母亲家庭。金家兄妹5个都有很高的书画修养。大舅金北楼擅花鸟山水，回国后在北京创办中国画学研究会，他和留学日本的陈师曾同被尊为北方画坛盟主，可惜两人后来都早逝。另外两个舅舅精于竹刻，其中四舅金西厓被誉为近代刻竹第一家。金章也精通书画，是“女画家中的杰出者”，以鱼藻闻名其时，还写过四卷本的《濠梁知乐集》，讲如何画鱼。

除了这些耳濡目染，王世襄最不能忘记的是小时候，母亲对他天性的保护和宽容。他8岁那年，大他两岁的哥哥不幸早夭。王世襄晚年在回忆中写道：“我母亲剩我一个，不免开始放纵溺爱。但有一个原则，凡对身体有益的都准许玩，如有害身体的，则严加管教，绝对不许可。”从小学到高中，他白天在美国学校接受西式教育，放学回家后，再由国学老师私授两小时经史诗词。但这些功课拦不住他到市井茶肆去厮混。养鸽子、捉蛐蛐、驯鹰、捉獾，都是老北京人所谓的“武玩”，即身体不好玩不下来。这些在亲友眼里属于“不上进的乡野玩意儿”，母亲却一概应许他，因为对身体有益。王世襄晚年跟身边人回忆自己小时候如何顽劣，母亲又怎样开明，爱讲那件上房赶鸽子的故事：他10岁开始养鸽，人小，手劲不够，家中三间瓦房的屋檐全被他那根驱鸽的大竹竿敲碎。为了追赶落到邻家房上的鸽子，他经常从正房的屋脊跳到相隔数尺外的厢房顶。有一次，母亲不幸撞见这种场面，惊吓之下几乎晕倒，但事后也并未禁止他养鸽。在开明的母爱的保护下，这些野性的自由生长给了王世襄健壮的身体，也让他日后在被政治运动打入人生最低谷的时候，不至于自弃。

1934年王世襄考入燕京大学医学预科系，这是父亲所期望的结果，可他并不喜欢。对那段经历，他在书中是这样记述的：

我对理科的东西没有一点兴趣，读了两年，多门不及格，差点被燕京大学开除。当时燕京大学有个规定：对于这种情况的学生可以为其转系，转读跟现读专业跨度比较大的专业，如果成绩及格，还可以在燕京续读。于是我就从医预系转到了国文系。协和许多大夫，都曾经是我的同班，现在他们也都老了。我转入国文系之后，别的同学都没有我的基础好，反倒成了尖子。这下子我感觉老师教的那些内容我都会，可以不用学了，贪玩的心更大了。有一次邓之诚先生讲课，我揣着蝈蝈葫芦就进了课堂。在邓先生正讲得兴致勃勃之际，我怀里的蛐蛐响了。邓先生很不高兴，把我赶出了课堂。

上大学后，王世襄独自住在燕京大学东门外一个20多亩的大园子里，那是父亲在他读初中时就买下的，外人都叫它“王家花园”。听起来很排场，但据王世襄描述并非豪门深宅，而是一个大菜园子，里面有很多树木、花草，几排平房，几畦菜地。这样正合他不肯受拘束的野性子。他经常请来养虫和养鸽子的民间奇人，住进园子里，陪他种葫芦、遛狗、捉獾、养蟋蟀，把王家花园变成了名副其实的乐园。古文字学家陈梦家和燕京大学宗教学院院长赵紫宸之女、校花才女赵萝蕤新婚，那一时期也在王家花园借住。王世襄贪玩，常常晚上一个人跑到荒郊野岭去，跟人遛狗捉獾，玩到半夜跳墙回家，陈梦家夫妇没少受他惊吓。

王世襄在燕京大学的纨绔故事，黄大刚听他父亲黄苗子也讲过一个，说他刚考入燕京大学那会儿，还是有钱人家公子的做派，每天穿得很光鲜，身后跟一个老家人，手里还抱一条狗，总在学校周围逍遥。高年级有几个学生看他很不顺眼，趁他有次落单，上前摁倒就往地上猛蹴，把这个新生给收拾了一回。其中参与收拾他的一个人，后来跟黄苗子也认识，好多年后到芳嘉园15号来玩，说起王世襄挨蹴这件事，黄苗子就把王世襄叫过来，两个老校友见面哈哈大笑。那已经是五六十年代了。

那么王世襄又是如何从这样一个逍遥公子，变成一个潜心做学问的人了呢？说起来，还是因为爱他的母亲。

1939年王世襄从燕京大学本科毕业，就在这时候，他的母亲去世了。虽说是因为久病不治，他却自责，认为是自己不肯上进，才导致母亲伤心早逝。自那以后，他性情改变。1940年王世襄考入燕京大学国文系研究院。他摒除了从前的玩好，开始在园子里认真读书，用3年时间，完成了一篇40万字的硕士毕业论文——《中国画论研究——先秦至宋》。1943年，从燕大毕业的王世襄听从父亲的建议，由故宫博物院院长马衡推荐，南下重庆，在梁思成主持的李庄时期营造学社做了一名助理研究员。虽然只在营造学社工作了两年，他日后对明代家具的喜爱，他和营造学社创始人朱启钤以及传世之作《髹饰录》的半辈子缘分，以及未来一生中的最灰暗和最灿烂，却都是在李庄埋下的伏笔。

在李庄，王世襄有机会读到了朱启钤发现并刻印的古籍《营造法式》和《清代匠作则例》，他因此对传统家具产生兴趣，也对朱启钤十分景慕。马衡、梁思成、朱启钤，他们在不同的时间段，分别成为王世襄人生路上的帮扶者。这样的幸运，不是每个人都可以有的。

在王世襄心里，朱启钤是有着极重分量的前辈：他是中国第一所古物陈列所的创立者，也就是后来故宫博物院的雏形。他在北洋政府任交通总长时期，改建了正阳门、打通东西长安街，形成北京城区最早期的现代规划。他在1930年筹资成立的营造学社，则奠定了以现代学术方法进行中国古代建筑研究的基础。

1949年8月，王世襄结束他在美国的博物馆考察行程后，回到故宫博物院出任古物馆科长。他前去拜见朱启钤，说起在海外目睹各博物馆对中国古代髹漆技术的重视，朱老于是取出自己刻印的一本明代古籍《髹饰录》，嘱咐他利用回故宫工作的条件，下功夫重新注释此书。

《髹饰录》是明代隆庆年间一个名叫黄成的漆工所记述的漆经，后经嘉兴人杨明逐条加注，但年代久远、术语名词多，一般人很难读懂。更可惜的是，这本唯一存世的中国古代漆工专著却仅在日本藏有孤本。1927年朱启钤几经周折，向日本的寿禄堂主人借出抄本，自费刊刻200部，这才在国内有所流传。同时期经他刊刻保存的另一宋代古籍就是《营造法式》，两书的木版后来都被收存在上海商务印书馆，"一·二八"事变后，不幸毁于侵华日军的大轰炸。

王世襄是何时正式开始注释这项漫长工作的？他在故宫的同事、文物专家朱家溍有段文字回忆。朱家溍写道："有一天他说：'你看过

《髹饰录》没有？’我说：‘只知道有这个书名，没见过。’他拿起一本仿宋精刻的线装书给我看，说是朱桂老给他的。他说打算用通俗的语言注释，使研究漆器的人都能看懂。我到他的桌子旁边，看见他在一叠红格毛边纸上已经写了几行字。这就是他对于《髹饰录解说》工作的开始。”

但是安心著述没几年，王世襄就遭遇了他一生中最大的磨难。个中曲折，还得从抗战胜利后的战时文物清损工作说起。

1944年，南京国民政府的教育部在重庆成立了清理战时文物损失委员会。1945年9月，还在李庄营造学社工作的王世襄由梁思成和故宫博物院院长马衡同时推荐，被任命为平津区助理代表，参与追还和接收六批重要文物，其中就包括溥仪匿于天津张园的那批清宫旧藏。1946年底，他作为清损会专员又赴日本押送一批善本回国。1948年5月，他被故宫博物院指派接受美国洛克菲勒基金会奖金赴美国、加拿大考察博物馆，一年后回国，先后在故宫博物院任古物馆科长和陈列部主任。这样一段异常清晰且不负使命的历史，在1952年“三反”运动开始后竟被定性有重大问题，先进了东岳庙的学习班，后又关进看守所审查10个月，直到查明没有贪污盗窃才被释放。虽然洗去了不白之冤，文物局和故宫博物院却仍将他解雇除名，通知自谋出路。1957年为此事不平而鸣，他又被划成“右派”。

这是一段最灰暗的日子，王世襄后来在各种文章中屡有提及。他在《自珍集》序中写道：“大凡受极不公正待遇者，可能自寻短见，可能铤而走险，罪名同为‘自绝于人民’，故万万不可。我则与荃猷相濡以沫，共同决定坚守自珍。自珍者，更加严于律己，规规矩矩，堂堂正正做人。

唯仅此虽可独善其身，却无补于世，终将虚度此生。故更当平心静气，不亢不卑，对一己作客观之剖析，以期发现有何对国家、对人民有益之工作而尚能胜任者，全力以赴，不辞十倍之艰劳、辛劳，达到妥善完成之目的。”

朱启钤一番托付，当时就是他“自珍”的目标，他倾其半生近30年时间，为的是不负一诺。《髹饰录解说》的初稿，王世襄从1949年冬一直写到1958年秋，跨时近10年。脱稿后，当时已经86岁的朱启钤为他写序。王世襄心知在当时政治环境下难以出版，于是将书稿冒险送到一家小誊印社，自费油印了200册，分送给图书馆、博物馆和一些工匠、学者。在封面上，他连名字也没敢署，只印了自己的字号——“王长安”。

为了搞懂髹饰技法，写这本书的过程中，王世襄曾遍访北京匠师，其中有一位多宝臣老先生，给他的帮助最大。多宝臣18岁学艺，师从清末名匠刘永恒。刘永恒多年承应宫里营造司定制器物，一手彩绘、描金、雕填、堆漆技法，都传给了多宝臣。1953年，多宝臣63岁，经王世襄推荐进了故宫博物院修复厂，王世襄对他执弟子礼。有两三年时间，王世襄基本每个周日都去多师傅家学习，看他操作示范，为他做详细记录。他还将多师傅请到芳嘉园15号，请他现场修复一件描金柜架的残器，自己在旁打下手，做记录。

为了多做实物印证，只要听说谁家有传世漆器，他一定会想办法上门拜访，拍照、做拓本、量尺寸。黄大刚回忆说，他听王世襄的儿子王敦煌讲，王先生在写《髹饰录解说》这本书的时候，弄得院里三家人都快疯了，凡谁认识跟漆有点关系的人，都要给王先生提供线索，凡看见什么上漆的东西，王先生就要问：这你有用没用？他要拿走琢磨。

经过这样逐条逐句的整理、印证、补充，到最后书稿完成时，注释篇幅是原著篇幅的 20 倍。

这本油印册，王世襄在他人生最灰暗的时期勉力完成，更不知道有无正式出版之日，即便如此，他对朱启钤先生的交付也尽可能隆重相待。朱家溍生前回忆里说，“记得那天他把书送到我家，线装一厚册，瓷青纸书衣，宣纸木刻水印题签。全书写刻小楷，秀劲醒目，据说是请一位高手乌先生写刻的”。

1998 年，《髹饰录解说》由文物出版社正式出版，而朱启钤先生已辞世多年。王世襄捧书去朱府，面对朱老遗像恭行了大礼。

二、“不冤不乐”，存留中华民族文化

王世襄和明式家具的渊源，除了家庭从小熏陶以及40年代在营造学社的两年经历，和他与古文字学家陈梦家的那段交往也颇有关系。

1956年，陈梦家用自己撰写《殷墟卜辞综述》的稿费购置了钱粮胡同的一处四合院，那原先是王世襄舅父的房产。那时，陈梦家尚未被政治运动的飓风刮入深渊，他既做古文字学问，也爱古家具收藏，经常委托勤快敏捷的王世襄将自己购买的家具送去小器作抛光修理，加上那几年的耳濡目染，王世襄也逐渐窥得古典家具的堂奥。

在《明式家具珍赏》一书的序言里，王世襄曾回顾自己和陈梦家的趣事：梦家此时已有鸿篇巨制问世，稿酬收入比我多，可以买我买不起的家具。例如那对明紫檀直棂架格，在鲁班馆南口路东的家具店里摆了一两年，我去看过多次，力不能致，终为梦家所得。但我不像他那样把大量精力倾注到学术研究中，经常骑辆破车，叩故家门，逛鬼市摊，

不惜费工夫，所以能买到梦家未能见到的东西。

年轻时养鸽子、抓蛐蛐练就的体力，混迹市肆和奇人异士打交道的经验，王世襄在收集研究古董家具时全用得上。他有个带大货架子的自行车，能载一二百斤重。他在架子上常备粗线绳、麻包片、大小包袱，有时间就骑着到处看家具，买到东西就捆上车带回家，朱家溍就不止一次碰见他，车上带着小条案、闷户橱。北京天坛北侧，过去有明清时期的鲁班祠和行业会馆，那里的街道也因此被人叫作鲁班胡同，里面聚集了很多老北京的古旧家具修复作坊和商铺，王世襄早年最常去那里，有时候也去马甸的晓市。碰到原主不肯或者他买不起，王世襄就央请人家准他拍照，他自己带着摄影师和拍照用的灰色幕布、木架子上门，或者将小件的借出来，用自行车驮到王府井照相馆去请人拍。如果这样也不成，他就会说好话，求人家让他量尺寸、画草图。最坏的结果当然是被拒之门外。

1959 年冬天，朱家溍（左）和母亲与刚拍完朱家古家具的王世襄（右）合影

对他诸种遭遇，朱家溍先生在 1989 年《明代家具研究》出版时曾有过一

段非常生动的描述：“我的母亲也很喜欢他有一股肯干的憨劲，一切都给他方便，工作当然就比较顺利，但力气还是要费的。可是去别处就不尽然了。譬如有的人家或寺院，想拍的不是在地面上使用着的，而是在杂物房和杂物堆叠在一起，积土很厚，要挪移很多东西才能抬出目的物，等到拍完照就成泥人儿了。还要附带说明一下，就是揩布和鬃刷子都要他自己带，有些很好的家具因积土太厚已经看不出木质和花纹了，必须擦净，再用鬃刷抖亮才能拍摄。这还属于物主允许搬动、允许拍摄的情况。若是不允许，白饶说多少好话，赔了若干小心，竟越惹得物主厌烦，因而被摒诸门外，那就想卖力气也不可能了。但世襄也不计较，还是欣然地进行工作，好像永远也不知疲劳。像这样全力以赴地搜集资料，一直到 60 年代中期，人人都无法正常生活时才完全停止。”

等到了 70 年代后期，多了活动自由，他又故态萌发，开始骑着车到处看家具。如果假日有两三天，他就自费跑去苏州和广东考察家具产地。

收回之后，保藏这些家具成了劳心费力又担惊受怕的事。“文化大革命”开始后，芳嘉园的院子里先后挤进来近 10 家人。王世襄夫妇眼见躲不过抄家，为了不让收来的家具被毁，他们抢在抄家前都上交了，侥幸躲过一劫。

到了 80 年代，他家被抄没的物品陆续退还回来，被占走的那些房子却没法退，烦恼就来了：百十平方米的几间北房挤得满满当当，近百件珍贵家具只能摞起来，二老每天惴惴过日。王世襄的弟子、明清家具专家田家青回忆当年情形，说到了冬天最难办：“每当冬季屋里第一次点火生炉子那天，别提多让人担心了。各种杂物距火炉的位置，真是到了安全距离的极限，让人感觉火炉周围随时可能燃烧起来。”

王世襄收了四把明代一堂的牡丹纹紫檀椅子，是举世闻名的精品，但从没有一起摆出来过，因为家中狭小，书房放下一张紫檀大案和一对牡丹纹紫檀椅子，就没什么余地了。

王世襄真正开始为明代家具研究著述，是在 1980 年正式落实政策、回到文物系统后。他那年 66 岁，被分配到国家文物局古文献研究室，和一些 20 出头的小年轻成了同事。他当时也没名气，在小同事的印象中就是成天提一个破筐，里头搁两根黄瓜就上班来了。

王世襄开始写明代家具书，文物出版社派了一个摄影师去帮他拍家里的藏品，还有两个年轻人做助手。其中一个助手名叫杨术，也是文物摄影师，后来和王世襄成了忘年交。他说，紫檀、花梨的木器都重，一般至少需要三个人才能抬动。有次抬那个紫檀大画案出来拍，他们两个小伙子抬一头，王世襄一人抬一头，那时候他就觉着“这老头儿厉害”。

1985 年《明式家具珍赏》出版，里面有王世襄收藏的数件重器，包括：宋牧仲旧藏明紫檀大画案，明紫檀黑髹面裹腿霸王枨画桌，明黄花梨独板面心大平头案，清前期绦环板围子紫檀罗汉床，明紫檀牡丹纹扇面形南官帽大椅四具成堂，明黄花梨圆后背交椅成对，明黄花梨透雕麒麟纹圈椅成对。这些在世界范围内亦属最重要的家具收藏之一。

房子退不回来，申请换房也一再落空，王世襄不得不考虑为这些家具收藏找一个妥当的归宿。老友朱家溍过去的遭遇，更是不时提醒他，就算捐赠，也要找一个有担当的合作者。朱家曾将十几件极为珍贵的明清家具收藏捐献给承德避暑山庄，运送中无专业人士同行，货车司机为了拉点私活儿，把这批家具中途卸载在一家客店的院子里堆放了5天，之后才又重新上车运到承德。结果这批家具损失惨重，其中一只极为贵重的清乾隆紫檀圆墩，被摔掉一个牙子和托腮，另一件造型极为优雅的紫檀嵌玉小宝座，丢失了腿足及托泥，不得不送回故宫修复。此事最后也无人追究，只有王世襄撰文《萧山朱氏捐赠明清家具之厄和承德避暑山庄盗宝大案》，记述、声讨此事。

在王世襄犹豫之时，1992年，时任上海博物馆馆长的马承源带给他一个消息。当时上海博物馆刚修了新馆，家具馆里却没有家具可供陈列。香港商人庄贵仑为纪念其先人，表示愿意出资买下王世襄的收藏，再以自己的名义赠予上海博物馆。王世襄觉得这不失为这批家具较理想的去处：不致流离分散，可供人欣赏，国内的国家级博物馆也从此有了专室陈列古典家具的先例。至于他自己，“但祈可以所得易市巷一廛，垂暮之年，堪以终老，此外实无他求”。

据田家青回忆，王世襄当时对庄贵仑说，只要他能够答应一件不留而全部捐给上博，自己的79件明清家具就全部奉上，并且对价格绝无二议。1993年2月，在马承源的安排下，这批收藏终于从北京安全运到上海博物馆。

后来有人议论他那不算捐赠，因为卖钱了。可他们谁知道他的这些真实想法呢？王世襄身边亲近的晚辈、书画鉴赏家萨本介向我确认，当时这批家具出让的价格是100万美元，他说“顶多值到全部收藏十分之一的价值”。紫檀大椅一共四把，上博本来只要王先生让一把，可他坚持将其余三把也一并送去了，他跟萨本介说，让它们散了是罪过。

1998年，王世襄和夫人袁荃猷曾到过上博一次，也是唯一一次。当时陪他们参观的上博专家王运天回忆：可能是有点睹物思情，二老那次并未在陈列他收藏品的“明清家具馆”里多停留，倒是坐在地下的贵宾室里和大家聊了很长时间。这之后，王运天去北京出差，给王先生打电话道歉，说这次可能没有时间登门看他了，没想到王先生让他时间再紧张也去家里一趟，有件家什托他带给上博，并在电话里接连嘱咐了两次：“一定要来！”见面后他才说出原委：有个老朋友到新居来看他，见一件旧家具都没有留，就将王先生当年送自己的黄花梨小交阤又还给了他。王世襄跟王运天说：“殊不知，没有就没有，现在又来一件旧物，反倒不自然。我在我出版的图录中唯此一件不在上博，这件我就捐给上海博物馆吧，成全了上博，也成全了图录中的家具不再散失。劳你带去，话不多说，你赶路吧！”

王世襄口中这个送还黄花梨小交阤的朋友，是梁思成的学生、古建筑专家杨乃济。20世纪60年代初，王世襄“右派”摘帽后调文物博物馆研究所工作，因明代家具研究和杨乃济相识，杨乃济后来常去芳嘉园拜访，并为他画过一些线图。“文革”前夕杨乃济被下放广西，王世襄和黄苗子请他吃饭并送行，就在那个晚上，王世襄将他早年从马甸晓市商贩手中买得的这个小交阤送给了杨乃济，算是送他一个远行的陪伴。1983年，为了编写《明代家具珍赏》，王世襄曾将小交阤借回拍照并收录到书中，注录为“杨乃济藏”。1993年，杨乃济听说王世襄家具全部入藏上博的消息，择日便带着小交阤上门来了。一送一还，隔着几十年，两头都是厚谊。

“不冤不乐”，这句北京老话王世襄常挂在嘴上。他给人解释过：大凡天下事，必有冤，始有乐。历尽艰辛，人人笑其冤之过程，亦即心花怒放，欢喜无状，感受最高享乐之过程。倘得来容易，俯拾皆是，又有何乐而言！王世襄的“不冤不乐”，于物、于人、于学问，其实有的都是一份情义。

傅万里是已故传拓圣手傅大卣的儿子，有时会帮王世襄先生墨拓铭文。有一天傅万里到王世襄家，聊起养蛐蛐，王先生就问他：蟋蟀谱瞧了吗？他问的是他写的那本《蟋蟀谱集成》，大约是在10年前出版的。傅万里老实回答，说没有仔细读中间的内容，只觉得代序的六首诗好玩。王先生听了就说：其实，那本书我是认真按做学问方法写的。当年促成《蟋蟀谱集成》问世的老编辑蔡耕，对王世襄倾注于这本书的感情自是了解更多。他撰文讲述过“耳听”《秋虫六忆》一幕，王先生烂漫的样子就如在眼前。他写道：1992年5月，我和同事冒着小雨去王家取《蟋蟀谱集成》的书稿，对着清单一一收齐。“最后王世襄取出一沓原稿纸举手扬了一扬，面露微笑说：‘《秋虫六忆》写完了，也交稿了。不过，今天我要朗读一遍，怎样？’众口同声连说：‘好！好！’出乎意外的，王老还朝着老伴袁荃猷说：‘你也坐下来听听。你还没有听过我的全文朗诵哩！’……就这样，一篇两万五千字长文，由一位77岁高龄老人，不疾不徐地全文朗读完毕。王老显得有点兴奋，愉快，也就是劳动者在劳作过后看到自己果实时那种心情的流露。也可能就是‘驱使吾使然而终不悔者，实因无往而不有乐在’了。”

杨术庆幸他在80年代初还跟着王先生去看过斗蛐蛐。

“记得他带我去的是牛街附近一个老中医家。那老爷子白胡子有这么长。大帮人在他家里，有人买来一大摞烙饼，熬一大锅稀饭，弄点猪头肉、羊头肉，吃完就开斗。这文化其实中间已经断了好长时间，但王先生总知道哪里还有人玩。”

杨术见到的老中医，应该就是王世襄在《秋虫六忆》里写到的李凤山。王世襄说自己十七八岁时和他相识，两人在蟋蟀局上交锋过两次，一胜一负，虽然年龄差了十几岁，也从此成为忘年交。

王世襄写李凤山 1949 年前的几件轶事，活灵活现：“李凤山，生于 1900 年，卒于 1984 年 3 月 28 日，字桐华，以字行，蟋蟀局报名‘山’字。世传中医眼科，善用金针拨治沙眼、白内障等，以‘金针李’闻名于世，在前门外西河沿 191 号居住数十年。”此人常被军阀重金请到外地去坐诊，三月一期，每次 3000 元大洋。但只要秋天一到，多少钱他也必定请辞，回家来养蛐蛐。有一回，京剧名角余叔岩摆了一个蟋蟀擂台，久无敌手，李凤山去了就胜了，一时名声大噪。余叔岩气恼得当即拂袖而去，经人说合了才重归于好。1992 年王世襄写《秋虫六忆》，里面收入不少虫具的拓片和照片，原器就多是这位李凤山的收藏。

这个江湖里还有一位了不起的人物，就是古琴国手管平湖。王世襄夫人袁荃猷善抚古琴，拜师管先生。管先生习画，又曾是王世襄大舅、北派画坛盟主金城金北楼的弟子，所以两家素有往来。古琴国手也是养虫高手，据说他在京城自认第二，平生服气的只有一位人称朱六爷的老头儿。养虫分秋虫和冬虫，秋虫也叫作鸣虫，冬虫也叫作斗虫，管平湖善养鸣虫，王世襄每提及他的本事都满纸景慕：“博艺多能，鸣虫粘药，冠绝当时，至今仍为人乐道。”

他记述平湖先生的一件江湖轶事：鸣虫中有一种大翅油壶芦，身长翅大，十分名贵难求。但如果翅动却不能鸣，任品类多好也身价掉落。

有一回，有个养虫家从市场重金买到一个大翅，回去后发现翅动而不出声，就又愤愤退了回去。管平湖听到消息，赶到卖家那里细看了一番，出重金又买了去。过几天，养虫的人都在茶馆聚，“忽有异声如串铃沉雄，忽隆隆自先生葫芦中出，四座惊起，争问何处得此佳虫”。众人于是叹服。

王世襄对“点药”绝技记述得十分详尽：虫鸣分为“本叫”和“点药”两种，本叫是天然鸣声，点药则是用松香、柏油（或白皮松树脂）、黄蜡加朱砂熬成药，形态颜色都类似火漆，将药点在翅上，效果就像音箱，可使虫鸣好听。管平湖之绝，在他选的点药位置竟在翅尖，这在行家看来极不合常规，甚至被视为大忌，他却偏偏这么做了。这份见识非常人可有，恐怕和平湖先生深谙音律不无关系。

对北京近郊可抓蝈蝈的地方，王世襄不但如数家珍，也几乎处处去勘踏过：近点是西山的灰峪、孟窝，远点是代城峪、安子沟。东山主要是东、西葫芦峪。六七十年代他常去的是秦城牛蹄岭，这属北山地界了。这种郊野之乐，“文革”时期帮王世襄排解过很多烦闷。他那时每月只有25元生活费，长途汽车也不太坐得起，只能骑他的大架子自行车进山。通常是半夜出发，太阳出来时正好到达山麓或沟口，然后手脚并用，入沟登山。到了下午3点，必定出山往回赶，就这样也得天黑才能骑进城。每去一回，往返五六十公里，到胡同口必定是尘土满面衣衫褴褛，院里大人小孩就开玩笑：“一路上没有人截着您买蝈蝈啊？”

80年代后期，黄苗子和郁风一家已经搬出芳嘉园了，有个周日，郁风回芳嘉园去看他们，只有袁先生一人在家，问起王先生去向，说70多岁的老头儿自己一个人跑香山抓蛐蛐去了。

对他来说，还有一件特能显出“不冤不乐”的事就是养鸽子。王世襄大约十一二岁开始养鸽子。那时北京鸽迷常去的鸽子市，有隆福寺、护国寺、土地庙、花儿市、白塔寺的庙会，它们轮着日子开。上燕京大学后，王世襄从城里搬到王家花园，识得了一位名叫王老根的京城养鸽高手。从前的王公贵族迷鸽子，府里都有专门鸽佣，王老根就是鸽佣中间鼎鼎有名的，在庆王府做过。他住进王家花园后，教了王世襄许多本事。1999 年王世襄写出一本《鸽话二十则》，终于将多年前所见的王老根绝活记述下来，希望别让北京民间的观赏鸽文化断代了。

60 年代以后，庙会地方大都改建为商场或文物保护单位，鸽子市搬到了龙潭湖、水碓子、祁家豁子，“无往日之盛矣”。不过在鸽子市搬家之前，王世襄被“三反”运动冲击，早在 1953 年被迫遣散了他的鸽群。黄苗子他们 1958 年搬进芳嘉园的时候，他已经不养鸽子，院里只剩了鸽哨和鸽笼。他给自己留的念想是一具水磨白茬的老挎，白茬也就是指本色不上漆，“老挎”就是养鸽人对鸽笼的称呼，他那只据说光亮可爱，“文化大革命”中被街道上的积极老太太拿去养了老母鸡。

十几年后，他和鸽子重续亲密，好像又回到了童稚之年，不过不是在空中，是在纸上。1989 年王世襄出版了《明式家具珍赏》和《明式家具研究》，接下来用他自己的话说，面临两个方向选择，一个是修改《中国画论研究》，或者另外一个是为蛐蛐、鸽子等北京民间玩好写书。

《中国画论研究》是他从燕京大学研究院毕业时选定的硕士论文题目，1941 年答辩时已经写到了先秦至宋末，毕业后他又用两年时间续写了宋元至清，未定稿有 70 万字。但有位老友跟他说：“世之寄情玩好者，何止千百。能用文字表达者，却罕见其人。有关述作，愿先生好自为之。”王世襄因此决定暂弃画论，在后来十几年里，以耄耋之年，相继写作、出版了《蟋蟀谱集成》《秋虫六忆》《北京鸽哨》《明代鸽经》《说葫芦》《冬虫篇》《大鹰篇》《獾狗篇》等作。门门绝学，令人叹止。

王世襄记述的对他说了那番话的老友是谁呢？田家青说，据他所知，启功先生、叶义先生，当时都对王先生说过类似的话，而且不止一次。后来启功评王世襄的著书，“一本本，一页页，一行行，一字字，无一不是中华民族文化的注脚”。

三、王世襄和他的朋友们

黄大刚是画家黄苗子和郁风的儿子，他在芳嘉园 15 号住了 23 年。1958 年他们家搬进芳嘉园时，他刚 4 岁。他们家搬走的时候，他 27 岁，而院子的主人、他最喜欢的“王伯”，则从一个乐呵呵的壮汉，变成了一个乐呵呵的老头儿。在他记忆里，芳嘉园是个很有意思的胡同。隔他们院一个门牌，是慈禧太后娘家弟弟的桂公府，老北京叫它“凤凰窝”，后来被科学院收去做过幼儿园。旁边还有一个王爷府，听胡同老人讲，里面从前养马，每匹马上都坐个马猴，也没人看管，马成天绕着胡同跑。这都是黄大刚小时候从胡同里一个剃头铺听来的。90 年代末开始拆胡同，桂公府和王爷府保住了，15 号院没了。

即便是在孩子眼里，15 号院也非常漂亮。黄大刚记得他们家搬过去后，住在里院的东厢房，屋前有一架紫藤齐檐高，紫藤架下有个竹篱笆，爬满牵牛花和瘸瓜。紫藤枝叶铺展得茂密，夏天里，三间房都没有西晒的时候。5月里，他们用竹竿够下花串，做时令的藤萝饼。东房的南窗外，还有西房的北窗外，都种了沁香的太平花，南边有一个芍药园。王世襄一家住正房，门前一边有一树高大的西府海棠。东边那棵后来老了，枯死了，王世襄把树干锯掉，弄来一个大圆青石板，自己动手用磨刀石打平了，放上树桩做桌面，又弄几个瓷墩儿当凳子，到夏天，院子里的人就在那儿乘凉、喝茶、聊天。

黄苗子一家，为什么会在1958年突然搬进王世襄家的宅院呢？黄大刚直到很多年后才明白个中缘由。两家能在芳嘉园做邻居，其实是这帮朋友一连串命运急转的开始。

一切还要从50年代那次私房改造说起。新中国成立后公有制对私房的改造，事实上从1956年初已经逐渐开始。王世襄的院里有几间厢房空着，房管局和街道居委会便天天上门动员，要么他拿出来租给无房户，要么就在他家办街道食堂或者托儿所。王世襄不愿租给外面的人，可又不敢拒绝，无奈之下，他想到自己去找几个朋友来当租户。黄苗子和郁风一家，《大闹天宫》的作者、漫画家张光宇一家，就在这种情形下成了芳嘉园15号的“房客”。

之前，黄苗子夫妇一直租住在东单的栖凤楼小院里，邻居们也都是文化人，有导演戴浩、音乐家盛家伦，还有剧作家吴祖光和他的新婚妻子、评剧演员新凤霞。王世襄那时在中国民族音乐研究所上班，和盛家伦是同事，一来二往，也就和黄苗子他们熟悉了。这些人当中有几个在40年代抗战时期的重庆就是老朋友，当时因为郭沫若的一句玩笑话，文艺圈把他们这帮常在一起的流亡文人称为“二流堂”。1957年反右运动开始后，“二流堂”当中不少人被划成右派，常来往的朋友也受到牵连。他们被上面批判，不敢再住在一起。吴祖光在王府井的帅府园买了四合院，最早搬走。其他人也都在找房。这种情形下，王世襄开口邀请黄苗子夫妇去他家租房住，解了双方燃眉之急。

“文革”开始之前那七八年，15 号院还挺热闹的。那段时间王世襄已经完成了《髹饰录解说》的初稿，正在汇编《清代匠作则例》。文博界有几个老朋友，像古书画鉴定专家张珩、朱家溍，书法家启功，都常来。画家叶浅予、丁聪，还有人艺演员吕恩，也喜欢往这儿跑。黄大刚回忆说，他那时还是孩子，但也记得 60 年代初有个夏天，3 家在一起请客的热闹场面。文博界、电影界、话剧界、美术界，来了四十好几个人，屋里坐不下了，就在院里摆了 4 张桌子。3 家分头做菜，然后端出来一起开餐。客人都自带了粮票，因为那个年代粮食按人头限量供应，来客不给钱没关系，但得交上粮票，不然谁家粮食都不够吃。黄大刚以后回想起来，那次大人们聚会的快乐，可能和 1962 年陈毅在广州对文艺界的讲话有点关系，政治气氛忽然显得略为宽松。

但这样还算平静的日子苦短，更大的离散随后而来：1965 年张光宇去世。1968 年黄苗子夫妇因为“二流堂”被定性为反党小组而被捕，坐了 7 年牢。1969 年王世襄夫妇被下放，分别在湖北咸宁和天津静海的干校劳动改造。街道居委会安排几家革命群众搬了进来，芳嘉园 15 号变成 8 家人共住的大杂院。

再后来，黄大刚插队回城，在东四副食品商店当过 3 年多售货员。王世襄买菜常去朝内、东单这两个菜市场，有时候也去东四。对王先生买菜的本事，黄大刚印象深刻。他说，王伯一般到得特早，先在对面的旧文化部大楼前打一通太极拳，7 点多市场一开门就进来了，挑好菜慢悠悠骑车回家，顺路到早点摊给袁先生端一大漱口缸的热豆浆回去，天天如此。他买菜是行家，精到什么程度呢？那会儿蔬菜的定价都是在早上开门后才统一发放下来，交给组长写到黑板上，之前连售货员都是不知道的。王伯每天都去，售货员跟他混熟了，小黑板没出来就故意问：老头，今儿菠菜多少钱？他会说这个大概多少钱，那个大概多少钱，最后拿出来的真就是这个价。

作家汪曾祺的儿子汪朗撰文回忆：他父亲编过一本《知味集》，收录了几十个文人谈吃的文章。他和汪朗说过，这本书只有王世襄先生和李一氓先生的文章最好，一是真懂吃，二是会写。

汪朗说他父亲和王世襄先生也属于“杂交”。两人都喜欢写些关于饮食的文章，都能做两道菜，彼此又都认可，一来二去就有了联系。汪家有几本王先生的书，谈明清家具的、谈葫芦的、谈鸽哨的，但是王世襄签名送给汪曾祺的书好像只有一本，就是《中国名菜谱·北京卷》，王先生是主编。

汪曾祺曾经写过一篇《食道旧寻》，里面谈到王先生：“学人中有不少是自己会做菜的。但都只能做一两只拿手小菜。学人中真正精于烹调的，据我所知，当推北京王世襄。世襄以此为一乐。有时朋友请他上家里做几个菜，主料、配料、酱油、黄酒……都是自己带去。据说过去连圆桌面都是自己用自行车驮去的。听黄永玉说，有一次有几个朋友在一家会餐，规定每人备料去表演一个菜。王世襄来了，提了一捆葱。他做了一个菜：焖葱。结果把所有的菜全压下去了。此事不知是否可靠。如不可靠，当由黄永玉负责！”

汪朗说，王先生接着写了一篇《答汪曾祺先生》，对老头儿文章中的一些“不实之词”进行了澄清，说自己去朋友家做饭，自带食材、调料是有的，因为一般货色不尽合用，但连圆桌面都用自行车驮去则是没影儿的事。文中还介绍了几道菜的具体做法，包括“海米烧大葱”。

王世襄爱做饭，而且总是用最普通的原料做最实惠的家常菜，平时用的餐具也就是街上杂货店买的大路货。可是吃过的人，一辈子忘不了。

1996 年的一天，王世襄认真跟弟子田家青说：你们青年人现在不把做饭当个事，瞎糊弄，等以后岁数大了肯定会后悔，你应该把几个家常菜好好学学，你哪天找个录像机，录下来，以后就不会忘了。

到了说好的日子，一大早他就拎着大筐到了田家青家。他准备了 5 种家常菜，其中有炸酱面、丸子粉丝熬白菜和他最著名的绝活“焖葱”，其实就是海米烧大葱。

王世襄在香港有几个老收藏家朋友，有一段时间，很馋他做的炸酱面，只要一听说王先生哪天要在家动手炸酱了，他们就会把电话打到他家附近的公用电话上，无论如何要他帮着多做一份，然后第二天一大早派专人飞到北京，上王先生家取完炸酱，顺手带两棵大白菜，再赶中午之前飞回香港，这样折腾一番，中午就能吃上王先生的炸酱面了。这也是田家青记下来的故事。

还有一回别人请王世襄吃饭，他拎着那个菜筐就去了，大家纳闷，也不好问。一桌菜吃到尾声，他不慌不忙从篮子里取出饭盒来，里面是他在家做的酿青椒，一人夹一个，说“试试我的吧！”一桌人连说好吃，老头儿让服务员把大厨也请过来，也夹了一个，笑眯眯地等着人家大厨给他叫好。

汪朗还回忆，他父亲住在蒲黄榆时，有个周末上午，王先生突然打来电话问地址，说是要过来一下，“进门之后，他打开手里拎的一个布袋子，跟老头儿说：‘刚才在虹桥市场买菜，看到茄子挺好，多买了几个，骑车送过来，尝个鲜。’蒲黄榆在虹桥市场南边，王先生家在北边，为了送这几个茄子，他老先生一来一去得多骑半个多小时。那年他好像已经78岁了。”

田家青记得，90年代末芳嘉园15号院没了，从平房搬进公寓后，老头儿、老太太就少做饭了。在编著那一套《锦灰堆》的时候，他基本是买冻饺子热一热就吃了。菜市场上对味儿的原料越来越难找，他也就慢慢失去了买菜的兴趣。

准确描述王世襄先生确实是一件不太容易的事。他当然是学者、文人、收藏大家，但他那些令人迷恋的生活性情和态度又绝不仅是这些表面上的词语可以概括的。在文化、思想和制度都变化最剧烈的20世纪，他们这代人能够完全主宰自己命运的时间其实并不多。在一生的绝大多数时候，王世襄和他的朋友们，是被时好时坏的年代和潮流不断裹挟着往前的。但即便如此，他们都始终保持了自己的一种生活态度和精神标准。

王世襄在晚年，已经成为华人文物收藏和鉴赏界神一样的人物。但他总开玩笑说：鄙藏不值钱，10块钱以上的是朱家溍玩的，10块钱以下的是我玩的。

他有一张元代名匠朱致远所制的古琴，远不如他和夫人收藏的唐琴“大圣遗音”身价高，他却特别钟爱此琴，1948年他被故宫派去美国、加拿大考察博物馆，也是背着这张琴周游了一年。他说，这琴的声音和他对脾气。

90年代中期以前，在芳嘉园旧居墙壁上他还长期粘贴一纸，其上赫然楷书“奉上级指示，王世襄不得为他人鉴定文物”。王世襄先生当然关心真伪、关心时代，还深具做出权威鉴定的能力与声望，但他从不轻言，甚至坦言“自己感到特别惭愧的是明式家具的准确断代问题未能很好解决”，而明式家具是他多年用心极苦、认知甚深的文物种类。这种求实的精神实在令人感佩，与那些胡天昏地般主观臆断和为谋钱求财而违心鉴定的各类“专家”相比，真正天差地远。

在他的家具归藏上博 10 年后，王世襄晚年的声誉再一次超越文博界，成为社会关注焦点，是在 2003 年那场拍卖前后。

中国嘉德国际拍卖有限公司董事总裁王雁南说：2002 年王先生主动找到嘉德，说在考虑对家里的东西做些处理，主要是觉得自己年纪大了，想在有生之年做些安排。在《自珍集》里出现过的蝈蝈葫芦、红漆鸽哨、铜炉、扇面、竹刻、牙雕等各式物件，包括和他们夫妇相伴 55 年的最珍重的唐代古琴“大圣遗音”，他都决定让它们重找新的主人。

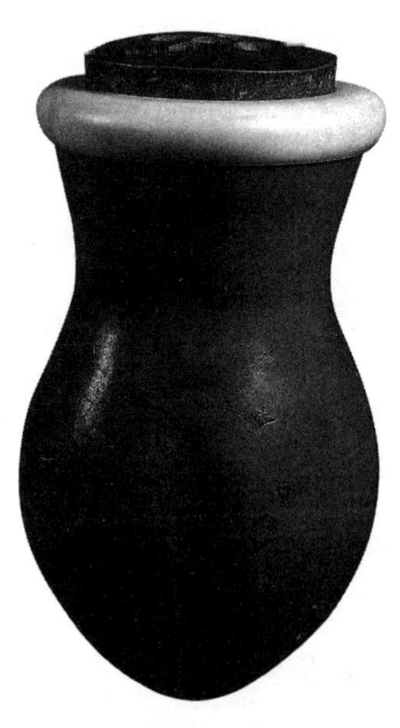
蝈蝈葫芦

工雁南说，“这些东西要散，他也没有在人面前表现出特别不舍得，只是有时和我们见面，会如数家珍地讲讲故事，这件东西什么来历、当初怎么跟人换的、中间发生过什么故事。在价格方面，王先生不提什么，偶尔会问一句：为什么这个东西要比那个低？它更老啊。我们就会跟他讲现在市场怎么怎么样，他也就无奈地笑笑。老太太当时还在，但我们商量这些，她从不掺和，永远都是在进门左手边一个堆满东西的方桌边坐着，不是摘豆子就是在做其他家务，手上不闲着。王先生偶尔说到什么不确定的，老太太会轻声更正他，说不对，应该是怎么怎么回事”。在做拍卖准备的那一年多时间里，袁先生病了，走了。6 年后，王先生也追随而去。

再说 2003 年，嘉德在秋拍中推出专场“俪松居长物——王世襄、袁荃猷珍藏中国艺术品”。当时几乎件件创下拍卖纪录的轰动场面已不必再重述。人们似乎在通过竞拍的热烈来表达对王世襄先生一生致力于保存传统文化的敬意。

王雁南记得，拍完后他们把结果告诉他，王先生看起来非常高兴，以后什么时候说这个事也都笑呵呵的。“以我对王先生的了解，我觉得这高兴和钱没有太大关系。要知道他一直有个心结，就是当年蒙冤被故宫除名的事情，这是他人生最低谷的一段。老年能得到社会这样完全发自内心的敬重，是他没有想到的，从那以后他心情就放松了很多。那件事他也许放下了。”

至于那些东西的去向，王雁南说，王先生也并不怎么打听。“只是他对那几把古琴的感情太深，问过，谁买了啊？”

王世襄生前，因为明式家具研究而获得荷兰克劳斯亲王基金会用以表彰跨文化交流领域杰出成就的最高奖，那年他 89 岁。著名汉学家柯律格在颁奖词中充满敬意地写道：王世襄属于 20 世纪初中国知识分子中的这样一群人：“他们冀求将构建中国的过去作为构建中国的未来的途径。作为爱国者和国际主义者，他们又冀求在不低估其他文化的同时，给予中国文化更高的重视。”

（撰文：曾焱）

金庸：

侠之大者

一、香港的金庸，金庸的世界

我们熟知的金庸实际是查良镛的笔名。这两个名字代表了金庸的两个身份：一个是办报纸的查良镛，一个是写武侠小说的金庸。

夏天的香港很炎热。走在鳞次栉比的高楼之间窄如峡地的街上，会觉得被装进了上着汽的蒸笼。

1948 年，在香港复刊的《大公报》调查良镛来这里上任。初来乍到，他最鲜明的感受也是天气炎热。那年他 24 岁，行装简单，一句广东话也不懂。从上海起飞后，才发现自己身上没有一分港币。幸运的是飞机上邻座同行的香港《国民日报》的社长潘公弼借了他 10 块港币，到香港后，金庸才能搭船过海和乘坐出租车。坐上白牌出租后，他用带着海宁乡音的普通话告诉司机“去餐馆”，司机却带他去了“差馆”，就是警署。

查良镛这样描摹 1948 年的香港：“还比较落后，有点到了乡下地方

1981 年，查良镛获颁“英帝国官佐勋章”（金庸供图）

的感觉。”那个年代在香港出生和长大的香港人回忆说，今天已高楼林立的沙田一带，那时上学还要经过一条条水田间的田埂；而那时度过童年的人，都记得很多时候在街头玩耍，父母做小贩在菜市场卖东西的情形。

这种感觉在今天的国际大都会已全然不复存在。倒是在一些贴满港式茶楼墙壁的黑白旧照片里，还能寻觅到一些过去渔港城的踪影。或者，在远离高密度高楼区域的香港郊外，像西贡这样的地方，还有停泊在海港的渔船、夜里吹着湿热海风的露天海鲜大排档，以及张灯结彩的村庄。连查良镛自己也未想到，他会在这个陌生的城市一住就是 70 余年。

当时的查良镛怀着一颗北望神州的心，抱着做一个外交官的梦，在《大公报》做电讯翻译、编国际新闻版，时常在报上发表有关外交和国际法方面的文章。1950 年，外交部顾问、国际法专家梅汝璈曾邀请查良镛北上，协助他的外交工作，查良镛毅然决然前往。

在北京见过梅汝璈后，查良镛又去外交部找时任周恩来的秘书乔冠华。乔冠华虽表示欢迎查良镛，但也坦然告知，他应去读人民大学的干部培训班。查良镛这才意识到，“自己的思想行为都是香港式的。对共产党不理解，将来也未必可入党”。

重返香港《大公报》后，查良镛继续翻译和编辑国际新闻。1952年，他转到了刚创办不久的《新晚报》编副刊。在《新晚报》，查良镛开始在副刊以“姚馥兰”的笔名撰写专栏“馥兰影话”和以“林欢”的笔名撰写影评，发表在《新晚报》“下午茶座”的栏目里。

20世纪50年代，看电影还是一件相当昂贵的事，并非人人可以常看得起，卫星电视也还未出现，对大众来说，阅读报纸，特别是报纸副刊，是最为流行的休闲娱乐方式之一。在这个时候，查良镛就已经翻译了大量美国剧作家和电影评论家的电影理论。

除了撰写和翻译影评，查良镛还写电影剧本，20世纪50年代初给长城电影公司写了《绝代佳人》《兰花花》等剧本。不久后，他开始用笔名“金庸”写武侠小说。

他的叙述和结构很多时候都已有了电影的语言和手法。比如，屋外的人如何去看屋内发生的事情，《神雕侠侣》中围炉讨论神雕大侠的场景，《雪山飞狐》中罗生门式的故事方式等，都是电影的语言。

这个时期，他的翻译作品也相当多，涉猎的知识领域极广。他以“乐宜”的笔名翻译了美国记者贝尔登的长篇纪实报道《中国震撼着世界》，又翻译了美国记者哈罗德·马丁的《朝鲜美军被俘记》和R.汤姆逊的长篇报道《朝鲜血战内幕》等。

在《新晚报》，查良镛认识了主编罗孚和梁羽生。梁羽生是广西蒙山人，抗战胜利后，梁羽生到岭南大学读书，1949年到香港定居。他与查良镛情趣很相投，查良镛时常尊他为“梁兄”。

香港天地书店总经理孙立川与梁羽生是“忘年交”。孙立川说：“梁羽生与查良镛同年，也是 1924 年出生的，只比金庸大一个月左右，但当年为了避抓壮丁，曾经改过出生年月。他们两人都是棋迷，经常闲来就摆起棋局互争高低，也都在《新晚报》上发表棋话。两人也都很爱读武侠小说，读完一部，两人互相交流心得，聊得很开心。但那时，两人都没有想过会写新武侠小说。”

20 世纪 50 年代的香港是武馆林立的，现在依然有一些零星的武馆还留存着。孙立川说：“武馆，或叫功夫馆的传统，在香港根深蒂固。”这些社会团体通常打出强身健体的旗号，但在社会不安定的时候，武功也可作傍身用。

那时香港武术会的流派很多，除了太极拳和白鹤派，还有咏春拳派、少林派等很多种。早在梁羽生和金庸写武侠小说之前的民国时期，香港人、广东人就非常熟悉还珠楼主和白羽，也熟悉黄飞鸿、叶问、洪熙官等这些人。

但香港报纸那时连载的旧武侠小说，大多是粤语方言，发表在粤语报纸上；写作主题大多是地方武林恩怨、私家情仇，其主人公也多是广东好汉。当时，香港有两位著名的拳师，一个是太极拳掌门人吴少仪，一个是白鹤派掌门人陈克夫。

1953 年，这两位拳师决定比武打擂。香港当时规定不让打擂台，就由他们都比较熟悉的澳门名士，也就是澳门前特首何厚铧的父亲何贤先生来主办，擂台设在澳门新花园。

香港市民纷纷热议这件事，《新晚报》所出有关比武的《号外》总是瞬间被抢购一空。总编辑罗孚决定趁此热闹，搞一个武侠小说连载，促进报纸销路，就找梁羽生来写。梁羽生并不怯场，一口答应，只酝酿了一天时间，《龙虎斗京华》就开始见报并一路连载下去。

《龙虎斗京华》一问世就大受欢迎，人人争读，梁羽生也声名日隆，同时为很多报纸炮制武侠。他由此开创新武侠小说的先河，是完全出乎意料的。孙立川说，对新武侠小说诞生的时间，现在通行说法是1954年1月20日，以梁羽生署名的《龙虎斗京华》第一篇为开端。但实际上，在陈文统的散文集里，他早些时候就曾以“梁羽生”的名义写过关于陈家太极拳的文章了。

梁羽生写不过来，罗孚就找到查良镛，让他给《香港商报》写急要的武侠小说连载。查良镛取笔名“金庸”，将童年在海宁老家乾隆皇帝所造的石塘边露营，半夜里看到的滚滚怒潮，以及他听到的关于乾隆的稗史传说，写成了《书剑恩仇录》。

《书剑恩仇录》涉及的主要历史人物是乾隆皇帝。叙述以虚构的江南世家子弟陈家洛为首的“红花会”群英的反清复明大业为线索，穿插陈家洛与乾隆皇帝私人之间的奇异关系和恩怨。小说开头第一句就是“清乾隆十八年六月，陕西扶风延绥镇总兵衙门内院……”，有一种让人难分真假的“可信性”。

金庸在这本小说的后记中写道：“历史学家做过考据，乾隆是海宁陈家后人的传说靠不住，香妃被皇太后害死的传说也是假的。历史学家当然不喜欢传说，但写小说的人喜欢。”

正如大陆专门研究金庸武侠小说的研究者陈墨所评述的，这本小说打破了历史与传奇之间的界限，让历史与传奇人物在艺术假定的情境中合二为一，体现出金庸“在实有与虚妄之间”的功夫。

梁羽生和金庸创作武侠小说时，都处在一个副刊小说高度市场竞争的媒体环境里，两人相互间也有很多砥砺。梁羽生的国学基础更加深厚，比较恪守传统；金庸则因为看过很多电影、写过很多影评，写东西比梁羽生好看。

梁羽生自己评价说，“梁羽生的名士气味甚浓，而金庸则是现代的‘洋才子’”。梁羽生受中国传统文化的影响较深，而金庸受西方文艺的影响较重。梁羽生也有受到西方文化影响的地方，如《七剑下天山》对《牛虻》的模仿，以及近代心理学的运用等。但大体说来，“洋味儿”大大不及金庸。

作为新武侠小说的“催生婆”，罗孚说那段时间，“金梁并称，一时瑜亮。也有人认为金庸后来居上。这一步，大约是两年时间”。

梁羽生、金庸的新派武侠横空出世的20世纪50年代，香港的文化气候也在剧变中。香港知名作家、明报出版社和《明报月刊》总编辑兼总经理潘耀明先生说，香港当时流行三种语言，普通话、广东话和英语，除了南来香港的，很多人不怎么懂普通话。而金庸的文字都是纯粹的汉语。

实际上这个纯粹的汉语是从明末清初的笔记文学传统出来的，又吸收了汉语现代文学的词汇和语法，“哪个章节独立起来都像是一篇优美的散文，达到了钱锺书先生所说的‘清通’的境界，没有一点杂质，很通透的”。对当时的香港来说，突然看到那么规范的文字，“非常新鲜”，又“特别吸引人”。

1949年前后的香港，社会和文化都在剧烈变迁中。大批商人、文化人、政治家和他们的财富一起涌入，改变了香港的人口结构、生活方式和文化趣味。

梁羽生和金庸的小说既吸收了中西文学的艺术经验和叙事技巧，又继承了古典章回小说的形式，间有诗词歌赋、琴棋书画和典章文物、历史名人、大陆风光，大大慰藉了香港移民“北望神州”的文化乡愁。

而武侠的传统，在大陆和台湾都因政治原因中断，在各派政治势力都很大的租界香港，反而开出了花。香港天地书店总经理孙立川说：“金庸当时与鲁迅的境遇有几分相似。因为在租界里面，不受两党政治的影响，虽然金庸当时是偏左派的。那时的香港，大多数报纸日期都写民国多少年，而《大公报》《新晚报》《明报》则是用公元纪年。这种立场，让台湾一开始就把他视为亲左的共产党外围，所以金庸一直不能去台湾，直至后来蒋经国邀请。”

金庸武侠小说里的地理范围，大大开拓了香港人的阅读空间和想象边界。他的武侠小说不仅涉及江湖，也涉及山河。我们跟随《书剑恩仇录》的陈家洛从回疆戈壁游历至秀丽江南，跨越中原的华山、嵩山、兰封、泰山，抵达北京紫禁城、东北长白山；也跟随《射雕英雄传》的郭靖，从蒙古大漠来到中土江湖；还跟随《天龙八部》的萧峰，壮游辽阔的大理、西夏、宋朝与辽国，或者《鹿鼎记》里的韦小宝，去往山海关、紫禁城、江南，远赴台湾和莫斯科。

这些“万里江山”的宏大空间，不再像香港过去的小说家那样仅限于私仇家怨，囿于偏僻山村或都市庭院，而是将整个中国古代史的疆域和风光随人物的足迹如画卷般慢慢展开。这些小说，在20世纪50至60年代它所风靡的香港社会，以及从香港辐射出去的东南亚和世界华人群体中，勾勒出一个磅礴的、史诗般的民族想象。

罗孚评价，“如果没有香港，就没有金庸”。那个年代的香港，街头巷尾的人都在谈论金庸的小说，甚至“谈到政事，也往往要引用金庸武侠小说里的人和事来教训。仿佛那些武侠小说，都是现代社会的《资治通鉴》，而且他们谈得非常正经”。香港人把金庸这个“造侠者”直截了当地当作“大侠”，对他崇敬有加。

在那个资源尚还贫瘠、充满着高速发展的混乱与不公的香港社会里，坏人得恶报、好人得福报的是非分明世界，无疑为市民提供了心灵慰藉。

但更深层次的心理也许是，对具有数千年封建传统和非法治文化的中国人来说，一方面，江湖的丛林法则符合中国人强者为尊的认知，另一方面，每一个怯懦无助、毫无安全感的人，实际上又都在幻想着侠义的救星，扶危济困。这种文化遗传和审美定势，与中国人骨子里卑怯自我的本能幻想相结合，才使武侠小说源远流长。

香港文化博物馆的金庸馆展厅入口处，有一篇金庸为展览所写的前言。他写道：“宋朝苏东坡当年远离故乡到岭南，曾在一首《定风波》词里写道：‘此心安处即吾乡。’对香港来说，我也是一个移民。”但他住得“很是心安”，“慢慢也就把香港视为我的第二故乡”。那个南来的白手少年，已立业香江乐太平。

二、“金庸迷”的“想象共同体”

香港成就了金庸，金庸为香港又带来了什么呢？

以香港为枢纽，金庸的读者遍布世界各地，构成了一个“想象的文化共同体”。

香港金庸馆里陈列着一套1968年金庸写《笑傲江湖》报刊连载时的手稿，描写的是令狐冲辞别任我行和向问天之后的一段遭遇。这个情节在后来出版的《金庸作品集·笑傲江湖》的第二十二回已作了修改。在从左至右竖着书写的手稿原件中，可以看见金庸习惯把每页的开头和最后两行留空，而他在用钢笔书写的过程中，几乎一气呵成，没有太多地方需要改动，可见他文思敏捷和驾驭文字的能力。

金庸馆馆长林国辉说，获得这份珍贵手稿的历程，非常不易和意外。筹建过程中，他们知道金庸在新加坡办了一个《新明日报》，就与新加坡那边的报业集团联系，看他们的档案，希望可以找到他在当时办报时候的一些报纸内容，另外看是否有一些手稿留存可以展出。

很幸运，他们在一些老报人手上发现了竟然在新加坡留下来的手稿。作家的手稿是最难找到的，林国辉说："报纸连载的小说作家一般都不注意保存这些手稿。很多手稿送到报纸去，排纸坊的工人就把它一条条剪下来，方便排稿。几个工人，每人拿着一小部分的手稿排，排完再拼到一起，变成报纸印刷用的排版。经过工人这样的处理，很多时候手稿也就被丢掉了。"

在香港的收藏家那儿想找都找不到的手稿，却在新加坡的考察中找到了，这是个惊喜。在新加坡，林国辉他们还找到一个金庸迷，60年来一直保存着金庸报纸报道、出版的书，收集研究金庸的主要著作，有一本新加坡刊登的金庸消息的剪报。

1967年，查良墉与马来西亚和新加坡当地的商人合作创刊《新明日报》，查良墉占最多股份。两份《新明日报》起初用的同一个版，内容相同，后来新加坡独立后，两地政府的政策不同，就分了不同内容的新版和马版，但副刊、小说的稿件，香港、新加坡、马来西亚是相同的。这两份报纸很快都跻身于当地销量最多的报纸行列。

那时候，金庸总是为他的新报纸特意写一个新的武侠小说，让还没什么知名度的报纸可以先有一个读者群，将经营维持下去。《新明日报》创刊的时候，他就特地去写《笑傲江湖》。当时金庸已经是一个很出名的作家，大家很喜欢看他的作品，所以《笑傲江湖》就成为日报的亮点。

2015年金庸武侠小说创作60周年时，《明报月刊》和《明报》曾参与发起向世界华人征集金庸阅读史的个人故事的活动，集结获奖文章出版。

在这本题为"我与金庸"的个人阅读史作品集里，一位印度尼西亚读者的叙述，让人印象深刻。他写道，1966 年，印尼的华校被军政权关闭，他小学四年级都没有读完就在家无所事事，只能整天困在家里的藏书堆中，阅读连环画与红色小说。那时，印尼时局凌乱，虽然禁传华文的条例已经公布，书店都关门大吉，但仍然有些书摊在租借华文书。可它们也不敢乱闯重禁区，就特意回避大陆书，而转做港台书的生意。他就从那时起，开始接触金庸这个名字，开启了别样的阅读。

他没日没夜地狂读，熬夜时怕家人发现，就用厚皮纸把灯泡盖住，只留一小圈黄光照书页，这也导致以后的近视。那时他已转读印尼文学校，华文教育一片空白，但他一直不放弃阅读金庸。就是在那段岁

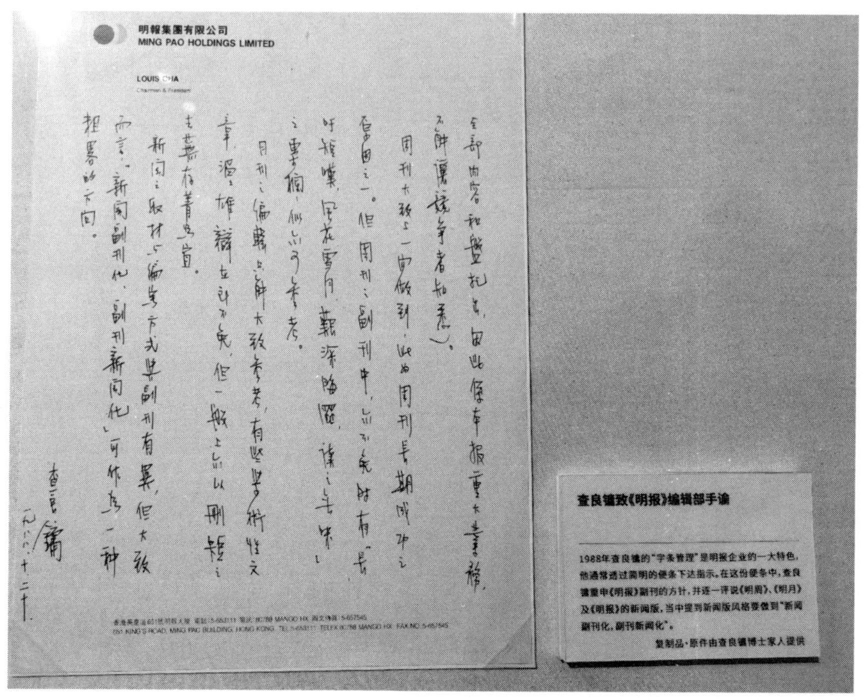

2022 年 9 月 9 日，“侠之大者，为国为民” 金庸主题展在湖北省图书馆开幕。金庸致《明报》编辑部手谕（视觉中国供图）

月里，武侠的阅读满足了他对中文世界文化的渴望。

通过金庸的书，他收获了从中国地理、历史、民俗到教门帮派的知识。半新半旧的语言，还有不时插入的古诗词，无形中提升了他的中文水平。历史的荒谬恰恰就在于，左倾的华校教育一直让学生与武侠绝缘，而恰好是华校的中断，让他的阅读书目里有了“武侠”和“金庸”这个名词。

有意思的是，金庸的武侠不仅在华人世界流动，译本也在印尼文读者中风靡一时。粗糙的小译本不是在书店里销售，而是靠散布在城市角落的借书摊，渗入家家户户。

金庸在报刊连载发表时，印尼文译本也紧跟在后，那边一发表，这边即时翻译出，一个月就出一本小本子，译本的出版竟然比原版还快。看金庸小说的人中，有不谙中文的华人，也有印尼土著人；有底层民众，也有高级知识分了，包括印尼前总统瓦希特和前国防部长。

后来当《笑傲江湖》在《明报》连载时，越南有20多家中文、越文和法文报纸也同时连载；他的小说还被翻译为泰国文。“阅读的自由”一如“写作的自由”，是金庸阅读史中最重要的价值争取。政治禁令常常将阅读带入沉重的历史语境，如东南亚国家对华文教育的歧视和限制。

然而武侠小说之所以能在这些禁令的缝隙中生长，是因它充满不可抗拒的阅读愉悦感：它“是对现实不满和抵抗的产物。想象一种与现实不同的侠义江湖，想象人间终究有情有义，不公不义可以得到‘诗的正义’的想象解决，这正是阅读体验中根本的‘愉悦’所在”。金庸的全球华人阅读，“集合”起一个被称为“金迷”的“想象的共同体”。

在这个“共同体”里，阶级的分野被超越了，从大科学家、院士到小学教师、打工仔，都是平起平坐的金庸迷；性别的差异和语言的隔阂，也都被打破了。

20世纪50至60年代，金庸的武侠小说在除中国大陆外的世界华人群体中被广泛阅读，也与香港作为地理枢纽的文化辐射力紧密相关。曾在《明报》和多家香港电视台从事传媒工作的张圭阳，在他关于明报集团的研究论文中写道，“20世纪50年代，香港开始了经济全面转型。1950年6月朝鲜半岛爆发战争，联合国对中国大陆实施贸易禁运，香港政府也相应要做出禁运决定。在此之前，香港主要是一个转运港，贸易盈余主要依赖货物转口到中国大陆。但是由于国际社会对中国大陆实施贸易禁运，香港因而迅速转变角色，由过去纯为中国大陆服务的转口港进而发展工业。香港工厂的数目由1952年的2088家发展到1958年的4906家，工业逐渐成了香港的经济命脉。香港也发展成为世界各国贸易转运的枢纽，在出口方面，美国渐渐成为香港的重要市场，而英国、马来西亚和日本，也逐渐发展成为香港出口的主要市场”。

过去谈到香港和世界的联系，很多时候说香港是一个贸易、金融、交通通信的枢纽，“但我们很少留意到，通过这些枢纽地位，香港也成了文化的枢纽”。过去几十年里，“香港通过流行文化，比如金庸的武侠小说，与全世界不同地方的华人社会、海外华侨和全世界的读者建立了一座无形的桥”。

金庸的读者遍及全球，不同阶层的人都读他的小说。有些海外华人不一定看过金庸的小说，可是他总有机会收看香港拍摄的由金庸小说改编的电影和电视剧，或收听金庸小说的广播剧。金庸武侠，也成为

“香港联系起海外华人和世界的文化纽带”。

与港澳台和海外读者相比，大陆的金庸阅读史是后来才发生的事了。20 世纪 50 年代至 70 年代，大陆人全然不知道香港有个金庸。直到 20 世纪 80 年代初，随着广州《武林》杂志连载《射雕英雄传》，金庸武侠小说的流转才在大陆掀起了一股股热浪。

金庸武侠进入内地是 80 年代的事情，有的是内地盗印的，有的是从香港带进来的，有各种各样的单行本在读者中流传。1994 年，金庸小说正式授权三联书店印行。这套全集对 90 年代以后他的小说在内地的推广普及，有决定性的意义。1990 年，陈平原写了《千古文人侠客梦》，讲了游侠想象在整个中国历史及文化上的贡献。那时，作为一个文化现象的“金庸热”逐渐形成。

“金庸热”的形成，也伴随着人们对武侠小说这种通俗小说的普遍歧视。1996 年，陈平原又写了《通俗小说在中国》，谈当时形成的金庸风波。他认为，五四运动构建了一种“新文学神话”，这种神话对 20 世纪中国文学的历史陈述，使通俗文学被挤压到几乎没有立锥之地，这是值得质疑的。

北大课堂率先打破了刻意回避通俗小说的局面。不过，当年北京大学授予金庸荣誉教授时，表扬的还是他对新闻事业的贡献。金庸当时的演讲也是讲中国历史的特点，很多听众则是奔着武侠小说去的。

直到 90 年代中期，尽管读者很多，金庸小说却还不太能登大雅之堂。后来，随着不少学者介入，包括在国外召开的几个学术讨论会，风气开始转变。经过这些学术活动，学界不再用轻视的眼光看待金庸，承认他是一个重要的作家，也承认武侠小说作为一种类型小说值得关注。这是一个“登堂入室”的漫长过程，大家视野逐渐开阔，趣味也趋于多元，看问题不像以前那么僵硬了。

在金庸、古龙和梁羽生三人中，金庸小说有独特的生命力。他的学养在三人中是最好的，博大精深，古龙小说则更多是驰骋天外的想象力与诗意。金庸曾说，他是用中国语言写中国故事。新文化运动之后，很多人是用外国语言来写中国故事。

金庸则很有语言自觉性，跟我们所说的晚清侠义小说和20世纪二三十年代旧派武侠小说有不同。他在历史、文化、宗教、民俗等方面所下的功夫在三人中最深，使得他的作品能超越纯粹的类型小说。

金庸也有超越小说家的能力、视野和襟怀。看武侠小说，不见得能洞察金庸的好处，必须把《明报》的视野带进来。他有独立的政治眼光、历史视野与文化立场，有《明报》事业垫底。

他的小说带有历史小说的味道。谈金庸，必须把他对历史的关注带进来。金庸对历史上民族问题的认识很精彩，特别关注易代之际或乱世之中汉族与少数民族的关系。他不是纯粹站在汉族立场上，这一点使他超越了很多同时代的作家。

他有小说家的直觉。他接受西洋文化的影响，加上香港的特殊位置，导致他不是以汉族王朝为中心来思考问题，这一点很了不起。《三侠五义》等清代侠义小说，还很强调“为王前驱”，侠客容易演变为官家豢养的鹰犬。

民国建立以及皇权解体后，小说家不再像以前那样强调“为王前驱”了。到了金庸、古龙等，特别强调侠作为个人的价值、立场和追求。读者对金庸小说的热爱，大概也与现代社会中，人们感觉个体在大时代中的无足轻重与无能为力有关。陈平原对武侠小说的流行感怀颇深，他说："明知这不过是夏日里的一场春梦，我还是欣赏其斑斓的色彩和光圈。"

除了作为根基的长篇小说，影视剧、漫画、动漫、游戏等也共同构成了金庸武侠小说庞大的"江湖世界"。这不再只是一个纯粹的小说文本问题，而可以有很多衍生产品。他很善于经营。

当年他以1元人民币将《笑傲江湖》的电视剧改编版权卖给央视，这是非常精明的。他的作品进入日本市场时，也采用过类似手法。这不是一般书生可以做到的。他对原创核心完成后，将之转化成电影、电视、游戏等衍生品，非常有经验。

金庸晚年念念不忘的是做学问。他以80岁高龄远赴剑桥大学求学。他的目的不是拿学位，而是向那里有学识的教授请教。在剑桥读书期间，金庸思考了一些问题，考虑过考古学家从西安发掘出来的东西。他说，以前说唐朝玄武门之变，兵是从东宫从北向南走，再打皇宫。他认为这条路线不通，为什么要这样大兜圈子呢？直接过去就可以。

他推测，唐朝写历史的人是在李世民控制之下的，被吩咐这样写就这样写了。经过研究发现，是皇太子和弟弟过来，李世民埋伏于此，从半路杀出来，把他们打死了。历史上这条路线是假的，因为李世民作为弟弟杀掉哥哥不大名誉。

他说，古代历史学家全部受皇帝指挥，不只是唐朝，从唐朝、宋朝，一直到近代，所谓真的历史是假的，喜欢怎么写就怎么写。他的硕士论文就以玄武门之变为主要内容，标题为《初唐皇位继承制度》，得了很高的分数。

接着，金庸的博士论文研究安禄山造反。唐玄宗派了他的儿子荣王去抵抗，后来荣王死了，历史上也没有讲为什么会死，他手下的两个大将也被杀掉了。金庸认为，这中间一定大有问题，推测是太子派人把弟弟害死了，把两个大将杀掉了。

他找了很多证据，证明这个事件是历史上造假，其实是太子在发动政变，把弟弟杀掉了，而且他占有军队，连父亲也不敢动他。他的基本论点是，中国古代的皇位从来不讲传统或宪法，实际上是哪个有兵权，哪个会打仗，就传给哪个。

2010 年金庸获得剑桥大学博士学位时，已经 86 岁了。

三、“报业大亨”查良镛

1959年5月20日，35岁的查良镛与中学同学沈宝新合资创办的《明报》在香港登场。世人大多更熟悉他作为小说家“金庸”的身份，但实际上，金庸自己说，办报才是真正拼了性命来做的，写小说却只是玩玩。作为明报集团创始人、香港报业大亨的“查良镛”的身份，才是他一生功业的重点。

办《明报》初期，查良镛除了撰写社评，也继续用“金庸”笔名发表武侠小说的连载，通过武侠连载开拓新生市场，《神雕侠侣》和《倚天屠龙记》就是这个时期的作品。人手少，他就如有分身之术，撰写所有的版面：写“三剑楼随笔”的专栏文章，翻译严肃的学术性文章和著作，在《自由谈》上以“黄爱华”的笔名撰写《祖国的问题》等系列文章，以“徐慧之”笔名撰写“明窗小札”的专栏文章。

后来，他又创办《明报月刊》、《明报周刊》和《明报晚报》，在新加坡创办《东南亚周刊》和《新明日报》。查良镛“一手写小说，一手写评论”，靠一支笔撑起《明报》大业，后无来者。他与《信报》创始人林行止都可谓香港文人一人办报的“最后之人”；从那以后，都只有商人办报。而现如今，香港几乎已没有可以靠一支笔养活自己、独立生存的文人了。

1959年，《明报》在港岛中环开张。最初的编辑部可谓微型，沈宝新负责经理和发行，查良镛兼任主笔和总编辑，还有一位诗人和后来《明报晚报》的总编潘粤生，仅仅4人。就在这一年内，香港新创刊的报纸就有10份之多，竞争也非常激烈，获得市场一席之地很艰难。

《明报》创业最艰难的时候，只剩下查良镛和沈宝新苦苦支撑。那时他的家在尖沙咀，与中环的报社一海之隔，常常深夜忙完天星小轮已经停航，乘“电船仔”才能渡海。

那的确是一个报业的黄金时代。整个20世纪60年代，香港共有108份报纸，多为同乡合办的“同仁报”。报业蓬勃发展，有一个不可忽略的因素，就是办报的成本相当低廉。两三个报业同人，筹集1万元，向政府缴纳报刊登记押金费即可。利润却是可观的：以每份售价1角的报纸计算，报社可向报贩回收六分四，纸价每张不到四五分钱。一份出一张纸的报纸，编辑部只要有三四个人便可以运作，排字、印刷都可移交给专门承印报纸的印刷厂或排字公司去做。

在20世纪50年代到60年代初，一个20人的字房，一班便可以承包一份报纸的排字工作，报纸每日只需付字房70元至120元，印1万份一张4页的报纸，印费70元，每日向报社结算。当时，一份报纸只要能有1万元以上的销数，就可以只靠卖报纸的收益得以生存，完全不需要依靠广告。

后来《明报》在1966年搬到很多外省人聚居的北角英皇道651号，又在20世纪90年代搬迁到更西的柴湾明报工业中心，一方面是出于报纸自身的壮大和地产投资的考虑，另一方面，中环如今的地段全被购物中心、商厦与金融大楼占据，也是权势和财富角色的星移更替吧。

对于查良镛创办《明报》初期是亏本还是赚钱，没有确定的说法。但据曾在《明报》和多家香港电视台从事传媒工作的张圭阳计算，若这份4人合办的“同仁”小报能卖出1万份，扣除每天开销，报社即有167元进账，一个月有5010元，每人每月除了收取300元月薪外，还可以分得1252元的利润。当时一般员工每月只有100余元，而办报可以月收入1500~ 5000余元，这个数目在当时非常有吸引力。

让小报《明报》壮大为香港大报，有几次关键的转机。一个是1962年，大量内地特别是广东居民去往香港。查良镛是偏左派的，他最初态度是不报道，低调处理。但随着来港人数越来越多，报社采访部的年轻人对不能报道这件事很义愤，给了查良镛很大的压力。他随即派记者前往报道。报道一出，《明报》立马畅销，发行量迅速由1万份陡升至4万份。《明报》记者大多是北方南来，中文很漂亮，文采远胜其他香港本地报纸，对这个话题的报道使它立即脱颖而出。

那时来到香港定居的内地年轻人，也都爱看《明报》。

20世纪50年代末和60年代初，原来因战祸暂时栖身香港的内地人，渐渐不再把香港作为暂栖地，而变为长期居住地。香港也有了无数的摩天大厦和许多发展计划，成了繁华的现代大都会。《明报》副刊辟专栏报道这些人定居香港的日常和内地的情况，让他们一解思乡之愁，这样也积累了很多知识分子读者追看，确立了它一贯的爱国立场。

1966年，《明报月刊》刚刚创立，内地爆发“文革”。几乎是恰逢其时，《明报月刊》立刻成了海外知识分子论政的舆论阵地，查良镛也提出了保护传统文化的宗旨。在内地动荡的10年间，《明报》因为较多准确预见了中国内地政治的发展，一步步建立了“中国问题专家”的国际声望。

他也有拿捏失误的时候，比如1986年对大亚湾核电站的报道。查良镛以为自己拿到了特别可靠的消息，加上内地政治宽松，他预测核电站一定会搬离大亚湾，所以带头反对。但没想到，核电站最后毫不妥协地设在了大亚湾。

曾任明报集团董事长办公室行政秘书的符浚杰说，查良镛的政治立场根据时局变化，常有摇摆和变化，但他始终不变的立场有两个，一个是“爱国主义”，一个是“知识分子”。他是经历过第二次世界大战的人，也常和《明报》员工讲起他骑自行车逃难时一颗炸弹在身后爆炸出一个大坑的情景。希望中国人站起来，希望中国强大的愿望从那时起就非常强烈，终生未变。

对于香港左派或右派人士攻击他是“墙头草”，查良镛曾有些机巧地回应：“我的立场，就像一支笔直的筷子。改变的只是桌上摆放食物的圆盘。圆盘转来转去，食物调来调去，人们便以为我的立场变了。其实我没有，变了的是圆盘，是食物。”

符浚杰回忆，他进入《明报》时还只是一个刚从大学毕业的小记者。1982年9月，撒切尔夫人访问香港，中英开始了第一次对香港前途的谈判。谈判后，双方分别发表了声明。当时香港所有报道都按外交辞令评价这场谈判“很有建设性”。前往报道此事的符浚杰回头细想，撒切尔在声明里强调的是“三个条约”，而中方在声明中并未提及，声明重点并不同。

他报告了这个想法。第二天，《明报》是香港唯一以《中英谈判有分歧》为标题做报道的媒体。“好多人认为查先生对政局判断经常准确，是因为有‘内线’，其实不是。主要是因为他有判断，而且相信合理的、客观中立的判断。”今天香港的媒体业氛围，已与《明报》的鼎盛时期大不相同。“记者只知道在报纸上对政府开骂，个个以为自己是正义的化身，却忘记了‘客观中立’的操守。”

查良镛是个很有商业头脑和擅长经营的人。他的商业才华，大概在他15岁编写畅销省内外的中考教辅时，就已初露。1991年明报企业有限公司在香港上市，查良镛的报业王国达到了辉煌的巅峰，《明报》、《明报月刊》和《明报周刊》三份刊物的合并出版产权估值为5.8亿港元。

在日常经营上，他处处精打细算。一位《明报》老员工说，有一段时间香港报业的印刷纸张只能从北欧进口，纸价波动很大，查良镛总是能做出低价买进的决策，在高价时还有盈余卖给报业同行。据说他在美股市场也获利不少；卖掉过去在山顶道1号的房子，搬至半山的马己仙峡道，以及卖掉明和社原来购置、后来有富余的两层办公室，也都是他财富的一部分。

《明报月刊》总经理兼总编辑潘耀明说，1991年他进《明报》，第一天上班就去找查良镛，问他为什么做《明报月刊》，这种文化杂志在商业上不好卖，没有什么经济效益。查良镛当时说：“这是想给明报集团创立一个品牌。”有一次潘耀明和他到广州，查良镛告诉他，一般人对文化的价值不了解，实际上文化是个无形资产。当时《明报月刊》积累的作者都是大师级的海外精英。

金庸与香港作家、明报出版社和《明报月刊》总编辑兼总经理潘耀明（左）

潘耀明回忆说："当时查先生给我一个很具体的数字。他说，明报集团没有什么真正的财产，就是一个明报大厦，每股的股值是 1 毛钱港币，上市以后，马上就是 2 块 9。他说，这个差价就是文化的价值。"很多人以为查良镛是靠写武侠小说赚钱，实际上，他主要是办《明报》赚的钱。30 多年前《明报》销量最高峰的时候，"每年可以存一两亿港币，这还是当时的钱"。

符浚杰在任董事行政秘书期间，也时常帮查良镛处理每天大量的读者来信。他说，曾有读者问过查先生一个问题："你的武侠小说这么严谨，是事先编排结构好的，还是一边连载一边想下一步该如何写？"符浚杰去问查良镛，查良镛回答，他事先构思的是人物的性格，然后再将人物的性格放在后面展开的不同场景和情节里去演绎，自然而然就发展出人物的命运了。

这种对人性的洞察力，也被查良镛实践在他对《明报》的人事管理中。“每个人好像都是他小说里的角色一样，他可以快速识别每个人的性格，并且据此把每个人安排在最适合他的职位上。”

潘耀明说，“查先生采用的是一种无为的管理：疑人不用，用人不疑”。明报集团的高层主管很自由，“他聘用之后基本不过问具体事务，所以《明报》每个时期风格都不一样，都是各个主编的风格”。但是查先生很细心，“基本《明报》每期都看。只要发现句子不通顺，有异体字，他就写个字条，我们也很紧张，所以《明报》出错很少，他也基本没开除过什么人”。

1993年，查良镛辞去明报企业主席的职务，缓步淡出管理层，并于1994年正式退休，为接近半个世纪的报人生涯画上句号。他那时大概并未像外界广为认为的那样，已决定“隐退”，直到1994年，他在《明报》还保留了一个很大的办公室，他也还是照常上班，希望有一点写作的空间。后来，明报集团发生了太大的变化，他最终弃掉了董事长。一些《明报》的老员工看到查良镛搬离办公室前收拾东西，“很是不舍”。

潘耀明说，卖了《明报》之后，查良镛本打算在明河社大干一场，写历史小说。但一个很少被人提及的事情是，他那时得了心脏病，不久便做了心脏搭桥手术。那时他在北角那边，办公室里有很开阔的海景。“他经常打电话给我，叫我去他办公室喝酒聊天。他喜欢一边喝威士忌一边说话，并不是什么高档的酒，就是普通的轩尼诗。”

查良镛平时说话有海宁腔，讲话不是很流畅，但思维敏捷周密，有点大智若愚的感觉，“每喝了点酒，他说话就很多”。他当时其实雄心勃勃，想再做一番事业。他曾经的理想，是建立自己的事业，找到一个接班人，然后隐退，这些都已经实现了。他的下一个理想是去大学里面游学、讲学，开始写作。当时他想写历史小说，而且计划再做一个不仅只出他的书的出版社，所以请我过去帮忙策划。现在看来，这个理想并未实现。

查良镛是 1995 年 3 月 20 日进的医院。潘耀明回忆说："那天晚上查太太打电话给我，说 Louis（查良镛的英文名）动了大手术。还记得那天下着暴雨，我开车前往医院，心情也非常阴郁。他的心脏搭桥手术做了 8 个小时，并不是很顺利，他在医院住了大概大半年。虽然他和我签了 5 年合同，给了我一个两面海景的大办公室，对我的待遇也很好，但我并未开展工作，等到他出院后，他也有些意兴阑珊了。"

（撰文：蒲实）

余光中：

“右手写诗，左手写散文”

一、渡海而来的“乡愁”诗人

1972 年，是余光中从美国丹佛城回到台湾的第二年。44 岁的诗人，结束了 10 多年旅美任教的岁月，在台北厦门街的日式旧居里，一边听着后院里幽沉的蛙噪和低沉的狗吠，一边编纂着《大学英语读本》。

当时大陆正值“文化大革命”的巅峰，在消息闭锁、音信渺茫的台北街巷里，会有途经香港、转道而回的眷村老人，他们从老家包一包泥土，给排着队的老乡们每人分一小撮。有的老人在颤颤巍巍中将土抖在地上，伤心得哭了，会再给他补一点。在 1972 年初的一天，余光中在台北厦门街写下《乡愁》，挥笔就在 20 分钟间，后来他说，写这首诗的时候，的确是人心惶惶，他“担心再也回不了大陆了”。

“小时候，乡愁是一枚小小的邮票，我在这头，母亲在那头。/ 长大后，乡愁是一张窄窄的船票，我在这头，新娘在那头。/ 后来啊，乡愁是一方矮矮的坟墓，我在外头，母亲在里头。/ 而现在，乡愁是一湾

1958—1959 年余光中曾在爱荷华大学进修一年，图为其在爱荷华大学宿舍

浅浅的海峡，我在这头，大陆在那头。”

谁也没想到，若干年后，这首诗会在两岸之间产生巨大的影响，就连余光中自己，也一度被“乡愁诗人”的标签所掩盖。

写下这首传世之作时，余光中本人和台湾岛内又是一副怎样的景象呢？

70 年代初，台湾文坛如日中天，但政坛却处于风雨飘摇的当口。1971 年 8 月，美国发表《关于中国在联合国的代表权问题的声明》，并在 9 月向联合国提出两项关于中国代表权的提案，10 月 25 日，联合国以压倒性多数通过“接纳中华人民共和国，驱逐台湾”的提案。在联合国投票的第二天，基辛格再度访华，登上长城。

《乡愁》写完 10 天后，余光中翻看到 1 月 3 日的《中国时报》，登着基辛格和一群洋人站在长城下的照片。那天，余光中以第三人称为视角，写了一篇记叙散文，名为《万里长城》，他在文中写道“而季辛吉，新战国策的一个洋策士，竟然大模大样地站在龙背上，而且亵渎地笑着”。那种在中美关系正常化后，一个不能回“国”的“局外人”，居于孤岛的复杂心情跃然纸上。

《万里长城》是余光中在书桌前闷坐半小时，写的一封“慰问长城”

的信，他一口气用完两张信笺，落款是“一个中国人”。之后走到天街小雨的外面，问邮局小姐，应该贴几张邮票？却被反问：“这怎么行？地名都没有。”余光中指指正面的4个大字“万里长城”说：“这就是地址。”邮局小姐说：“告诉你，不行，连个区号都没有一个，何况根本没这个地名……”

在这篇诙谐中带苦涩，苦涩中带酸涩的小文中，余光中表达了自己复杂的情感，他写道：“一回头，太太的梳妆镜叫住了他。镜中出现了两个中年人，两个大陆的月色和一个岛上的云在他眼中，霜已经降了下来，在耳边。‘你问大陆知道的’，大陆会认得这个人吗？ 20年前告别大陆的，是一个黑发青睐的少年啊！”

余光中所表露的，其实是为台湾一代人所共同拥有的“乡愁”。《乡愁》写于1972年，直到1974年才收入余光中的个人诗集《白玉苦瓜》中。台湾民歌手胡德夫记得，出版没多久，他就读到了这本书和这首诗。那年胡德夫24岁，在台北哥伦比亚咖啡馆驻唱。

胡德夫出生在台东，土生土长，却记得《乡愁》30几年前是怎样刹那间从他心上拨过，他说：“我从11岁时就北漂到台北，对那种乡愁的感觉深有体会。再加上小时候我的村庄里有很多老兵，他们在我父亲的农庄里过他们最后的日子。很多老兵非常疼爱我，这些老兵很多后来都成了我的姨丈、姑丈，成为亲戚。所以从小就会听他们讲到故乡，讲到故乡生活的丰美，讲到故乡的人，以后都没有机会见面了。他们都是十六七八岁来的。我看到这首诗就会想到小时候看到他们那个眼神，那种无奈和空洞。我的姐夫在开放探亲的前一年就去世了，有些人更早去世了。他们站在海边往对岸看的样子我从小就看到过。”

“大陆会认得这个人吗？”余光中在《万里长城》一文中的这个问题，在10多年后，得到了超乎他想象的回应。

《乡愁》在大陆公开出版物上发表，是在1982年。那一年，流沙河在大陆《星星》诗刊上，以一月一篇的专栏形式，以纪弦等为代表的12位台湾老诗人，第一次比较完整地介绍给了大陆读者。其中第三位诗人就是余光中。

如今回头来看，这些台湾诗人在大陆露面的过程并不顺利。1982年，英国首相撒切尔夫人与邓小平在人民大会堂的一场谈话，使得香港主权移交的序幕正式拉开。同一时间的中国成都，从反右运动开始做了20年锯木匠的流沙河，已经回到四川省文联工作了3年。那时，他在复刊不久的《星星》诗刊，虽然每天看稿选稿，但实际上已经20多年未碰新诗。社会上还是传颂着艾青、郭沫若等正统派的爱国诗，朦胧派萌芽了流沙河还戏谑过，说他们“言必称艾略特，言必引现代派”。

有个跟风现代派的人向流沙河讲起台湾诗，他听了反感。流沙河的旧作在香港《天天日报》的副刊上连载，一位叫刘济昆的编辑也来信，劝他读一读台湾诗，顺便给他寄了些在香港出版的台湾诗集。那本《当代十大诗人选集》介绍的第一位诗人，就让流沙河皱眉，他就是台湾现代诗“宗师”纪弦，纪弦是民国时期在上海活跃过的少数现代派诗人之一。流沙河不知道这些，当他读到纪弦的诗《吠月的犬》中的第一句“载着吠月的犬的列车滑过去消失了”，不禁扑哧一笑说：“写的是什么哟！”

后来，他就掩卷不看了，只是刘济昆多次从香港来信总是谈到余光中。用流沙河后来的话说，“他言之谆谆，我听之邈邈，总不相信资本主义罪恶环境能孕育出大手笔”。流沙河再次翻开那本《当代十大诗人选集》，是在从成都至南昌将近 52 个小时的列车上。在邻座婴儿的索奶哭叫、车棚下的广播相声中，他一下子翻到余光中的《当我死时》，这首诗写于 1966 年，诗中写道：“当我死时，葬我，在长江与黄河之间/枕我的头颅，白发盖着黑土。”此刻的流沙河应该还没想到，这是一个彼岸诗人当年在密歇根大学做英语系副教授时，对中国刚开始的“文化大革命”的一种空谷回音。

流沙河说：“其深沉的故国意识抓住了我，使我开始明白彼岛的诗并非都是‘琐碎不足观’。”1982 年，流沙河开始在《星星》诗刊上每月开一个专栏，介绍台湾诗人，一年凑足 12 位，汇编成《台湾诗人十二家》。现在看来，这本集子中的评论语境颇有违和感，他把 12 位诗人冠以各种称号，纪弦是“独步的狼”，洛夫是“举螯的蟹”，痖弦是“忧船的鼠”，余光中却是“浴火的凤”，他在附录里收录了包括《乡愁》在内的余光中的 20 首诗，超过了多数诗人，可见他对余光中的青睐。

流沙河评价余光中的诗有种古色古香的国调：“他不赞同泯灭自己的传统于欧风美雨，不赞同台湾现代诗之‘横的移植’。”这份评论寄到了余光中手里，流沙河收到了回信，他记得，信中的钢笔字方正不苟，余光中在回信中说：“我们的社会背景不同，读者也互异，可是彼此对诗的热忱与对诗艺的追求应该一致。无论中国怎么变，中文怎么变，李杜的价值万古长存。”余光中在信中还说：“在海外，夜间听到蟋蟀叫，就会以为是在四川乡下听到的那只。”应和着余光中的那首《蟋蟀吟》，流沙河隔空写了一首《就是那只蟋蟀》，这件事至今还是一段佳话，也由此开启了两人 30 多年的友谊。

1983 年，《台湾诗人十二家》出版，大陆读者首次读到了台湾当代诗人的作品。但彼时如果说“余光中热”还为时过早。

在一些大陆诗人眼中，80 年代，他们开始写诗的时候，所仰慕的台湾诗人并非余光中，而是痖弦和商禽。也许在他们心里，痖弦的《深渊》等诗所代表的“精神体量”，才足以和大陆诗人食指在 1968 年沉吟而出的《这是四点零八分的北京》《相信未来》等诗对峙。

1983 年，还有一件对于两岸文学界来说重要的事，就是在新加坡召开的第一届“国际华文文艺营”。当时，两岸关系尚未正式“破冰”。大陆仅有艾青、萧军和萧乾 3 位老作家出席，作为台湾代表的诗人洛夫日后回忆，“这可以说是两岸作家首次正式在一起开会”。

洛夫青年时期的现代诗歌偶像是艾青，但洛夫对艾青作品的印象，一直停留在 1949 年他渡海时携带的那本艾青诗集。两岸几十年隔绝，一方面造成文化人对于彼此作品相当陌生，因为很少有渠道可以读到。另一方面，大陆当时的大众诗歌土壤经过“文化大革命”，已经和五四时期的新诗传统断开很久。有个细节应该被注意到，那就是在 1980 年，人民文学出版社编辑部曾出版过一本《台湾诗选》，书首的“出版说明”中写道：“本书收入台湾省作者的诗作 90 余首，都是从台湾出版的报刊、书籍中选的。这些作品，有的抒发怀念家乡、盼望亲人团聚、要求祖国统一的强烈情感；有的歌颂劳动，赞美爱情，描绘自然风光，反映人民生活……”有意思的是，这本书所收入的 90 首诗歌中，并没有余光中的《当我死去》《乡愁》，后来人们较为熟悉的名字，只有蒋勋。

1987 年 10 月 15 日，台湾当局宣布开放台湾居民到大陆探亲；同年

10月16日，国务院办公厅经国务院批准，公布了《关于台湾同胞来祖国大陆探亲旅游接待办法的通知》。至此，两岸才打破自1949年以来长达38年的冰封期。

就是在两岸关系刚刚破冰时的1987年，《人民日报》台湾专栏刊登了《乡愁》，虽然只有豆腐块大小，但它的影响超过了诗歌本身。之后，随着中央人民广播电台、中央电视台在节目中对这首诗的朗诵，余光中的名字开始在大陆广为传播，"余光中热"逐渐形成，"乡愁"也符号化了。

台湾当局开放台湾居民到大陆探亲后，一时之间，探亲登记犹如潮涌。

1988年2月底，在台湾红十字会登记的探亲人数已经超过10万，每天平均800人前去排队，到10月，已有20万人从中国香港、菲律宾、泰国、新加坡和日本涌向中国大陆。

当时，余光中离开执教11年的香港中文大学，返台任高雄中山大学文学院院长兼外文研究所所长，也已经有3年之久了。在中山大学的学生宿舍，流沙河的信到了，问他什么时候回来探亲。

真到了那一刻，他的心情是复杂的，从他作答的一首诗里可见一斑："乡情怯怯，只怕一下子 / 五千年和十万万 / 从东山半岛到天山 / 甸甸都压上肩来 / 承受得起吗 / ……只怕是 / 找得回蒲扇也找不回萤火 / 找得回老桂也找不回清芬。"直到1992年，他回到了大陆，第一站给了北京，在68岁时首次登上长城。从这一年开始，余光中觉得自己的创作就进入了中国游阶段，就像古人天涯题遍影墙字，他也是每到一处都游兴盎然，要留下墨迹。

与此同时，“余光中热”在90年代后逐步达至顶峰。2000年以后，余光中和一些港台学者来到西安，被一位随行记者用万余字记录下来他受欢迎的程度：“出机场后，翻译家金圣华感到非常吃惊，闪光灯对着余光中照个不停，‘我想着，只有那位来自星星的都教授才会有这样的待遇。’”

一方面在写作中告别了乡愁阶段，另一方面却还要面对不断被“符号化”的乡愁，因此，一生留下上千首诗的余光中，并不乐意大陆读者提到他时，言必称《乡愁》。

余光中曾经这样对媒体说：“《乡愁》就像我的名片，这张名片大到把我的脸遮住了。”他觉得在大陆，自己几乎和《乡愁》画上了等号。香港《明报月刊》总编辑潘耀明曾说，余光中的诗里乡愁无处不在，那是指诗作《乡愁》之外的乡愁，也是很多研究者所指出的“乡愁的第二层境界”：文化乡愁。那种境界的“乡愁”，用旅美学者夏志清的话来说，就是“他所向往的中国并不是台湾，也不是大陆，而是唐诗中洋溢着‘菊香和兰香’的中国”。

余光中有一个喜好是画地图，他收藏了一幅1948年带去台湾的残破地图，“就像凝视亡母的旧照片一样”，他后来打开老地图，发现当年四川一条客运铁路都没有，只有运煤的轨道。

地图和文学经典是他的乡愁诗的两条脐带，缺一不可。不写乡愁之后，过了一段时间，他有了新的写作母题：还乡。

他还喜欢开车，在高雄中山大学里有他的车库，80多岁了还独自开车上下课。据说，2016年高雄中山大学的校长郑英耀投其所好，赠送了《速度与激情7》里的Lykan Hypersport模型车，余光中非常喜欢。

有一位友人开保时捷 911 家族的经典款 Carrera 跑车接他兜风，他兴奋地回忆起在德国高速路上飙车的情形。

在余光中后期的作品里，屡次出现过速度与高速公路。台湾在 80 年代中期进入后工业社会，工业文明的环境污染和社会病开始涌现，他的笔下，开始有了更多的现代物象与现实思索。

余光中说过，流亡、迁徙、移民或者长期旅行和侨居，都不能说是本国文化的流失，而是本国文化的扩大、延伸。他的乡愁和他对地理文化的热衷是相辅相成的，而最终使他立足于学术圈的，是"仓颉所造、许慎所解、李白所舒放、杜甫所旋紧、义山所织、曹雪芹所刺绣的中文"。

2017 年 12 月 14 日，这位诗人因病在台湾逝世，享年 89 岁。

二、台湾现代诗运动的“弄潮儿”

余光中以“乡愁诗人”的形象，在大陆获得了巨大的影响力，并且点燃了一代华人的乡愁和家国之情。但这位文学大家又是如何练就的呢？

1949年，21岁的余光中离开中国大陆。作为“大江大海”的一代人，他当时又是怎样的心境呢？

那年春天，为了躲避内战，金陵大学外文系大二学生余光中，不得不转学到厦门大学。几个月后，他跟随家庭辗转到香港避难。不同于之前还能在厦门大学插班就读，香港一年余光中是在无学可上的苦闷中度过的。

这样的逃难经历对余光中来说，并不陌生。1937年底，南京沦陷之前，余光中便跟随母亲逃回常州外婆家，随后一路迂回到上海法租界，在那里度过了一段寄人篱下的日子后，在1939年夏天经香港、越南，历经艰辛，才到重庆与父亲团聚。1962 年，刚刚在台湾获得年度“中国文艺协会”新诗奖的余光中，应《自由青年》杂志之邀撰文自述写诗经过，回忆起那段日子，他说：“面临空前的大动乱……我无诗。我常去红色书店里翻阅大陆出版的小册子，我觉得那些作品固然热闹，但离艺术的世界太远了。我失望，我幻灭。我知道自己必须在台湾海峡的两岸，作一抉择。而最苦恼的是，我缺乏一位真正热爱文学的朋友。有一位朋友劝我回大陆，不久她自己真这样做了。我没有去。最后我踏上来基隆的海船。那是 1950 年的夏天，舟山撤退的前夕。”

当初的赴台更多是出于艺术考虑的某种抉择，只是，余光中没有想到 1950 年夏天于甲板上回望的那片大陆，从此犹在梦中，一别就是近半个世纪。而在梦的彼端，则是 20 多年在华山夏水中度过的日子与点滴记忆。写诗，用余光中日后的话来说，如同叫魂与祷告。

但在 20 多岁离开大陆，而不是更年轻，对他来说则是一种幸运。2002 年，74 岁的诗翁余光中，在为即将在大陆出版的九卷本余光中集的序言中写道：“因为那时我如果更年轻，甚至只有十三四岁，则我对后土的感受就不够深，对华夏文化的孺慕也不够厚，来日的欧风美雨，尤其是美雨，势必无力承受。”显然，这块被他称为“后土”的大陆，已为日后将成为诗人的他打下最初的根基。

余光中的父亲余超英，曾在国民政府侨委会任职，他自身具有相当好的古文水平，一有机会便为余光中阅读讲解《东莱博议》《古文观止》中的道德文章。1939 年，余光中在四川江北悦来场的南京青年会中学就读，曾做过小学校长的远房舅舅孙有孚也逃难到附近，并带来大量藏书，这些线装本古籍很自然地为他打开古典文学的大门。

1951 年，到台湾不久的余光中与父母合影

初三之后，国文老师换了一位前清拔贡戴伯琼，在他的指点下，余光中坚持用文言文写作，从而打下扎实的古文基础。而早在上海法租界时，余光中便有幸接触到英文，在中学他又遇到出身金陵大学的英文老师孙良骥，高一便崭露头角，一举夺得英文作文第一名，中文作文第二名，英语演讲第三名。

1945 年 8 月，抗战结束后，余光中随父母回到出生地南京。1947 年，余光中先后考取北京大学和金陵大学，当时内战的硝烟已经蔓延至北方，在母亲的劝阻下，他最终选择了金陵大学外文系。

正是在金陵大学，余光中开始了最初的诗歌写作。

刚读大学时，尽管班上已有几位同学在热烈地写着新诗，但余光中有点看不惯他们那种诗意淡漠的分行散文，他最初的兴趣还在五言七言古诗之中。后来接触到浪漫主义诗人郭沫若的诗集《凤凰》，还有新月派诗人臧克家的诗集《烙印》，又在一本批评文集《诗的艺术》中读到卞之琳和冯至的诗歌，再加上对英国浪漫诗人及美国诗人惠特曼诗作的原文阅读，余光中开始写作新诗。幸运的是，在厦门大学的短短数月内，他竟在当地报纸副刊接连发表了六七首诗作。

这种幸运一度延续到渡海之后的台大时期。一次，同班同学蔡绍班擅自将余光中写作的一叠诗稿拿给梁实秋看，没想到余光中不久便收到梁实秋的一封鼓励有加的回信，梁实秋自此成为余光中在文学上最重要的引路人。1952 年，即将毕业的余光中出版首部诗集《舟子的悲歌》，梁实秋不但为他写了序言，还亲自撰写书评称"他有旧诗的根柢，然后得到英诗的启发，这是很值得我们思考的一条发展路线"。

尽管处女诗集没有带来想象中的轰动，但也足以使年轻诗人余光中声名鹊起。在上世纪 50 年代初气氛紧张、文化寥落的台湾，能够出诗集的人很少，某种程度上，也正因如此，比他年长十几岁、有台湾现代"诗坛三老"之称的覃子豪、钟鼎文后来才会亲自找上门来，拉他共组"蓝星诗社"。

共组"蓝星诗社"，让余光中成为上世纪五六十年代，台湾轰轰烈烈的现代诗潮流中，大放异彩的弄潮儿。

台湾现代诗歌运动起源于《自立晚报》的《新诗周刊》。1951 年 11 月 5 日，《自立晚报》总主笔钟鼎文创立《新诗周刊》，并与纪弦、葛贤宁、覃子豪、李莎等人轮流做主编，这为战后台湾新诗提供了一个稳定的发表园地。之后，由于与同人的诗歌观念不同，台湾现代"诗坛三老"之一的纪弦脱离《新诗周刊》，独自于 1952 年 8 月创刊《诗志》、1953 年 2 月创办《现代诗》。

不同于之后成立的蓝星诗社，现代诗社是"先有刊，后有社"，纪弦持续在刊物上主张"新诗乃横的移植而非纵的继承"，提倡主知路线，排斥抒情的诗歌，并很快拉了 115 个盟友加入，一时之间声势极为浩大。

1962 年 3 月 30 日，与蓝星诗社同仁宴请菲律宾文艺访问团，摄于台北中国观光饭店。前排左起：覃子豪、蓉子、范我存；后排左起：周罗蝶、罗门、余光中、向明

这显然让覃子豪、钟鼎文这些主张抒情传统的人感到紧张。于是，1954 年 3 月，覃子豪、钟鼎文两位诗坛前辈专门跑到余光中位于台北厦门街的家中看他，表示想另组诗社与纪弦抗衡。

不久之后，在一个初春的晚上，在诗人夏菁家中的餐桌上，蓝星诗社成立，诗社最初的成员包括覃子豪、钟鼎文、邓禹平、余光中、夏菁。这一历史性的时刻，在 1986 年出版的蓝星诗人诗选《星空无限蓝》的序言中，被余光中总结为“诗是必然，诗社却是偶然”。

余光中去世后，与他同岁的蓝星诗社后期成员向明，依然清楚地记得诗社成立时的情形，他说：“因当时也是从大陆来台的诗人纪弦先生正成立现代派，要将在西方流行的现代派诗作横的移植到中国来，并且要打倒抒情，而以主知为创作的导向，这对诗的认识有所本的蓝星诗人而言，一直是以秉承诗以抒情传统为己任，承袭固有的抒情风格写诗，非常不以为然，是以蓝星的这时结社有点像是对纪弦现代派的一个反动。然蓝星诸君子对英美诗及法国象征诗亦各早有涉猎，认识其优劣取舍所在，故并不排除吸收西方诗所具有的现代营养，故后来亦有将蓝星以‘温和的现代主义’相称。”

在台湾学者刘正伟看来，台湾现代诗歌的三个“球根”，分别是从大陆跑到台湾来的新月派、现代派，以及在20年代至30年代日据时期，受日本影响而起的本土现代主义。蓝星诗社、现代社与创世纪社、笠诗社，便是在这三个“球根”上生长出来的产物。

与其他诗社不同，蓝星诗社的组织异常宽松自由。这是一种沙龙式的同人聚合。余光中后来在文章中回忆说：“一开始，我们似乎就有一个默契，那就是，我们要组织的，本质上便是一个不讲组织的诗社。基于这个认识，我们也就从未推选什么社长，更未通过什么大纲，宣扬什么主义。”

蓝星最初的阵地，是《蓝星诗周刊》。这还是由当时在粮食局任职的覃子豪在《公论报》副刊借来的一个约三批宽的版面。50年代初，台湾教育非常不普及，当时为了满足求知若渴的军中青年，中华文艺、军中文艺、中国文坛等函授学校应运而生。

台湾学者刘正伟对那时的情形并不陌生，他说：“那时候没有电话和电视，主要通过通信与杂志学习，老师把讲义寄给学生，学生再把作业寄给老师批改。距离近的一些熟悉的人一起到台北聚聚。这些学员百分之八九十都是军中青年，当时主要有国文识字班、小说班、散文班、诗歌班这样四个班。”

蓝星诗社前期的核心人物覃子豪便长期担任这些函授班的老师，向明、痖弦等人正是在覃子豪的班上被培养挖掘出的。因为办函授班，办杂志，为学员提供发表园地，帮助诗人出版诗集，蓝星诗社的影响力快速扩大。

诗社成立后，大家经常在台北市万国戏院的咖啡室或中山堂的露天茶座聚会谈诗。那种共同激励的诗歌氛围，在余光中的记忆中，天真可爱，也许幼稚但并不空虚，他一度觉得那就是一个小的盛唐。另一方面，梁实秋对台湾诗坛的肯定与嘉奖，也让余光中志得意满，他说：“梁实秋先生说目前台湾的新诗要比中国以往的新诗进步得多，这是多么令人兴奋的事情！数十年内，中国将会涌现一群伟大的诗人，其盛况将可媲美盛唐，其光辉将可照耀千古！让我们为他们开路！”

不过，对余光中个人来说，在诗社成立的最初两年里，他深受新月派格律诗的影响，写下大量的“豆腐干体”。这里举一个例子，让大家感受一下。“我向高空射支箭，/ 飕飕落在云后边。/ 当时天阴风雨紧，/ 云深箭渺看不见。”

对余光中来说，更为现代的写作，要从 1956 年开始。这一年，余光中翻译完《梵高传》，同时开始翻译美国诗人艾米丽·狄金森的诗歌。同年，他还与表妹范我存结婚。在一种综合的灵感刺激下，余光中宣称自己开始创作现代诗。

另外的刺激，来自当时诗坛的论战，余光中回忆说：“先是联合报上有人写一连串批评的文章，我也是受攻击的目标之一。尽管其人骂得并不很对，却使我警惕了起来。然后是五六、五七年的现代化运动的全盛期，许多优秀的新人陆续出现。现在我仍清晰地记得，自己如何一个接一个认识了夏菁、吴望尧、黄用，以及他们周末在我厦门街的寓所谈诗的情形。我一面编'《蓝星诗周刊》与《文学》《文星》的诗，一面投入这现代化的主流，其结果是《钟乳石》中那些过渡时期的作品。不久我便出国了。"

1958 年，30 岁的年轻教师余光中，前往美国爱荷华大学进修一年，他选修了现代艺术课程。1956 年至 1960 年，被研究者划分为"现代化时期"，余光中在这期间创作了诗集《钟乳石》和《万圣节》。他在这一时期的诗作，大概只能称为一种广泛意义上的"现代诗"，是富有现代精神的作品，而非狭义上合乎现代主义理论的现代诗，与洛夫等人不同，余光中从未信服于某种主义或流派，始终游走在传统与现代、主知与抒情之间。

所谓改变，以他自己所举的例子便能看出端倪，由于在新大陆受到现代画趋于抽象的启示，他渐渐在写作中扬弃装饰性与模仿自然，追求一种高度简化后的朴素风格，比如这句诗"常想沿离心力的切线 / 跃除星球的死狱，向无穷蓝 / 作一个跳水之姿"，是抽象化的"无穷蓝"，而非"无边的蓝空"。

很快，台湾现代诗运动中的论战高峰到来。

起初，对现代诗发起攻击的第一枪来自一向喜欢批评人的"大炮"苏雪林。她批评当时的台湾新诗，不过是象征派的余绪，是以艰涩掩盖空虚。这引起了余光中在内的许多诗人纷纷撰文保护现代诗。论战的结果虽然巩固了现代诗的力量，却也再次显露出现代诗内部的分化。

1961 年，余光中在《现代文学》第八期发表长诗《天狼星》，洛夫随后发表长文《天狼星论》，批评余光中从主题到意象，不符合存在主义与超现实主义的原则，注定要失败。在反批评文章中，余光中认为台湾多数现代诗已冲入晦涩与虚无的死巷，宣布自己要告别虚无。

告别洛夫等人主张的“激进现代主义”，余光中要去往哪儿？

这便是后来被研究者们所归纳的“新古典主义”时期。更多从对传统的认识与挖掘入手，余光中写出了从《莲的联想》到《白玉苦瓜》等一系列诗集。这种转折，与他后来 1964 年至 1966 年、1969 年至 1971 年的两次赴美教学也有关，在异国他乡，萦绕心头的儿时记忆与流淌在血液中的文化传统自然地浮现出来，汇聚成浓得化不开的乡愁。

余光中的诗歌真正在台湾风靡一时，正是在这一时期。尽管新古典主义诗歌令余光中风头无两，但他依然在追求着变化。1986 年元旦，余光中在第八本诗集《敲打乐》的新版序言中写道：“不错，我曾经提倡过所谓新古典主义，以为是回归传统的一个途径。但是这并不意味着我认为新古典主义是唯一的途径，更不能说我目前仍在追求这种诗风。”

事实上，1971 年从美国回来后，受到当时在美国风起云涌的摇滚乐的影响，余光中格外注重探索诗歌与音乐的关系。随后在台湾兴起的民歌运动中，余光中的许多诗歌被改编成音乐，影响深远。

1974 年，余光中的诗集《白玉苦瓜》问世，其中收录了《乡愁四韵》《乡愁》《民歌手》等诗歌。“给我一张铿铿的吉他，一肩风里飘飘的长发。给我一个回不去的家，一个远远的记忆叫从前……”这些浅显又忧伤的诗句深深触动了，台湾民歌运动的发起人之一杨弦，他当时就有了为诗歌谱曲的冲动。

同样是在1974年，民歌运动的核心成员胡德夫在台北国际学舍举办了人生中第一场演唱会——美丽的稻穗。在那场演唱会上，杨弦的《乡愁四韵》也第一次登台亮相。"给我一瓢长江水啊长江水"的歌声一出，弥漫于上世纪70年代台湾人心中的乡愁终于找到了发泄的出口。余光中当时就坐在台下。演唱会结束之后，杨弦与余光中有过简短的交流，他征得了余光中的同意，打算将更多的诗歌谱曲入歌。

1975年6月6日，小雨，杨弦在台北中山堂举办了"现代民谣创作演唱会"，一次性发表了《乡愁》《民歌手》《江湖上》《乡愁四韵》等8首改编自余光中诗歌的作品。演唱会当天，杨弦还邀请余光中上台，朗诵了他的代表作《乡愁四韵》。

没过多久，杨弦创作的这8首歌曲，完成了专辑录制。这便是后来被视作"台湾民歌运动"开端的《中国现代民歌集》。

伴随着台湾民歌运动，余光中的诗歌广为流传。这一"乡愁"述说的岛内版本，不久后，将在"诗与歌"的重奏中，在大陆掀起更大的热潮。

三、一个更为复杂的诗人

与公众视线中那个温文尔雅的形象相比，余光中有难以接近的一面。这也是系列纪录片《他们在岛屿写作》导演陈怀恩，在拍完片子后的感受。

几年前，中国台湾目宿媒体筹划拍摄《他们在岛屿写作》系列纪录片，项目组找到了导演陈怀恩。陈怀恩拿着对方提供的作家名录一路看下来，有郑愁予、周梦蝶、王文兴、痖弦等人。“他们问我对谁有兴趣。”陈怀恩说，“我不是搞文学的，名字都知道，但作品不熟悉。”

最后，陈怀恩的目光停留在“余光中”3个字上。和很多受台湾民谣运动影响的文艺爱好者一样，陈怀恩所认知的余光中是流行文化中的余光中。他说：“我不大读书，但喜欢听歌。余光中的很多诗被写成歌，这应该蛮好拍的吧！”

然而“真的开始去筹备才发现，这件事有点麻烦”。从流行文化切入，陈怀恩和他的团队进入了余光中的文学世界，陈怀恩说："1000 多首诗，包括散文集在内，50 本著作。民歌？那只是他文学创作里很小的一部分。"陈怀恩花了几个月时间了解和梳理余光中的文学作品，作家本人的创作风格和他在文学界的定位，最后，交出了一份拍摄大纲。

导演毕竟不是搞学术的，他们需要影像，需要接近真实的余光中。"见面之后又发现，问题更麻烦了。"余光中不是陈怀恩想象中的作家风格，他很忙，总有大大小小的活动，面对媒体时也轻车熟路。陈怀恩说："一开始，余老师能配合我们的时间并不多。"常常接受媒体访问的余光中以为这又是一个普通的访谈节目，只愿意给他们两小时时间，这让整个剧组都慌了神儿。

好在经过一番沟通，余光中默许了陈怀恩更为复杂的拍摄计划。在近两年的纪录片制作过程中，陈怀恩和团队多次跟随余光中走进课堂，参加各地大大小小的演讲、讨论会，也为他策划了一次故地重游。

随着相处的深入，陈怀恩眼中的余光中越来越难以捉摸。

在创作和学术上，他是个严谨到执拗的人。就像纪录片里提到的，在台湾，一个诗人 70 岁之后还在出书，还在写诗，这已经不仅是新闻，而是一个事件。"余光中对一切写着字的东西都很敏感。"陈怀恩还记得，与余光中第一次见面时，他带去了一张 DVD，DVD 盒上有文字介绍。余光中看到，拿起盒子，认认真真看上面的文字，还挑出了一些措辞和语法错误。

在纪录片拍摄过程中，陈怀恩也采访了几位与余光中有过接触的人，其中就包括余光中传记《茱萸的孩子——余光中传》的作者傅孟丽。"作者傅孟丽说，那本传记本来是要在余老师七十大寿时出版上市的。

但书稿在余老师手里校对了一年，他 71 岁时才校对完成，错过了计划出版的时间。”纪录片拍摄时，余光中已经八十出头，但在教学上依然毫不怠慢。陈怀恩回忆，我们看到他给学生批改的作业，他写的字有时候比学生写得还要多。

余光中对文字的锱铢必较让陈怀恩很忐忑，他说：“纪录片要有旁白，要有采访，我们很怕做出来的东西不被他接受。”为了在文学和文字的运用上踏实些，陈怀恩找来台湾新生代女诗人罗任玲做文学顾问，请她帮忙采访余光中。陈怀恩说：“我听说，她是唯一一个写余老师没有被他本人改过一个字的人，其他访问并让他看稿的人下场都不太好。找罗小姐，我们成功的概率可能大一点点。”

在文学和教学之外，余光中不是一个很好接近的人。摄制组每次上门拍摄，开门的都是余光中的夫人范我存。“辛苦了，来来来，今天我们拍什么……师母寒暄一番后，余老师才走出来，感觉像个明星。”陈怀恩说，当年完成余光中的拍摄后，他的团队还拍摄了另一位诗人痖弦，痖弦和余光中完全不同，喜欢和年轻人聊天，人很亲切。“坦白讲，拍余老师，我们跟他并不亲近，没办法靠近他。”

陈怀恩希望捕捉到一些感性的瞬间，但这看起来也是一件不可能完成的任务。余光中的浪漫和感性似乎都藏在诗里，现实生活中，他是平静的，甚至有些刻意的冷漠。

在纪录片《他们在岛屿写作：逍遥游》里，摄制组随余光中游览了他出生的地方：南京。诗人兴致很好，登上了当地著名的栖霞寺。陈怀恩在余光中的传记里看到过，他的母亲临产前一天还去登了栖霞寺，于是，回到台湾后，陈怀恩整理了当时游览栖霞寺的照片，送给余光中，还和他提起了他母亲临产前登寺请愿的事。余光中说："愚昧，无知，哪有人怀孕还去登山的。"这一句话，瓦解了陈怀恩对于浪漫诗人的想象。

游览徐霞客故居也让陈怀恩感到挫败。少年余光中曾梦想成为地理学家，所以尤其仰慕徐霞客。在江阴参加活动，陈怀恩特意请主办方帮忙安排参观徐霞客故居。在著名的徐霞客镇，余光中与少年时的偶像相遇。他站在坟墓前合十双手，闭目默念了很久。陈怀恩用摄影机记录下了这个时刻。

回到台湾，陈怀恩在访问中提到了余光中与徐霞客神交的那个瞬间。本以为诗人有情要抒，谁知余光中不以为意地说："你们太吵啦，叽叽喳喳叽叽喳喳，我安静下让你们停下来。"

摄像机很难捕捉到浪漫诗人的感性一面，却总能遇到他争强好胜的一面。

余光中经常会参加一些文学活动，有一次，他参加了一个学生论坛。来的学生提的问题很尖锐。一个学生站起来问他怎么看诗人纪弦。"余老师一副没听懂的样子，轻飘飘问，哪个纪弦？"陈怀恩一度觉得场面尴尬，纪弦是台湾现代诗开山鼻祖式的人物，余老师显然是在挑衅。紧接着，陈怀恩就听到余光中话里有话地说："你是说写现代诗的那个纪弦吗？九十几岁了吧？人在美国还是哪里？70岁就没有再写诗了。他早期写的还可以看一看。"

文人相轻，自古如此，余光中只是更锋芒毕露。他渴望被认同和接纳，即便在七八十岁的年纪也是如此。纪录片团队随余光中出席过一个梵高作品展的活动，余光中站在台上，手里抱了一个袋子。陈怀恩回忆说：“我当时就觉得很奇怪，其他人都两手空空，怎么只有这个80多岁的老人提了个袋子，没有人帮他拿一下吗？”余光中就那样抱着袋子在台上坐了几十分钟。活动快结束时，马英九上台致辞，致辞一结束，余光中就一个箭步冲上去，把袋子交给了马英九。陈怀恩说：“后来才知道，袋子里装的都是余老师的书，亲笔签了名，送给马英九。这个细节很小，但你可以看出，有些东西他非常在乎。”

纪录片前前后后拍摄了一年多，直到拍摄结束，陈怀恩都觉得自己从未真正走近过这位文学大家。他曾尝试寻找诗人的深情、骄傲，甚至虚弱，但现实生活中都没有任何着力点。最终，一切只能回到诗歌里。

谈到余光中那集的标题，陈怀恩回忆道：“我的副导演花几个月时间翻了他的诗集，他发现，余老师的人生经历和感受其实都藏在诗里。我们后来用《逍遥游》作为纪录片的标题，其实也是在打一个问号。那本书发表在1964年，当时余老师正要去美国，唯一的儿子刚出生就夭折了，他在文学领域的论战争议也很大。他真的逍遥吗？也许未必。但他把诗集起名《逍遥游》，这做法太余光中了。”

他真的逍遥吗？要了解一个更为丰富立体的余光中，我们需要把镜头再次调回20世纪六七十年代，回看正身处一系列文学论战中的诗人。

余光中曾把1959年到1963年称为自己的“论战时期”。年轻时喜欢论战的余光中，中年之后便无心恋战，据他说是因为“年轻的时候我多次卷入论战，后来发现真理未必愈辩愈明，元气确实愈辩愈伤，真正的胜利在写出好的作品，而不在哓哓不休”。

可是，围绕现代诗的论战并未结束，余光中在70年代又卷入了乡土文学论战。那时的台湾，历经保钓运动、国际孤立，蒋介石“反攻大陆"的意识形态陷入困境，台湾内部陷入苦闷与彷徨之中。伴随着对台湾自我身份的追问，在一些人看来，60 年代以虚无主义、反工业文明、反立法体制、存在主义对抗戒严体制的现代文学，便有了再检讨的必要。

1972 年、1973 年，曾参加过北美保钓运动的文学评论家唐文标接连发表《先检讨我们自己吧！》《什么时代什么地方什么人》《诗的没落》等文章，对现代主义诗歌提出批评。对这一震动文坛的事件，余光中显然没有沉默，在《诗人何罪》一文中，他将论争对方视为"仇视文化，畏惧自由，迫害知识分子的一切独夫和暴君"的同类。

不久，台湾发生了日后影响深远的乡土文学论战。《中央日报》总主笔彭歌发表《不谈人性，何有文学》，将批评矛头指向乡土文学代表作家和理论家王拓、陈映真、尉天骢等人。当时还在香港中文大学教书的余光中，在 1977 年 8 月 20 日《联合报》上发表《狼来了》一文，影射台湾乡土文学是大陆的"工农兵文艺"。由于文章中提到的"狼"和"抓头"的动作，显得寒气逼人，以至于陈映真多年后都难以释怀，认为这对当时的乡土文学界是一个政治上取人性命的、狰狞的诬陷。

事实上，新儒家代表徐复观在不久后发表的文章中便表示过类似的忧虑："这位给年轻人所戴的恐怕不是普通的帽子，而可能是武侠片中的血滴子。血滴子一抛到头上，便会人头落地。"所幸的是，在胡秋原、徐复观还有郑学稼等国民党营垒中开明人士陆续出面说话后，对乡土文学作家迫害的恐怖阴影逐渐散去。

2004 年，九卷本《余光中集》在大陆刚刚出版，余光中获得华语文学传媒大奖年度散文家奖，一时间备受瞩目。面对当时的"余光中热”，北京学者赵稀方发表长文《视线之外的余光中》，详尽披露余光中在乡土文学论战中的表现。

这篇文章的发表，引起了轩然大波。相关论争文章也很快以专辑“余光中风波在大陆”刊载于同年秋天出版的台湾人间思想与创作丛刊《爪痕与文学》中。在这些文章中，有对赵稀方表示佩服并提出“余光中热”难以接受的台湾学者吕正惠，也有陈漱渝、陈子善等以持中的观点认为追问并非求全，这样的批评也是对研究者不够了解台湾文学史的提醒。

余光中曾说自己从不写日记，也不写自传，因为作品就是最深刻的日记，而“我的艺术思想、人文价值，都在我的评论之中。我的情操与感慨，都在我的诗文散文里，我在母语与外语、白话与文言之间的出入顾盼，左右逢源，不但可见于我所有的作品里，也可见于我所有翻译的字里行间”。

（撰文：艾江涛）

李敖：

孤胆先驱

一、青年文士的崛起

1949 年 5 月 12 日傍晚，“中兴”号客轮汽笛长鸣，缓缓靠上了台湾基隆港 1 号码头。这艘排水量 5649 吨的中型海轮，是上海中兴轮船公司两年半前从美国购进的。它拥有当时国内少见的无线电音乐广播、带钢琴演奏的休息室及 8 人一间的独立盥洗室，每周在上海和台湾之间往返一次，是许多军政官员和商人由沪赴台时的首选交通工具。

不过对于乘坐“中兴”号的李敖和他的 8 位家人来说，这段旅程实在没有任何惬意可言。他们卖掉了上海的房产、换到 8 两多黄金，这才能在客轮的露天甲板上买到 9 个位子。像这样的狼狈，在过去 12 年里已经是第三次了。

1937 年，奉命打入伪满洲国从事地下工作的李敖之父李鼎彝，由于组织关系遭到破坏，被迫举家南迁至北平。当时李敖还不满两周岁，因此从籍贯上说他是哈尔滨人，但童年却是在北平度过的。1948 年冬天，

大学时的李敖

解放军迫近华北，视国民党为正统的李鼎彝再度携家眷南下上海，半年后又不得不乘船南渡，到台湾落脚。

晚年的李敖认为，自己的父亲是一个悲剧人物：他毕业于北京大学中文系，本可以大展才华，却因为对国民党政权怀抱满腔热忱，接连遭遇个人境遇的受挫。而国民党当局对李鼎彝却没有给予任何像样的回报：到台湾之后，他只找到一份中学教师的工作，全家 9 口人在一间不到 40 平方米的日式木房里住了整整 13 年。所以李敖说自己的少年时代“充满了穷困与灰暗”，他对现实相当不满，甚至于形成了“愤世嫉俗的气概”。

20 世纪 50 年代的台湾，处在一种复杂的社会氛围之下。一方面，从国民党要人到普通民众，对解放军可能跨海前来的恐惧始终存在，这使得他们的精神往往处于紧绷且灰暗的状态，甚至陷入了“今朝有酒今朝醉”的自我麻痹当中。另一方面，蒋介石父子并未从失去大陆政权的经历中吸取教训，反而变本加厉利用特务机关和《动员戡乱时期临时条款》，大行高压政治。这使得大多数知识分子敢怒而不敢言，舆论环境极为恶劣。

作为一个早慧的少年，李敖在去台湾之前就已通读过《中山全书》、自由派杂志《观察》以及苏联作家革拉特珂夫的长篇小说《水泥》。弥漫在校园乃至整个台湾社会中的悲观、压抑气氛，当然会被他察觉。幸运的是，他在学生时代结识了几位卓尔不群的老师，和他们形成了亦师亦友的关系，从而使李敖在精神上有了巨大成长。

第一位老师是在台中一中教授语文的严侨。他是《天演论》翻译者严复的长孙，家世显赫，在台湾也有极好的社会关系，他还是一名中共地下党员。1950 年，严侨从福州渡海来台，以教师身份作为掩护、准备策应解放军渡海，却因为地下党组织遭到破坏而滞留台中。

严侨欣赏李敖的文采和傲气，对他指点频繁，两人甚至私下讨论过偷渡返回大陆。李敖后来回忆说，他在严侨以及严家的父辈、祖辈身上看到了整整一部中国近代史，看到了 1840 年之后中国知识分子的全部奋斗、挣扎与辛酸。严侨口中充满平等色彩的社会主义理想，尤其令他心驰神往。因此从那时起，李敖就对国民党当局刻意渲染的“反攻大陆”口号嗤之以鼻，认定那绝不可能成功。在精神世界上，他也认为台湾不可能脱离中国大陆独立存在，他自己始终是中国文化的一分子。

在严侨的影响下，整个高三阶段李敖几乎都在家中自学，因此没有拿到毕业证书。1954 年他以同等学力考入台湾大学法律系专修科，不过很快由于兴趣不合而休学，并重新考入台大历史系。据李敖自己说，在校的大部分时间，他只是“自由自在自己读书”，并不以从事学术研究为志业。从 1954 年到 1963 年，除去曾经服兵役 1 年半的时间以外，李敖在台湾大学一共读了 7 年半，却只拿到历史系学士一张文凭，足见他所言不虚。

著名学者陈鼓应先生与李敖同龄，在台大时他们都曾受业于殷海光教授，还住过同一间宿舍。据陈鼓应回忆，自己在台大读大一时，就有同学把鲁迅和闻一多 30 年代的作品拿来传阅。这在校外被逮住了至少要判 7 年徒刑，但在台大还可以偷着看。当时台大文学院的授课老师中，中文系有鲁迅的学生台静农，历史系有声名在外的姚从吾、沈刚伯，外文系有英若诚的父亲英千里。这批来台的知识分子虽然政治倾向不一，但都有着深厚的学问积淀。更重要的是，他们把五四时代那种强烈的现实关怀和个人使命感带到了台大，并通过学生继续传承下去。

在大学时代，尤其是 1961 年入读台大历史系研究所之后，李敖接触到了更多背景不一、性格各异的老师和同学，其中有两位对他的影响最深，一位是五四风云人物胡适，另一位则是自称“五四之子”的殷海光。

胡适在大陆政权交替之际选择离开北平，但并未因此获得蒋介石父子对他的放松。50 年代前期，他本人居住在美国，却仍然多次遭到台湾岛内文化保守主义者以及国民党政工人员的口诛笔伐。不过李敖由于父亲曾是老北大毕业生的关系，对曾经的北大校长胡适始终尊敬有加。1952 年胡适到台中演讲时，还在读高中的李敖便送上一封长信，表达自己的敬仰之情。

1958 年胡适到台湾接任“中央研究院”院长一职后，李敖经自己在台大的导师姚从吾介绍，正式认识了这位学界前辈，自此两人时有往来。胡适对李敖的博闻强记和怀疑精神表示了赞赏，1961 年他得知刚刚退役的李敖经济窘迫，还专门送上 1000 元支票。李敖对这一恩谊铭记了终生。

然而，胡适毕竟比李敖大40多岁，还是一位社交活动繁忙的名流人物，他对李敖的“言传”不可能达到很深入的程度。真正在思想和言行上对青年李敖产生重大影响的，是他在台大结识的哲学系教授、兼有逻辑学研究者和公共知识分子双重身份的殷海光。

殷海光原名殷福生，出生于爆发五四运动的1919年，他曾在西南联大师从著名学者金岳霖、沈有鼎，而且很早就有才子的声名。抗战胜利后，殷海光被延揽进国民党文宣部门，不到30岁就当上《中央日报》主笔兼金陵大学副教授，并获得蒋介石本人接见，可谓红极一时。但他对国民党政权在内战末期的腐败堕落大感失望，来台湾之后脱离了“党国”的宣传系统，进入台湾大学执政教席，同时继续从事公共写作和翻译。政治经济学家哈耶克那本著名的《通往奴役之路》，最早就是由殷海光翻译成中文的。

在学者陈鼓应的印象里，殷海光讲授逻辑学时从不照本宣科，也不点名。每学期他会列出几种大部头教科书供学生参阅，讲课时则是信手拈来，滔滔不绝。这种不同凡响的作风，逐渐形成一种独特的“殷海光现象”，那就是外系慕名前来选修逻辑学课程的学生数量，一度多过了哲学系本身的学生，李敖也是因为这种缘故投入他的门下。

在课堂教学之外，殷海光与弟子们的相处，更是极为平等，毫无师长架子。据李敖的学弟王晓波回忆，60年代初，每逢殷海光下晚课，总有一群年轻学生簇拥着他从新生大楼一路走回温州街台大宿舍，沿途彼此争论切磋，人送雅号“马路学派”。熟识的学生如果想向他讨教学问或倾吐苦闷，可以随时登门拜访，畅谈直至深夜。此后留在台大哲学系教书的李敖同学刘福增调侃说，五六十年代因为敬重殷海光的学识人品而围绕在他身边的一群学生，久而久之，内心竟起了类似“争宠”的心理。其中又以李敖的表现最为突出。直到自己也已经六七十岁时，李敖和老朋友们提到去世的老师，依然要强调那是“我的殷海光”，就好像小青年斗嘴，令人莞尔。

李敖在晚年出版的最后一部回忆录中强调，他因为不以从事学术研究为目标，对胡适和殷海光的专业学问并没有下大功夫研习。这两位导师对他的影响，主要是人格和精神上的。也是由于胡适和殷海光的作用，李敖在20岁刚出头的年纪，就在《自由中国》杂志上发表文章，从此开始了长达半个世纪的文人生涯。

《自由中国》半月刊是在国民党政权败退台湾初期，由一批具有改革倾向的学者型官僚和公共知识分子共同创办的。当时在美国的胡适应邀担任发行人，实际主持者是曾任“总统府国策顾问”的雷震，殷海光则是杂志编委和主要撰稿者之一。

蒋介石最初希望能通过这本杂志的发行，吸引中间派知识分子为己所用，从事反共宣传。令他没有料到的是雷震、殷海光等人却将《自由中国》变成了在台湾岛内宣讲政治自由主义、批评国民党高压政策以及蒋氏父子“家天下”的斗争工具。这就使得与《自由中国》相关联的一系列人物，不可避免地卷入政治这个大漩涡当中。李敖虽然只是个小字辈，但他在研究所时代就已经被反对者视为“胡适的打手”，又和倡导重振五四精神、推行民主政治的殷海光有着密切往来，他的为文之路，也不可避免地要和政治发生碰撞。

作为一个初出茅庐的大学生，李敖实际上只在《自由中国》上发表过一篇文章，那就是1957年3月刊出的《从读〈胡适文存〉说起》。在这篇文章中，他回顾了胡适自北洋时代起，为争取政治民主和言论自由，以文章为武器做出的一系列努力，以及这种努力在政治横逆中遭遇的波折。然而他对胡适也提出了批评，认为这位前辈到了晚年，思想倾向和个人意志变得徘徊不前，甚至为了避免得罪国民党当局和文化复古主义者，在编辑新版《文存》时删掉了许多早年的激进言论，这实际上是一种倒退。从这篇文章里也可以看出李敖本人思想上的气质，是公开反传统、反权威的。拿他自己的话来说，他要做的事是“在环境允许的极限下，赤手空拳杵一杵老顽固们的驼背，让他们皱一下白眉、高一高血压”。这在当时的台湾文坛无疑属于异类。

幸运又不幸的是，在作为文坛新星的李敖呼之欲出之时，《自由中国》杂志和他的两位精神导师却相继遭受厄运。1960年9月，《自由中国》杂志因为公开宣扬结束一党专制、筹组新政党，在蒋介石的亲自授意下遭到查禁。主要负责人雷震被扣上“知匪不报”和“为匪宣传”两项罪名，判处10年徒刑。

胡适在这一事件的打击下，精神极度痛苦内疚，于1962年去世。作为《自由中国》主要撰稿人的殷海光也在国民党当局迫害下，在1966年夏天被迫结束在台大的授课。一年后，殷海光查出胃癌，经手术后仍再度发作，于1969年9月去世。

作为50年代台湾自由主义知识人的核心发声平台，《自由中国》的被禁，意味着舆论场中出现了一种真空。胡适、殷海光两位老资格自由主义者或已去世，或被长期禁止发声，这为后起之秀李敖的登场制造了机会。从1961年开始，李敖以《文星》杂志为阵地，对已经沦为国民党御用意识形态的儒家“道统”发动了全面论战。

《文星》本来是“总统府国策顾问”、国民党中常委萧同兹之子萧孟能与妻子朱婉坚在1957年创办的一份综合性月刊，李敖成为该刊主要作者之后，一举将专门报道文化艺术选题、很少评论当下社会的前期办刊方针扭转过来，直指时弊，并把矛头直接指向当时文化界的知名人物。他本人也因此声名鹊起。

需要指出的是，尽管李敖在不及三十而立之年就成为台湾的一颗文化新星，但很难将他的研究和写作归入哪种确定的类型。中年以后他著书无数，每每以“李大师”自居，津津乐道于自己的文史功底和分析水平。但在任何一部当代中文世界的文学史、史学研究史乃至政治思想史中，都很难找到李敖的位置。应该说，他从一开始就不是西方意义上的专业学者或者现代知识分子，也不同于后者的东方对应物，有着“立功”与“立德”之心的士大夫。李敖这个人，属于中国传统文化的一项特殊产物，那就是文人。

所谓文人，以“立言”作为一生的志业，但并不求登堂入室、通过科举的途径谋取功名。他们要么被统治集团中的边缘势力所庇护，凭借本真的才华见地成为清客高朋；要么扬名于街坊酒肆，以绮丽生动的文字章句在市井中赢得受众。李敖在《文星》时代的一篇篇棘手评论，以至于之后他以“史料加八卦”为特色著成的一系列历史研究文集，也没有脱离这两重目标。

文人不像士大夫需要背负“立德”之累，更无须将社会上一般的道德法则奉为准则；他们诙谐戏谑、放浪形骸的举止，反而增添了传奇色彩与亲和力。李敖身上多智、多金、多情的突出特质，他对生平情史的津津乐道和自我渲染，正与大众对文人由来已久的道德宽容相吻合。登徒子式的好色无厌，放在一般公众人物身上会成为道德缺陷；唯独对本不受伦理规制的文人，反倒成为“古风”盎然的佳话。

李敖正是这样一个生活在现代的文人，并且他从 60 年代加入《文星》开始，就打定主意要利用现代传媒来经营自己的文人身份。按照他在晚年回忆中的说法，当时他已经过着一种“谈笑有鸿儒，往来无白丁”的潇洒生活，一面和陈诚、徐复观、胡秋原等知名人物或谈笑风生，或口诛笔伐，另一面追逐各路情人。陈诚在接见他时甚至认为，李敖和蒋经国的大儿子蒋孝文是当时台湾 30 岁以下知名度最高的两个人。这类独特的经历和江湖传闻，使得李敖作为青年才子的形象进一步为公众熟知，也奠定了他后来的人生道路。

二、“斗士”与文商

1961 年 11 月，一篇标题为《老年人和棒子》的长篇文章在《文星》杂志第 49 期刊出。全文洋洋洒洒近 8000 字，时而引用苏轼诗词和古典章回小说，时而借助希腊罗马典故以及俄国小说，文采斐然，显得卓尔不群。这是李敖在《文星》杂志打响的第一炮，一场席卷整个台湾思想界的“中西文化之争”也由此拉开了序幕。

《老年人与棒子》表面上谈论的是当时台湾社会的代际冲突问题，矛头却直指国民党当局在“动员戡乱”名义下拒绝政治和社会文化进步的本质。文中的“老年人”手提“莫须有”“落了伍”“不放手”这三根棒子，冥顽不化，将一切进步和革新视为对自己权威的挑战加以扼杀。

李敖引用美国诗人瑞斯的佳句，辛辣地讽刺他们说：“你们老了，打过这场仗，赢过、输过，又丢下这场仗。当我们在奔跑，你们对世界的恐惧，不能把我们吓倒。”在文章结尾处，李敖更是毫不客气地断言：这一代年轻人，根本不稀罕老年人递过来的“已经腐朽的棒子”！

这些语气激烈的句子，在当时的台湾有着极深的政治意味。进入60年代，在台湾岛上已经站稳脚跟的国民党政权，一方面持续编造“反攻大陆”的神话，试图以此聚敛统治正当性；另一方面又把政治和经济改革的时间表直接推到了虚无缥缈的“反攻成功”之后，由一群老而不休的政客、党棍继续垄断对优质社会资源的控制。刚迁来台湾的时候，为了争取美国政府继续支持蒋氏父子，国民党当局对《自由中国》杂志和胡适、殷海光这样的知名知识分子还不得不稍微网开一面。而自从《自由中国》被查禁以来，这样有限的言论空间也不复存在。所以李敖作为青年群体，尤其是知识分子的代言人，他的怒火烧向的不只是抽象的“老年人”，更是整个国民党政权。

尤其值得一提的是，国民党当局还企图借助文化保守主义以及传统道德观念加持自身的统治合法性，李敖把这种现象称为“家国病”。1950年冬天，历史学泰斗钱穆在台北获得蒋介石的接见，蒋介石答应从“总统府”办公费名下每月拨出3000港币，支持钱穆、张其昀、唐君毅等学者兴办新亚书院。这个新亚书院就是今天香港中文大学的前身，在五六十年代，它在国民党“文化反攻大陆”的宣传中发挥了不可小觑的作用，校园里的青天白日满地红旗帜甚至一直悬挂到1969年。

1958年，四位与国民党当局关系较好的新儒家学者唐君毅、张君劢、牟宗三、徐复观在香港联名发表《为中国文化敬告世界人士宣言》，极力宣扬中国文化不仅具有历史价值，在现实条件下同样可以焕发新生，对中国大陆推崇的马克思列宁主义以及胡适等人倡导的欧美自由主义则有所贬损。这一论调和蒋氏父子在台湾鼓吹的“传统文化复兴”“中国文化本位”等理念，可以说是不谋而合。

站在今天的角度，我们当然可以说对传统文化的看法属于纯粹的学术和思想问题，对每个人不必强求。但在五六十年代的台湾，这种刻意宣扬文化保守主义、把政治和经济上的自由主义当作“舶来品”加以否定的潮流，是具有鲜明的政治色彩的。

李敖的老师殷海光在1957年发表的《重整五四精神》一文中就指出，或许徐复观等人主观上没有谋求政治利益的野心，但他们的宣传和现实权力二者的方向相同，互相导演，互为表里，在客观上结成了一个反对进步、民主、科学的“五四精神”的利益同盟。只有在这个视野下我们才能理解，为什么在60年代的台湾会出现一场“中西文化论战”，它又为什么会为李敖招惹来政治上的是非。

作为这场大论战中的“纵火者”，李敖的表态，最初开始于他对胡适的追思。1962年胡适去世之后，李敖连续在《文星》发表《播种者胡适》《胡适先生走进了地狱》等多篇文章，开始按照他的理解重构胡适的思想形象。在李敖看来，胡适在1919年以后有一大得、一大失。

所谓“得”，指的是胡适“对国家大事，诉诸理智而非情绪，重实证而反对狂热”，致力于培植“非政治性的学术基础”和“思想自由的批评风气”，从不“为了目的热，就导出方法盲”。胡适对文学革命、新文化运动、寻求独立和长期发展科学乃至民主宪政的贡献，终其一生“没有迷茫，没有转变”，如同“好唱反调的乌鸦，确实具有远见”，是“永不停止追求真理的国中第一人”。

所谓“失”，指的是胡适虽然首倡“全盘西化”，但在随后的数十年间却大开倒车，花费了太多精力在东方学术的考证和辨伪上，“脱不开乾嘉余孽的把戏，甩不开汉宋两学的对垒”，把文史学风带到了“迂腐不堪的境地”。他原本已经指出了“全盘西化”的正途，自己却倒退回去，终究未能在台湾这片文化沙漠中开凿出甘泉。李敖认为，在胡适身上表现出的这种“委曲求全的微意”，充分显示了他是“一个自由主义的右派，一个保守的自由主义者”。

在批评了胡适的调和主义立场之后，李敖笔锋一转，终于亮出自己的锋芒。他认为，胡适的思想“只不过是一个‘开放社会’所应具有的最基本必要条件”，“说胡适叛道离经则可，说他洪水猛兽则未必。甚至在某几点上，我们还嫌他太保守、太旧式”。胡适对蒋介石百般让步，仍不能为国民党当局所容，李敖认为这是“中国社会的大悲哀”。如今斯人已逝，中国思想界、知识界应当盖棺论定，承认“胡适之是我们的伟大领袖，他对我们国家的贡献是石破天惊、不可磨灭的”；同时也要继续向前，用“我们的进步”向胡适“投掷我们的无情”。

继公开悼念胡适之后，1962 年春天，李敖又以《给谈中西文化的人看病》《我要继续给人看病》《中国思想趋向的一个答案》这三篇长文作为投枪，将方兴未艾的“中西文化论战”推向了最高潮。这些文章随后都收入 1963 年出版的《传统下的独白》一书，可以说是李敖在“中西文化论战”中代表性观点的集大成者。

在《传统下的独白》里，李敖公开指斥中国人有盲目排外的“义和团病”、夸大狂的“中胜于西病”、热衷比附的“古已有之病”、充满谎言的“中土流传病”、小心眼儿的“不得已病”、善为巧饰的“酸葡萄病”、蛊惑人心的“中学为体、西学为用病”、浅薄的“东方精神西方物质病”、意识空虚的“挟外自重病”、梦呓狂的“大团圆病”、虚矫的“超越前进病”这11种常见的落后群体性意识，而它们的根源又有四种：一是“泛祖宗主义”，被太多历史糟粕所束缚和牵制；二是“浅尝辄止的毛病”，不思系统学习西方现代化，只想投机取巧、浅尝辄止；三是“和经济背景脱节”，企图把农业社会的守旧理念原样照搬到现代工业社会；四是“不了解文化移植的本质”，一味强调“中国空间时间的特殊性”，不愿下毅然革命的决心。而李敖本人为此开出的药方是“一剪刀剪掉传统的脐带……向那些现代化国家直接地学，亦步亦趋地学，惟妙惟肖地学”，甚至于应当“死心塌地学洋鬼子”。

从今天的角度看，这样的判断当然有点矫枉过正，甚至带有民族虚无主义的色彩。李敖对中西文化做出评判时，有时也是力道有余而深度不足。但在20世纪60年代的台湾，它却在不经意间点穿了国民党当局借“复兴传统文化”“端正中国文化本位”之名，行威权统治的真实立场，而立即招来了口诛笔伐。

早年曾任职于军事委员会委员长侍从室、领有少将军衔的徐复观第一个出头，攻击胡适是“中国人的耻辱，东方人的耻辱”，李敖马上对他做出回击，痛斥徐复观是“夸大狂的病人”“学林张宗昌”。接着，有蒋经国情报系统背景的“立法委员”胡秋原也披挂上阵，在文章中给李敖扣上“胡适的鹦鹉”“文化太保”的帽子。胡秋原甚至怀疑殷海光是李敖背后的指使者，为此编造出了一个“李敖和殷海光都是费正清豢养的美国共产主义间谍网成员”的假消息，四处传播。

为了打击胡秋原的气焰，李敖在1962年10月写出了长文《胡秋原的真面目》，指控胡秋原在1933年曾经参与过反对南京国民政府的“福建事变”，做出过“与虎谋皮的反动行为”。在“戒严”时期的台湾，指责文人“通匪”无疑是最厉害的撒手锏；将国民党走卒胡秋原惯用的手法还击在他本人身上，可以说是李敖式的机敏。

1962年11月，胡秋原在气急败坏之下向台北地方法院控告李敖、萧孟能侵害其名誉。1963年2月，徐复观也加入战团，声称“如果和解不成”，将亲自向蒋介石举报文星书店出版的《中国现代史料丛书》。文星一方也不甘示弱，在依据“刑法”提出反诉的同时，还邀请李敖正式出任《文星》主编。李敖乘胜追击，在1963年7月1日写出长文《为“一言丧邦”举证》，继续攻击胡秋原“不堪造就，竟然老羞成怒，老下脸皮来控告我”，甚至劝告对方“趁早投笔毁容，披发入山”，嬉笑

2005年9月20日，李敖在故宫博物院游览（联合知识图库 / 视觉中国供图）

怒骂从容自若。这种举重若轻、变正剧为闹剧的手法，此后李敖也是常常使用。

从1961年底“中西文化论战”全面爆发到1965年文星被迫停业，整整4年时间里，李敖以一连串文章对台湾党政要人、学界名流进行了指名道姓的批评。其中有前国民党要员张其昀、陈立夫、陶希圣，“监察院”副院长刘哲，具有文人与政客双重身份的胡秋原、任卓宣、郑学稼、陈启天，以及新儒家学派掌门人钱穆、唐君毅、牟宗三、徐复观、毛子水。一个大学毕业不过几年的年轻书生，就敢同时与这样多的知名人物为敌，并且毫不惧怕，在当时的台湾无疑属于异类。

它在为李敖赢得大名的同时，也使他迅速陷入国民党当局编织的网络之中。1965年12月1日，李敖在《文星》第98期发表《我们对国法党限的严正表示》一文，公开质疑当局的党禁政策。5天后，文星杂志社与文星书店一道被勒令停业。

到了1967年，因为早年和严侨谋划偷渡大陆的事迹被特务机关知道，李敖在证据不足的情况下被法庭判处1年徒刑，以软禁方式进行。不过他并没有“悔改”的意思，反而进一步掩护党外政治活动家彭明敏出逃美国，并向国际舆论透露国民党当局迫害政治犯的状况。最终，特务机关在1971年3月再度将他逮捕，并在1972年8月以“台独罪”判处10年徒刑。这无疑是一个相当荒谬的罪名，因为终其一生，李敖都以彻底的中国人自居。到了1975年4月蒋介石去世后，李敖获得“大赦”出狱，实际在监狱中服刑5年又8个月。

文星时期的李敖，身份不仅限于作家和社会活动家。某种程度上，他首先是当时台湾首屈一指的出版策划人和书商。萧孟能对李敖的题材判断力和“在刀尖上跳舞”的功夫给予充分信任，于是使文星逐步形成了“用杂志强打，使书店上垒，以书店配合杂志运作，形成思想大围标”的系统运作模式。

1965 年台湾共有 22 家出版商参加香港国际书展，共展出图书 1782 种、27400 册。其中文星书店虽然仅占 210 种，实销数却多达 24535 册，接近台湾参展图书总销量的九成，受欢迎程度可见一斑。1962 年李敖与胡秋原的笔战，因为情节曲折、花絮不断，直接将《文星》的单期印量由 4000 册刷新为 7000 册，对其他图书也有助推作用。之后李敖曾自得地承认：“文星结束时，我有了一户 32 坪（约 105.7 平方米）的公寓房子，这是我生命中的大事。”

除去对经济富足的追逐以外，从少年时代起，李敖就乐于结交社会名流、政客豪绅，以拓展自己的关系网和知名度。李敖从 60 年代到 80 年代的反威权斗士形象，究竟有几分是时势造就，有几分又是他精心“运营”的结果，耐人寻味。

文星时代他的密友中，居浩然是国民党元老、前“司法院”院长居正之子，萧孟能的父亲萧同兹则是北伐时期的国民党老党员，曾长期掌控国民党宣传机关。这些国民党元老的权势虽然未必如日中天，毕竟有资历与声望在握，即使是蒋氏父子也须留出几分情面。公众名望、社会关系与高官长辈的组合形成了一种缓冲，使李敖纵然不得不频繁出入法庭，却很少有断送性命的忧患，形成一层隐形保护罩。

同样由时势造就的还有台湾政坛从 70 年代开始的“吹台青”进程。进入 70 年代初期，蒋经国自知长期经营台湾已经是必然的举措，因此在官员的选拔上也日益倚重本省籍青年人士。而李敖当年曾经就读、他的父亲也担任过教职的台中一中恰恰是一所本省籍学生占大多数的名校。50 年代曾与“李大师”同窗就读的发小，有多位逐渐升任中高层官员，李敖的父亲李鼎彝的学生也有不少已经平步青云，对当年的小弟李敖多少会手下留情。相比其他白色恐怖受难者，李敖纵使一度身陷囹圄，实际处境依然要好得多，不会有真正的性命之忧。

正是在这一背景下，80 年代初李敖的再度入狱，究竟是国民党当局再度迫害，还是财产纠纷所致，成为一段众说纷纭的公案。1977 年 4 月，自称“不按牌理出牌”的萧孟能为了逃避文星书店结业后积欠的债务，与李敖签下君子协定，将自己名下的字画、书籍、古董、家具托付给李敖保管，对外宣称是清偿两人之间的债务。

1979 年 10 月，准备前往智利躲债的萧孟能又与李敖签订一份协议，委托对方代管“在台个别或共同之全部与金钱财产有关事项”。然而到了 1980 年 2 月，当萧孟能与女友王剑芬由智利返回台北，却发现住宅大门已被李敖更换门锁，家中财物被洗劫一空，归属王剑芬的另一处房产也被转移至李敖的新婚妻子胡茵梦名下。1981 年，萧孟能以非法侵占罪对李敖提起诉讼，使李敖再度入狱 6 个月，但财物仍未能全数索还。随后数年间，李敖屡次雇用记者、私家侦探和律师，对萧孟能、王剑芬施以层出不穷的“捉奸”恐吓和法律诉讼，终于迫使萧孟能“自承怀疑之错误，并向老友李敖表示道歉”，继而远走海外，最终于 2004 年病死在上海。

整个 80 年代，李敖继续以政治评论家和出版商的身份出现，继续他针对国民党当局的“笔伐”事业。他自办“李敖出版社”，印刷《千秋评论》《万岁评论》丛书，还出版了六卷《蒋介石研究》，以史料为依据，戳穿国民党当局的种种自我美化和包装。尽管这些书籍在当时的台湾屡屡被查禁，但在知识分子尤其是大学生中竟成了风靡一时的流行读物。生财有道的李敖，也得以在 1977 年就买下台北敦化南路金兰大厦的豪宅。从这层意义上说，尽管李敖时常标榜自己的清高，但他一直是一个世俗意义上的成功人士，并且迷恋这种生活。

三、笑傲江湖的名嘴

对大部分台湾人，尤其是知识分子来说，蒋经国的去世以及1987年底戒严时期的结束意味着新时代的来临。报禁、党禁解除之后，政治体制走向民主化已经成为不可逆转的趋势；短短几年间，“结束国民党一党专政”的目标已经开始朝“加速缔造新体制”的全新进程过渡。以国民党政权的抵抗者和批评者形象活跃了近30年的李敖，在这时也面临一个现实抉择：究竟是就此退出舞台中央，还是为自己找到一个新的定位？

在20世纪八九十年代之交台湾政治转轨的那几年，李敖依旧延续了他作为战斗者的人设。作为党外运动的老大哥级人物，他出钱出力运作各派力量对国民党当局实施逼宫。

与此同时，他也继续着力于颠覆党化宣传的出版事业，撰写了《蒋介石评传》等盘点蒋氏父子“黑历史”的新著。用他本人最喜欢的两句陆游的诗来说，他那时的作为，可谓“老子舞时不须拍，梅花乱插乌巾香”，在嬉笑怒骂中对已经成为历史的蒋介石、蒋经国进行“鞭尸”，大出了一口恶气。

但在另一方面，台湾社会的整体氛围也在悄然发生改变。在“动员戡乱”时代，自由派知识分子同仇敌忾针对的目标就是国民党当局。但随着政治转轨进程的深入，这种共识开始出现分化。一部分党外活动家开始自己尝试运作政党活动，进而介入选举、参政等更加程序化也更加波澜不惊的活动。同时，激进本土意识的上升也带来了“台独”的蓬勃兴起，使得许多秉持大中华意识的知识分子不愿与其为伍。对李敖来说，激扬文字、鞭挞威权政府的历史使命到90年代中期已经基本完成，他的作品对新一代年轻人的吸引力，正在下滑。

正是在这一背景下，李敖在正在发展的电视事业中看到了机会。1993年8月，台湾地区“行政院新闻局”公布了新的《有线电视法》，对民间开放有线电视台运营的申请。在那之前，整个台湾只有三家具有政府背景的无线电视台，称为“老三台”。

而新法公布之后，短短半年内就有超过200家公司申请开设新的有线电视频道。富有画面感的电视节目开始逐步取代纸质报刊，成为台湾民间影响力最大的媒介平台。而为了在群雄逐鹿的局面中提升收视率，由前“立法委员”周荃创办的“真相新闻网”在1995年秋天亮出奇招：为李敖这位早已声名在外，同时又有着极好口才和旺盛表达欲的名人量身打造了一档政治脱口秀节目《李敖笑傲江湖》。

今天，互联网上依然可以搜索到《李敖笑傲江湖》早期的片头视频。数字闪烁的10秒倒计时之后，“真相新闻网”的台标转换为李敖在金兰大厦家中偌大的书房里穿梭的画面。镜头扫过李敖整架的藏书和著作，停留在他叉腰观看书房里的一幅题字的情景；主人公回眸一笑，镜头拉近到脸上定格。下一帧时，李敖已端坐在演播室的讲台之后，一身红夹克在黑色背景前显得极为扎眼。他抑扬顿挫地说道："李敖笑傲江湖，又来了。"

《笑傲江湖》出炉前，李敖只在新闻谈话节目中担任过嘉宾；但一待他本人成为主讲人，立即把整档节目变得极为个人化和极有辨识度。像过去写作专栏文章一样，"李大师"会先抛出一个小故事，随后把故事放在自己的历史观里解读。待转入正题后，则用丰富的史料和证据佐证自己的观点。而自吹自擂的夸张和带点"颜色"的段子就夹在其中，犹如川菜里提味的辣椒。每次录制三期节目，制作方甚至只用提供一杯水。

展示实物证据，是语言风格之外，李敖的脱口秀最鲜明的特色。他在演讲时，桌上立一块板子，上面放他搜集来的资料，他拿一把裁纸刀做教鞭，向观众展示、讲解他标注过的证据。某主持人回忆说："每次来录节目时，李大师都手提一个皮包，包里永远鼓鼓地塞满资料。每集节目都有清楚的主题，这些资料就是他从不同书籍里搜集的材料，以及证明自己所言不假的证据。"这种独特的表现风格，源于李敖青年时代在台大历史系形成的学习和思考模式。李敖在金兰大厦的书房，规模不亚于一个小型书店，一二百平方米的空间里，看不到墙面，每个角落都被书籍占满。除了收藏用书外，每本书都被李敖加以"肢解"，按自己的逻辑重新分类好，作为节目素材。这使得李敖脱口秀的信息量大大超出了当时一般的新闻报道。

游本嘉曾经在香港凤凰卫视担任过李敖的节目制作人。他回忆说，李敖的书房里并排摆着四五张写字台，他写文章需要引用不同的著作，一张桌子放不下，就把不同类型的材料堆在不同的桌子上，需要用什么材料，就到特定的桌子旁去写。

一直到年近 70 岁时，但凡要到摄影棚录制节目，李敖依然会带上一个旅行箱，其中整整齐齐摞着三堆书刊和打印文稿，那就是他录制三期脱口秀所用的素材，完全由他一人整理出来。

观点犀利独到，风格又极富煽动力，《李敖笑傲江湖》开播之后，立即成为真相新闻网的明星节目。每期节目一经播出，往往在传媒圈甚至政坛引发轰动，反响异常惊人。从 1995 年到 1999 年，《李敖笑傲江湖》录制超过了 1000 期，是台湾地区首档期数破千的个人脱口秀节目。

随后该节目更名为《李敖秘密书房》和《李敖颠倒众生》，由不同的制作方继续录制播出，直到 2001 年才停止。这也是李敖在台湾电视传媒业的黄金时代，“名嘴”的身份为他过往的作家形象做了新的加持，甚至促使他投身政坛，把政治也变成了个人表演。

“真相新闻网”的创办人周荃，90 年代初曾是国民党内部反对“台独”、主张改革的团体“新国民党连线”的成员。1993 年，这个团体宣布组建独立政党“新党”，几位主要成员和李敖私交甚笃。2000 年台湾地区领导人选举期间，新党为了挽回影响力下降的颓势，亮出奇招推举并非该党成员的李敖作为“总统”候选人，虽然最终仅仅得到 0.13% 的有效选票，却使李敖大出了一把风头。因此到了 2004 年，李敖干脆以独立候选人的身份在台北市参选“立法委员”，出人意料地赢得了一个席位。三年的“立委”任期内，他在“立法院”时而释放催泪瓦斯，时而展示大幅裸照，自称是以“大流氓治小流氓”，把政坛也变成了个人表演的秀场，成为台湾独一无二的奇观。

然而过火之处，不免近于癫狂。在通过出位的个人表演赢得了知名度“第二春”的同时，李敖也在渐渐透支中年以前苦心营造的神秘感和个人光环。现当代文学研究者、北京师范大学文学院教授张柠认为，李敖的表达风格形成于国民党威权统治时代，在当时万马齐喑的环境下，只有“语不惊人死不休”的犀利言辞才能够激起知识界和一般民众的关注。

但在21世纪初的台湾，政治转轨已经完成，以抽象的政府为对象的批判失去了“敌人”。言论空间高度自由的传媒市场在事实上走向了娱乐化，而李敖既然主动投入这个名利场，自然也必须承受新陈代谢的规律。到2008年他的“立委”任期结束时，90年代那种说书式的脱口秀已经成为明日黄花，不再受宠。

不仅如此，不愿服老的李敖似乎由衷渴望永远停留在舞台中央。2004年意外当选“立委”之后，他的政治表演欲变得一发不可收拾，在随后7年间又两度出征“立委”选举、一度参选台北市长，甚至闹出过宣布退出政坛却又很快食言的风波。

在这几次选举活动中，李敖从未进行过一般的拜票、宣讲流程，依然是以他我行我素的风格对其他候选人大放讥讽之词。尽管他的中国文化情结和赞成统一的立场，客观上起到了打击“台独”气焰的效果，但夸张放诞的表演不免让一般民众怀疑他究竟是真的关心台湾的前途，还是要维持个人曝光率。他视台湾政坛大大小小的“巨头”、名人为小丑，自己却也在不经意间被标签成了一个不那么好笑的喜剧演员。

在这一背景下，李敖的注意力开始发生转变，转向了他曾在文章中屡屡提及却睽违多年的祖国大陆。

2004 年，立足香港、面向大陆的凤凰卫视中文台有意打造一系列以台湾时政和历史为特色的谈话类节目，第一批找上的便是在台湾电视圈已经建立知名度的赵少康、陈文茜和李敖。其中的《李敖有话说》这一节目，延续了《笑傲江湖》时代一人包办、嬉笑怒骂的风格，在两年又九个月的时间里一共播出了 735 集。担任节目制作人的游本嘉回忆，当年他每周在台北为李敖录影两次，每次录制三期共 60 分钟的节目，再经网络传到香港和深圳制作后期。录影时李敖一无提纲，二无讲稿，把资料排好顺序就开始讲，内容涉及历史、文化、政治、军事、时事，700 多集从未重录过。李敖的博学和专注，时隔十几年依然让游本嘉感到记忆犹新。

游本嘉和另一位制作人鲁滨都留意到，凤凰台时代的李敖在言论尺度和观众的反应之间，小心地维持着一种微妙的平衡。一方面，他十分重视观众在互联网上的反馈意见，甚至故意在敏感问题的“红线”附近制造话题。例如 2005 年连战访问大陆时，李敖对这位曾经的国民党高官连骂九集，鲁滨认为这就是揣度观众心理的表现，“那个时候观众最想看的就是这个”。另一方面，通过这类特立独行的言论，李敖多少也在拓展公共言论的边界。他对历史人物复杂性的描述，在使部分读者产生最初的不适感之后，渐渐也认同了他的某些观点。

《李敖有话说》的大受欢迎，是“名嘴”李敖最后的黄金年代。乘着这股东风，2005 年 9 月，凤凰卫视为他安排了一场历时 12 天的“神州文化之旅”。“李大师”终于回到了阔别56年的大陆，他辗转北京、上海、香港三地，寻访故地，还在北大、清华、复旦三所高校演讲。他的表演技巧和发起话题的能力在大礼堂里展露无遗，这是李敖在大陆公共媒体上曝光的顶峰。台湾与大陆之间的认知时间差，使他拥有了最后一段黄金时代。

但这也是晚年李敖硕果仅存的高光时刻了。2006年12月31日，《李敖有话说》因为与出品方存在分歧而停播。2009年11月，74岁的李敖以一部《议坛哀思录》宣告退出政坛，同时通过媒体告诉公众：自己将“把余生的主力，用在永恒的、世界性的文学作品上”，延续1991年撰成《北京法源寺》、2001年写出《上山·上山·爱》以来的探索，专注于推出“顶尖的书”。至于纠缠半生的政治、历史话题，不管是台湾与大陆，都已被他抛却，当世之人的毁誉，他也不以为意。总之，他的“人生方向，显然已经意不在此。要更朝前走了”。

但到了2011年4月，当李敖口中的第六本“顶尖的书”、长篇小说《第73烈士》印刷时，读者却发现全书主题非但没有抛却和国民党的半世恩怨，反而将80年代令李敖文名复起的“李师科案”冷饭重炒。即使是最友善的评论家，也只能承认这本新书是为20年前的《北京法源寺》加上了一部大号附录，毫无突破性。

很难说李敖是不是心甘情愿地成了50年前他曾经批判过的那种“老年人”。70年代他在国民党黑牢中构思《北京法源寺》的故事原型时，决心要用一部书将晚清以来中国知识分子的家国情怀和心路历程写尽。用李敖自己的话来说：“举凡重要的主题：生死、鬼神、僧俗、出入、仕隐、朝野、家国、君臣、忠奸、夷夏、中外、强弱、群己、人我、公私、情理、常变、去留、因果、经世济民等等，都在论述之列。”此后由田沁鑫导演根据该小说改编创作的同名话剧大受欢迎，可见全书的思想性和丰富性。但李敖似乎并不能像他笔下的主人公谭嗣同、熊十力一般超越世俗名利，他想要的太多、太杂。2005 年第一次到访现实中的法源寺时，李敖曾挥笔题词：“物我两忘，人书俱老。”只是在他那沟壑万千的胸怀中，“物”与“我”有时候都太重了。

2005 年 9 月 21 日，李敖与中国佛教协会有关负责人和僧众合影留念，并于当日到北京法源寺参观（东方 IC 供图）

李敖生前好友、也是台湾资深媒体人陈文茜认为，李敖奚落了他所生活的时代，但他本人的情绪也是充满挫败感的。他一方面显得很幽默、快乐，另一方面则是“虽千万人吾往矣”，时时沉浸在一种在蜀道上独行的孤独中。青年时代身陷黑牢的经历给他造成了巨大的心理创伤和不安全感，使他有时必须以锱铢必较、放浪形骸来自贬。

陈文茜评论说：“一个人想要对抗时代，会有某些人格的扭曲。他觉得他坐牢那么久、努力那么久、对抗那么久，争取来的自由被这些人搞成低俗。”所以晚年李敖依然要奋身跳进泥潭，在娱乐化的名利场中周旋。他并非不清楚自己的窘境，为此曾经规劝陈文茜说：“文茜，你没有我的困扰，不要重蹈我的错误。我虽然著作等身，可是我最认真写书的时候是在我50岁以前。60多岁的时候，我可以写更好的作品，但我花太多时间在电视上了。”而浮华褪去之后，晚年李敖在精神上依然是愤世嫉俗，甚至形影相吊、缺乏理解的。

不过李敖最终还是选择了以一种更加喧闹、浮夸的姿态离开这个世界。2017年6月，在确诊罹患脑肿瘤之后，他委托经纪人郑乃嘉公布一封“告别信”，公开说在生命的最后几个月里，他要邀请上百位“家人、友人与仇人”参与一档特别电视节目《再见李敖》，在万众瞩目之中迎来生命谢幕。这项动议虽然未能成行，却足以使“李敖之死”再度成为一个公共话题。从这个角度看，当他在2018年3月18日最终病逝于台北荣民总医院时，的确达到了期望的舆论效果：在他之后的台湾，很难再有这样独特的“中国式文人了”。

（撰文：刘怡）